吴昌硕研究

（第二辑）

安吉县吴昌硕研究会 编

西泠印社出版社

图书在版编目（CIP）数据

吴昌硕研究. 第二辑 / 安吉县吴昌硕研究会编. 杭州 : 西泠印社出版社, 2024. 11. -- ISBN 978-7-5508-4657-9

Ⅰ. K825.72

中国国家版本馆CIP数据核字第20245LT620号

吴昌硕研究（第二辑）

安吉县吴昌硕研究会　编

责任编辑　陶铁其
责任出版　杨飞凤
责任校对　应俏婷
装帧设计　钟　诚
出版发行　西泠印社出版社
（杭州市西湖文化广场32号5楼　邮政编码　310014）
经　　销　全国新华书店
制　　版　杭州美迪图文设计有限公司
印　　刷　杭州嘉业印务有限公司
开　　本　787mm×1092mm　1/16
字　　数　281千
印　　张　18
印　　数　001—800
书　　号　ISBN 978-7-5508-4657-9
版　　次　2024年11月第1版　第1次印刷
定　　价　180.00元

西泠印社出版社发行部联系方式：（0571）87243079

匡廬研究

周退密年九十八題

主办单位

安吉县鄣吴镇人民政府
安吉县吴昌硕研究会

编辑部

主　编：梅　松
副主编：刘　晓　金桓亦
编　委：张瑜娟　章　琦　王　英
　　　　姚金芝　汤晓晗　陈炳心
　　　　谢　函　黄　清　李　丰
　　　　胡建鹦　程维新　陈连根
　　　　周飞燕　任君艳

卷首语

2024年是吴昌硕先生诞辰180周年，海内外皆以各种形式纪念这位艺坛领袖。如日本东京国立博物馆、台东区立书道博物馆、台东区朝仓雕塑馆和兵库县立美术馆在2023年末就联合举办了“吴昌硕的世界：生诞180周年纪念”展览活动。2024年4月，由西泠印社主办的“纪念吴昌硕诞辰180周年”系列活动在杭州市临平区举办。我们感受到昌硕先生的人格和艺术魅力的同时，也深感艺术是无国界的。

吴昌硕先生是从安吉走出去的一位艺术大师。一方面，吴氏家族耕读传家的家庭熏陶，培养了他全面的艺术和学术涵养；另一方面，恰逢晚清民国时期大变革之时代，东西文化的交流，艺术品市场的繁荣，为吴昌硕艺术的形成和发展提供了良好的环境和极佳的机遇。昌硕先生的成功，是传统文化和现代文明碰撞的结果。他恰逢社会转型期，在文化史和艺术史上具有跨时代的意义。昌硕先生还是一位社会活动家，他一生结交了很多朋友，不但仕途上得到他们的照顾和提携，艺术上也受到他们的砥砺和影响，生活上得到他们的赞助和帮助。如杨岘、吴云、沈秉成、翁同龢、吴大澂、潘祖荫、端方、任伯年、顾麟士、高邕、施浴升、陈三立、沈曾植、朱祖谋、刘承幹、张增熙、章绶衔、诸宗元、王一亭、吴隐、沈汝瑾、闵泳翊、山本竟山等，目前可知的有百余人。他们中有官吏，也有艺术家、文人和商贾，甚至还有日、韩等外国友人，在其艺术发展、传播和流通过程中，起到了极大的推动作用。

《吴昌硕研究》（第二辑）的征稿依然得到了海内外吴昌硕研究专家、学者的热心关注和大力支持，来稿既注重史料的发掘，又不乏新发现、新见解。在此，谨致以深深的谢意。段成贵的《吴昌硕与刘承幹交游考》一文以《嘉业堂藏书日记抄》为线索，将吴昌硕和刘承幹二位同乡忘年交谊进行细致的钩沉；夏冬波的《吴昌硕与徐士恺交游考》通过对吴昌硕的作品梳理，使吴昌硕和徐士恺的交谊情况得以展现；孙杰的《强势抱篆隶作行草——吴昌硕行草中的篆隶意》对吴昌硕行草书中的篆隶意进行了分析和探源；彭作飚的《吴昌硕篆刻字法探赜》是在实践的基础上，对吴昌硕篆刻的字法举例进行比勘、研究；孙羽浩的《国家图书馆藏吴昌硕题跋洹子孟姜壶对屏考》对馆藏吴昌硕题跋的金石作品《洹子孟姜壶对屏》进行细致的考证；刘小桐的《诗画持一理——吴昌硕以诗入画之特色》从吴昌硕的诗歌出发，对其诗画的共性进行探究；骆风的《超山今亦有传人——吴茀之对吴昌硕艺术的继承和发展》对以吴茀之为代表对吴派艺术的传承者进行了研究；姚金芝的《明代石阡知府吴维京考略——兼及〈吴氏宗谱〉的几处讹误》对吴昌硕的祖上吴维京的生平进行钩沉；梅松的《吴氏姻亲施应心小考》对吴氏姻亲施应心进行研究；潘继斌的《严元照佚稿流传考略——从吴昌硕题诗谈起》则从吴昌硕的诗入手，探讨严元照佚稿的流传情况；张武装的《诸宗元致夏敬观札漫考》对吴昌硕的挚友诸宗元致夏敬观的信札进行深入研究，有不少新发现；章兴荣的《荻港章绶衔事辑——以〈穰梨馆过眼录〉为中心》从陆心源《穰梨馆过眼录》入手，考证了吴昌硕的师长章绶衔的生平和收藏；游文畅的《地域文化对艺术家的影响——以吴昌硕为例》对昌硕故里鄣吴和吴氏家族的历史文化内涵进行挖掘，探讨其成功背后的原因；陈珵、王照宇的《无锡博物院藏吴昌硕书画述略》介绍了无锡博物院的吴昌硕书画收藏情况；谭然的《新见吴昌硕手校〈缶庐诗〉两种》从家藏吴昌硕手校本《缶庐诗》二种出发，探究了吴昌硕诗稿的刊本问题；另外《新见吴昌硕史料两种》则首次公开了新见的两种吴昌硕史料；周凤平的《臧寿恭、杨岘和吴昌硕——臧寿恭弟子及再传弟子渊源》对臧寿恭、杨岘和吴昌硕的师承关系进行了梳理；徐勇的《金石相契——吴昌硕和他的桐乡朋友》，钩沉了吴昌硕桐乡籍的几位友朋。这些文章均有新材料或新发现，具有一定的学术价值。

值此昌硕先生诞辰180周年之际，安吉吴昌硕研究会除了面向社会征稿，编纂《吴昌硕研究》（第二辑）之外，还将启动吴昌硕研究史料的点校工作，如吴维岳《天目山斋岁编》、吴稼蹬《元盖副草》和吴应奎《读书楼诗稿》等相关著作，已纳入计划。心香一瓣，敬以为纪念。

编　者

目录

专题研究

学术争鸣

学海探微

史料钩沉

艺林清话

吴昌硕与刘承幹交游小考

段成贵

民国初年，吴昌硕（1844—1927）从苏州迁至上海定居，随着其书画声名日益增长，海上文人多愿与之结交。吴昌硕还积极参加海上文人雅集活动，借此也结识了年轻的藏书家——嘉业堂主人刘承幹，二人多次共同参加消寒会、淞社等雅集活动，此外还有多次有诗文、刻书、书画互动，结下了深厚友谊。

刘承幹（1881—1963），字贞一，号翰怡，室号求恕斋，晚号嘉业老人，浙江吴兴（今属湖州）南浔镇人。家世经商，喜藏书、刻书。民国九年（1920），刘承幹在南浔筑嘉业堂藏书楼，历时四年竣工。嘉业堂落成后，曾贮藏图书五十万余卷十八万余册，成为近代最重要的藏书楼之一。现藏上海图书馆的《求恕斋日记》是刘承幹宣统二年（1910）至1960年近五十年的日常生活的详细记录，是研究刘承幹生平活动的重要史料。2016年，陈谊整理其中“购书、读书、藏书楼建设与管理、刻书、抄书、编书、售书等等活动之史料”[1]，编成《嘉业堂藏书日记抄》（下文简称《日记》），书中记载刘承幹与吴昌硕的交往互动，多涉及诗文、书画、刻书之事。学界关于二人交往的研究，金翔、王青云指出刘承幹曾为吴昌硕续刻《缶庐集》，吴昌硕为嘉业堂刻书题签、题字作画、刻印等事，只是略作介绍，惜未能展开。[2]朱关田整理吴昌硕相关史料时，保存了吴昌硕与刘承幹的诗文互动等，具体内容也未展开。本文通过刘承幹日记、书信等文献，并结合现存吴昌硕诗文、信札、书画作品，勾勒出二人在刻书、购书、书画应酬等方面的交往过程。

---

〔1〕[民国]刘承幹著，陈谊整理：《嘉业堂藏书日记抄·凡例》，凤凰出版社，2016年。

〔2〕金翔、王青云编著：《老缶遗踪：吴昌硕艺术人生记录》，浙江古籍出版社，2021年，第294—295页。

一、订交

民国初年，刘承幹举家搬迁至上海，开始了收书、购书等活动，也受邀参加各类社团和雅集，结识各界名流雅士。此前，刘承幹早已听闻吴昌硕大名，也曾购买过吴昌硕的绘画。宣统二年（1910）七月二十二日《日记》载："今日余芳亭来，与之买成吴昌硕大令（俊卿，安吉人，江苏知县）五尺花卉屏条四张，价洋十四元。"[1]当时二人还未曾相识，刘承幹是从画估余芳亭处购买吴昌硕作品的。

民国元年（1912）十一月，海上文人在双清别墅举行消寒会，《日记》载：

> 十二日，午后偕醉愚赴康脑脱路双清别墅刘光珊、周湘舲消寒会之约，到时群贤毕至，少长咸集，长亭曲榭，散步移时。是日会者共十有八人，系钱听邠刺史（溯耆，前官深州直隶州）、缪筱珊参议（荃孙，前官学部参议）、许子颂大令（溎祥，曾官无锡县知县）、汪渊若太史（洵，前官翰林院编修）、吴仓硕大令（俊卿，曾官安东知县）、潘兰史征君（飞声）、长尾雨山博士（甲，日本人，曾官博士）、徐冠南（棠，曾官江苏候补道）、张弁群部郎（增熙，曾官邮传部郎中）、周湘舲广文（庆云，曾官永康教谕）、徐冠云（仁杰）、刘光珊广文（炳照，候选训导）、俞瘦石、余筠堂、李子昭、冷云帆及醉愚与余也。[2]

消寒会是指旧俗入冬后，亲朋相聚，宴饮作乐的民俗活动，最早始于唐代，后来演变成历代文人雅集的常见形式。本次消寒会由周庆云（1866—1934）、刘炳照（1847—1917）发起，在场者有钱溯耆（1844—1917）、缪荃孙（1844—1919）、汪洵（？—1915）、吴昌硕等十余人，都是当时寓居海上的颇具名望的文人雅士。刘承幹受邀参加，也正是在此时认识了吴昌硕等人。

---

〔1〕[民国]刘承幹著，陈谊整理：《嘉业堂藏书日记抄》，凤凰出版社，2016年，第9页。

〔2〕[民国]刘承幹著，陈谊整理：《嘉业堂藏书日记抄》，凤凰出版社，2016年，第63页。

本次消寒会是海上诸名家的首次雅集，此后轮流做东主持。每次雅集会由主家确定诗题，在场者以题吟诗作赋。此外还有品鉴、题跋藏书、法书、绘画等内容。同月二十一日，消寒会第二集由刘承幹在其老宅主持，本次的诗题为“雪后坚匏庵消寒第二集和苏文忠公聚星堂禁体诗韵”，各人分拈韵字，依韵作诗。刘承幹还出示新购清初吴门画家吕焕成（1630—1705）所绘《汉宫春晓图》手卷，请在场诸名贤题跋。吴昌硕也为此画题诗四首，据刘承翰次月二十六日《日记》载：“午后吴仓硕来谈，携到《汉宫春晓图》手卷，已为余题四绝句，尚佳也。”[1]

十二月初八日，消寒会第四集由钱溯耆主持，本次主题为“观杨诵庄所藏《东坡笠屐图》及其先人雪渔太史《短灯檠》手卷”[2]。画家王震（1867—1938，字一亭）亦参加，并画东坡像。十三日，徐棠（1866—？，字冠南）、张增熙（1875—1922）主持，补消寒会第三集，是集“系冠南以《颐园永怀图》索题”。十九日，消寒会第五集，缪荃孙、汪洵做东，“题即为东坡做生日题笠屐遗像”，吴昌硕作《消寒五集寿东坡先生》诗云：

> 长风簸虚雪积厚，海上一楼倚枯柳。瓣香寿公今何时，壬子之年腊十九。深杯未制蕉叶形，一爵父丁字蝌蚪。献诗敢与公低昂，我辈一诚心可剖。为公画像来王郎（王一亭震），黄鹤山樵王蒙后。笠屐不缀行路难，朝云不貌拙其手。立朝如公数几人，纵说党人香在口。君子不党今日难，旧党如予只好酒。天下荒荒无一人，司马君实重来不？公若偕来百叩首。[3]

民国二年（1913）正月十一日，消寒会第七集由吴昌硕、潘飞声主持，以“癸丑正月十一日杏花楼消寒第七集分韵”为题。十五日，李平书、王一亭召集第八集，“以上元夕分韵‘火树银花合，星桥铁锁开。金吾不禁夜，玉漏莫

---

〔1〕[民国]刘承幹著，陈谊整理：《嘉业堂藏书日记抄》，凤凰出版社，2016年，第68页。

〔2〕[民国]刘承幹著，陈谊整理：《嘉业堂藏书日记抄》，凤凰出版社，2016年，第82页。

〔3〕邹涛主编，尚佐文、解小青分卷主编：《吴昌硕全集》（文献卷三），上海书画出版社，2017年，第12页。

相催’二十五字分拈”。二月十五日，朱念陶举办消寒会第九集，本年度壬子消寒会至此结束。

消寒会虽然结束，各同人却兴致不减，决意发起新的雅集活动。民国二年（1913）四月初八《日记》载："余去年与同人结消寒会，至今春二月而竣，尔后屡拟赓续，别定社名，或以同岑，或号淞隐，卒卒未定。昨与湘舲磋议，决定为淞社，即以徐园修禊为首集，展上巳次之，今为第三集。"[1]周庆云、刘承幹等人仿南宋吴渭"月泉吟社"遗风，决定发起"淞社"，即淞滨吟社，后"成为当时影响最大，人数最多的'遗民吟社'"[2]。淞社将之前三月三日的修禊雅集作为第一集，此后每月举办。

同年十二月初八日，新一轮的癸丑消寒会开始，淞社活动也同时开展。十二日，淞社第十一集由刘承幹主持，"余将所购翁覃溪学士手纂《四库全书提要》真迹索题，当经带去两箱，四座传观，均言不易得云"[3]。吴昌硕作《翁覃溪学士手纂〈四库全书提要〉刘翰怡藏属题》：

> 昔闻四库书，河间总其成。提要有分纂，实出翁北平。翁公为学士，金石谈铿铿。万卷罗心胸，南面拥百城。经史与子集，考订尤详明。然藜天禄阁，后先有同情。其稿今尚在，想见藏凿楹。行草具体势，遒劲如率更。流传百余载，浩劫经刀兵。鬼神为呵护，存此文字英。遐思乾隆时，宿学多公卿。讲求穷八法，游好在六经。沧桑时代异，文化销英声。古学不复讲，字多尚旁行。毒逾焚诗书，儒欲投之坑。赖有好古士，故纸珍瑶瑛。艺苑留巨观，光耀日月星。旧时商榷者，诸老应有灵。陈书招其魂，酒酹以兕觥。展卷夸眼福，再拜心怦怦。[4]

据统计，自民国元年至十四年（1912—1925）十余年间，消寒会每年十一

〔1〕[民国]刘承幹著，陈谊整理：《嘉业堂藏书日记抄》，凤凰出版社，2016年，第82页。

〔2〕罗惠缙著：《民初"文化遗民"研究》，武汉大学出版社，2011年，第164—167页。

〔3〕[民国]刘承幹著，陈谊整理：《嘉业堂藏书日记抄》，凤凰出版社，2016年，第139页。

〔4〕[清]吴昌硕著：《缶庐集》，复旦大学图书馆藏民国九年（1920）刻本。

月至次年二月举办一期，每期举行雅集约十次。淞社雅集少则每月举行一次，多则每月三四次，共举办了五十九集。吴昌硕、刘承幹等人除因生病、有事未能参加外，几乎期期到场。周庆云还将雅集诗稿编成《壬癸消寒集》（1913）和《淞滨吟社集》甲、乙集（1914）。每集消寒会、淞社雅集除出题诗文唱和外，主持各家还会出示所藏金石书画、古籍珍本请在场名家评鉴题跋。刘承幹就曾出示所藏《汉宫春晓图》、翁方纲《四库全书提要》手迹、宋版《汉书》《后汉书》等书画、善本，缪荃孙出示所藏珂罗版照印汤贞愍公合家画册，周庆云出示所藏董其昌墨迹、贝叶经等索题。

这些雅集活动的密集开展，使年轻的刘承幹有机会结识到缪荃孙、吴昌硕等名家耆旧，为其日后刻书、校书积攒了人脉。加之他家境殷实，为人和善，诸老也愿意与之结交。直至吴昌硕去世前的十余年间，刘承幹与吴昌硕除雅集活动外，二人还会时常相互登门拜访，往来不断，保持了多年的良好情谊。

二、刻书、售书

宣统二年（1910），刘承幹立志于聚书，“宣统庚戌，开南洋劝业会于金陵，瑰货骈集，人争趋之，余独徒步状元境各书肆，遍览群书，兼两载归，越日书贾携书来售者踵至，自是即有志聚书”[1]。除积极购书外，刘承幹还以抢救、保存、传播文献为目的，开始刻书。

刘承幹刊刻书计划已久，起初想请许溎祥（1841—1924）为其担任刻书校刊之职，许氏因年事已高，未敢独当其任。民国元年（1912）十二月二十七日《日记》载：

> 近自海上举行消寒会，诸名士咸集，缪筱珊先生目录之学原原本本，为当代巨擘，伊自己所刻若《云自在龛丛书》《藕香零拾》《续碑传集》等，高与身等，而经手者亦复剞劂不少，自同治丁卯四川官

〔1〕[民国]缪荃孙等著，吴格整理：《嘉业堂藏书志》，复旦大学出版社，1997年，第1047页。

书局起，迄今所刻书数十种，已及四十年矣。醉愚偶与赵浣荪述及，浣荪告之，伊亦乐为赞成。于是湘舲力劝余请伊总司其事，并邀石铭刻书，与余合请筱珊先生为政，遇有善本送至伊处察核，应刻与否，请伊主裁，得可后交子颂先生校勘，然后再请伊复核付刊，其若何刻法，均归缪主持之。[1]

因消寒雅集的缘故，刘承幹得以结识缪荃孙，便想延请其担任刊刻丛书总校勘之职。缪荃孙，字炎之，又字筱珊，晚号艺风老人，江苏江阴人。清光绪年间进士，著名藏书家、校勘家、目录学家。缪氏欣然承允刘承幹之请，担任校书之职。自此，刘承幹不惜工本，历时数十年，先后刻成《吴兴丛书》《求恕斋丛书》《嘉业堂丛书》等，总计刻书数百种。

（一）刘承幹为吴昌硕师友刻书

民国元年（1912）五月，汪煦携杨岘遗稿来请刘承幹为其岳父重刊遗书。二十五日《日记》云：

午后因前日汪符生刺史携到其外舅《杨藐翁年谱》，并云翁所著《诗文弃》刻后，复以文体尚欠严洁，删去十之一，醉愚劝余重刊，为乡先哲留文献。余亦久有保存乡邦文献之心，允刻其年谱，并取其已刻复删之稿本刻之，然须序以行世，近来为古文者甚少，唐蔚之侍郎尚称斫轮老手，因托叔初乞其撰文，拟送润资。[2]

杨岘（1819—1896），字季仇，一字见山，号庸斋，又号藐翁。浙江归安（今属湖州）人。举人出身，官至常州、松江等府知府。书法以精研隶书擅名，亦工诗。汪煦（生卒年不详），字符生，江苏无锡人，杨岘婿，是吴昌硕多年好友，亦曾参加消寒会、淞社雅集。

杨岘诗文集清末已有两种刻本行世。光绪二年（1876），杨岘曾刻《迟

[1] [民国]刘承幹著，陈谊整理：《嘉业堂藏书日记抄》，凤凰出版社，2016年，第68页。
[2] [民国]刘承幹著，陈谊整理：《嘉业堂藏书日记抄》，凤凰出版社，2016年，第45页。

鸿轩诗存》《文存》各一卷；光绪十一年（1885），杨岘“自甲申罢官多暇，始别董理，篇增于前而制还其旧，揭曰诗文弃”[1]，刻成《迟鸿轩诗文弃》。据民国二年（1913）汪煦云：“光绪壬辰冬，自浙至苏，翁手一册见示曰：‘此余最后删存之《迟鸿轩诗文弃》也。《诗集》刻于乙酉，初定稿凡《诗》八卷、《文》四卷，比刊则各删其半。梓成以后，累年沙汰，又去诗文各如干，受板所剜成空行。余老矣，今以付子，他日重镌写定可耳。’”[2]光绪十八年（1892），杨岘又将之前的刻本进行了删改，厘成定稿交给汪煦，希望将来找机会付梓。二十年后，汪煦持遗稿找到刘承幹，希望能刊刻此书。

刘承幹因杨岘为湖州先贤，为能保存乡邦文献，欣然同意汪煦之请，愿意将杨氏自定年谱、诗文稿等合刊成《全集》，并自费请唐文治（1865—1954，字颖侯）撰序文。同时，刘承幹知道杨岘与吴昌硕有师生之谊[3]，请吴昌硕搜辑杨氏其他未刊遗稿，并撰写跋文。苏州博物馆藏吴昌硕致沈石友信函云：

> 南浔刘翰怡重金请缪筱山太史总校刻丛书，藐师书文已定刻入（刘自己之意）。现属搜罗未刻之本，令亲瞿氏如有善本可刻，望寄下，以便缶与商量大约相近。翰怡为澄如之子（澄居青岛），拥厚财，年仅廿二岁而知丛书之可刻，亦难得也。[4]

此信所述是刘承幹为杨岘刊刻遗书之事。

此书自民国二年（1913）开始筹划，然进展并不顺利，多年未能刊竣。民

〔1〕复旦大学图书馆藏杨岘《迟鸿轩诗文弃》，光绪十一年（1885）刻本，内含《诗弃》四卷、《文弃》二卷、《诗续》一卷、《文续》一卷。

〔2〕[清]汪煦撰：《迟鸿轩诗文集跋》，民国三年（1914）嘉业堂刻本，复旦大学图书馆藏。

〔3〕关于吴昌硕与杨岘师生关系，据梅松考证，二人订交于光绪六年（1880），此时杨岘辞官赋闲于苏州，吴昌硕亦寓居苏州，自此二人多有往来。吴昌硕曾想拜杨岘门下学诗，杨岘婉言拒绝，并以弟兄相称，但吴昌硕始终以师事之。参见梅松《吴昌硕艺术和人生丛考》，西泠印社出版社，2023年，第150页。

〔4〕此札吴昌硕误记刘承幹年龄“廿二岁”，实为三十一岁。见邹涛主编，尚佐文、解小青分卷主编：《吴昌硕全集》（文献卷一），上海书画出版社，2017年，第97页。

图一　《迟鸿轩诗文弃》扉页题端，复旦大学图书馆藏

国八年（1919）六月二十一日刘承幹致吴昌硕函云："……《杨藐翁全集》自癸丑付梓，至今尚未修改，盖为梓人穆子美失去板片二块，而汪符生刺史又作古，故迟迄今。今拟即饬修竣，本拟携呈，请为一阅，乃所佚数篇，亟思补足，俟补后呈上。"[1]此书刊刻中间多生枝蔓，一直未能定稿刊行，而从此信可以看出此书应该在本年完成。复旦大学图书馆藏有《迟鸿轩诗文弃》八卷（图一）为嘉业堂所刻，此书被刘承幹收入《吴兴丛书》[2]。

刘承幹还曾出资为吴昌硕好友沈石友刊刻遗书《鸣坚白斋诗存》（图二）。是书十二卷附《补遗》一卷，沈石友著，民国十年（1921）刻本。卷末俞钟銮跋云："石友既没，甫匝月，其友安吉吴君缶庐谋刻石友诗，一再函致。銮为请其家，其家漫不省，敦迫数年，始出其稿。萧君谷士录副，乞王君季玉、姚君筠如校勘，乃寄缶庐。顷宗耿吾同年自沪书来，述缶庐意。诗刻已成，剞劂费缶庐任十镒，朱君砚涛、王君一亭、刘君翰怡各益以五镒。校刊、刷印诸务，石门沈君醉愚独任。惟念缶庐与石友三十年旧交，至损其笔耕之资，甚至云忍死以待，其交谊为何如哉？谷士、季玉、筠如尚

---

〔1〕[民国]刘承幹著：《求恕斋信稿》，上海图书馆藏钞本。

〔2〕是书索书号：914183。书高27.4厘米，宽17.1厘米，版框高18.5厘米，宽13.3厘米。半叶十一行，行二十一字。黑口，四周单边，单黑鱼尾。版心镌书名，各卷卷端下镌"嘉业堂校刊"。首册扉页有篆书题端、"吴兴刘氏嘉业堂刊"牌记，依次有唐文治序、杨岘自序、汪煦旧序、目录，正文《诗弃》四卷、《补遗》一卷，卷末有汪煦跋一则；一册卷端首行署"迟鸿轩诗弃卷一，吴兴丛书"，次行署"归安杨岘庸斋"。二册为《文弃》二卷、《补遗》一卷；三册诗文《续》各一卷；四册为《年谱》一卷，末有吴昌硕、刘承幹跋语各一则。目验此书，《诗弃》四卷、《文弃》二卷已较前刻有较大改动，而诗文《续》依据原刻未做改动，又附《补遗》二卷、《年谱》一卷。

曰同里有雅故，而一亭与石友仅一面，砚涛、翰怡、醉愚并未谋面，且醉愚橐笔幕游，拨冗而任其事，诸君风谊又何如哉？可感也已，可风也已。”[1]从跋文中可以知道，刘承幹及沈醉愚与沈石友并不相识，甚至素未蒙面，却肯出资、担任校勘之职，虽说刘承幹有刻书之好，但其中必定多仰仗吴昌硕情面。

图二 《鸣坚白斋诗存》吴昌硕题端，复旦大学图书馆藏

（二）刘承幹为吴昌硕续刻诗集

随着吴昌硕、刘承幹二人交往日益频繁，情谊愈加深厚，刘承幹亦想为吴昌硕续刻诗集。民国六年（1917）二月二十二日《日记》载：“午后吴仓硕来，以彼所著《缶庐诗钞续稿》三卷，余为付刊，特送余花卉屏幅四条，并邀志韶长谈而去。”[2]闰二月十六日《日记》：“吴仓硕来，以所著《缶庐诗》余为续刻三卷，昨已印订一百部送去，伊前日酬余花卉屏条四张，今日复来致谢，具见老辈古道可风，非时下浇漓末俗可比也，亦未晤而去。”[3]民国六年闰二月，刘承幹已经刻成《续缶庐集》三卷，并印一百部送给吴昌硕。吴昌硕对此甚为满意，先后两次上门答谢，并送去花卉屏条四幅作为报酬。他在给次子吴东迈的信中提到此事：“刘翰怡京卿为我刻三卷成，又为一乐也。”[4]足见老人喜悦之情。

---

〔1〕[清]沈石友著：《鸣坚白斋诗存》，民国十年（1921）刻本，复旦大学图书馆藏。

〔2〕[民国]刘承幹著，陈谊整理：《嘉业堂藏书日记抄》，凤凰出版社，2016年，第209—300页。

〔3〕[民国]刘承幹著，陈谊整理：《嘉业堂藏书日记抄》，凤凰出版社，2016年，第304页。

〔4〕邹涛主编，尚佐文、解小青分卷主编：《吴昌硕全集》（文献卷二），上海书画出版社，2017年，第93页。

图三　《缶庐诗》，光绪十九年（1893）刻本，国家图书馆藏

复旦大学图书馆藏《缶庐集》四卷《题画别集》一卷[1]，书中刘承幹民国九年（1920）跋云：“《缶庐诗》乱前刻者四卷，承幹为续刻四卷，七十老翁神明强固，颜色如四十许人，无观河之面，寿无量诗亦无量，鄙人将操铅椠从事而无尽期也。”可知此时刘承幹为吴昌硕刻《缶庐诗》四卷。光绪十九年（1893），吴昌硕曾在苏州刻《缶庐诗》四卷[2]（图三），刘承幹序中“前刻四卷”应指此本。由民国六年（1917）的三卷，到九年（1920）的四卷，推测刘承幹又进行了增刻。民国八年（1919）六月二十一日，刘承幹致吴昌硕信云：“大著诗稿并题画别存，不日均可刊竟，当并上也。”[3]可知在本年，刘承幹又为吴昌硕重刻诗稿三卷和题画别存一卷，成为刘序中的“续刻四卷”。今检复旦大学图书馆藏本中卷四确为《题画诗》，证实此说非误。

四卷刻毕，刘承幹又为吴昌硕续刻诗稿，民国十二年（1923）六月二十日，刘承幹致函吴昌硕云：

---

〔1〕是书索书号：915280，书高27厘米，宽17.6厘米，版框高17.9厘米，宽12.2厘米。半叶十一行，行二十一字。白口，四周单边，双鱼尾。版心镌卷数、页码。卷端首行署“缶庐集卷一”，次行署“安吉吴俊卿仓硕”。是书外封有“缶庐集，癸亥仲冬孝胥”题签，扉页依次有朱祖谋题“缶庐集”，王震绘缶翁小像，光绪十五年（1889）施浴升、谭献，民国四年（1915）郑孝胥、沈曾植，民国八年（1919）孙德谦，民国九年（1920）刘承幹序跋各一则，此书当是刘承幹所刻。

〔2〕现藏国家图书馆，一册本，书扉页有杨岘署“缶庐诗，光绪癸巳春二月开雕，五月雕竣”。卷前有光绪十五年（1889）施浴升、谭献二人序，卷末有“苏城郡庙前谢文翰刻印”等字。

〔3〕[民国]刘承幹著：《求恕斋信稿》，上海图书馆藏钞本。

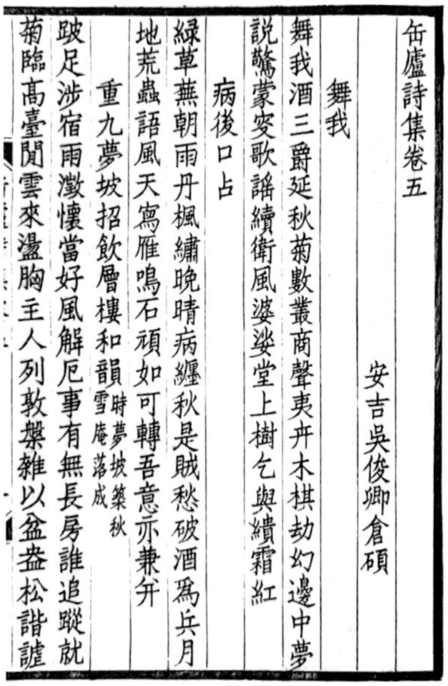
缶廬詩集卷五
安吉吳俊卿倉碩
舞我
舞我酒三爵延秋菊數叢商聲夷卉木棋劫幻邊中夢
説驚蒙叜歌謡續衛風婆娑堂上樹乞與續霜紅
病後口占
緑草蕪朝雨丹楓繡晚晴病纏秋是賊愁破酒爲兵月
地荒蟲語風天寫雁鳴石頑如可轉吾意亦兼幷
重九夢坡招飲層樓和韻 時夢坡築秋雪庵落成
跛足涉宿雨澂懷當好風解厄事有無長房誰追蹤就
菊臨高臺閒雲來盪胸主人列敦槃雜以盆盎松諧謔

图四 《缶庐诗集》卷五，民国嘉业堂刻本，复旦大学图书馆藏

昌硕姻伯大人尊鉴：顷由都寄来大稿三本，本拟躬自送上，天暑不果来，特专足赍呈，乞即细加校订，校毕交还，以便转寄。专肃，敬请著安。[1]

刘承幹此信提到由北京寄来吴昌硕书稿三本交其校订，虽未言明是何书稿，推测应该是再续诗稿。民国十四年（1925）十二月五日，刘承幹致信吴昌硕，又提刻书之事，云：

昌硕姻伯大人尊鉴：前托醉愚兄敬上书板架八幢，旋知京刻诗板大小不符，深恐着潮，良用悚惧，兹复饬匠重制四幢，由侄带申，特送台端，敬希察入。伏念频年以来，每以笔墨，有劳清神，在抱钦钦，时深歉仄。况今八秩高年，犹以画笔奉烦，令人益不自安耶？大著今岁又得几许？想锦囊珠玉，不少琳琅，倘付续刊，侄甚愿负其费也。[2]

结合前后两通信札，我们可以得到几点信息：一是吴昌硕前刻诗稿是在北京所刻，因再刻书板与“京刻诗板大小不符”，又命人重新制版。而此时的刘承幹身在南浔守制，重制书板应是在南浔完成，由他本人带回上海的。[3]检复旦大学图书馆藏《缶庐集》卷五（图四），书板字体与前四卷有明显不同，应该是此时改版而成，这也证实了此书前四卷为“京刻”，后一卷为南浔重刻。

由此我们也可知道，刘承幹曾为吴昌硕三刻诗稿。第一次在民国六年（1917）为刻诗稿三卷，民国十二年（1923）前后，又在前刻基础上增刻题画

〔1〕[民国]刘承幹著：《求恕斋信稿》，上海图书馆藏钞本。原抬头有以圆圈代替，“昌硕”二字系笔者所补，下面不再说明。

〔2〕[民国]刘承幹著：《求恕斋信稿》，上海图书馆藏钞本。

〔3〕本年十一月初十日《日记》云：“扶二庶母榇归浔。”此后月余刘承幹皆在南浔，次月九日返沪。

别存一卷成四卷，保留旧刻施浴升、谭献旧序，又增入郑孝胥、沈曾植、孙德谦、刘承幹等人序跋。民国十四年（1925），在南浔又增刻一卷，最后成了现在复旦大学图书馆藏的五卷本模样。信中刘承幹仍询问吴昌硕诗文新作，并表示愿意再为之续刻，可见对老人情深义重。

检刘承幹所刻是书，收录的诗文多是吴昌硕在消寒会、淞社雅集所作，除前文提到的寿苏会、《四库全书提要》题诗外，还有《题董文敏书天马赋》、《重九日淞社题》四首、《刘翰怡约消寒第九集》、《七夕淞社分题和梁简文七夕穿针》、《希古楼图为翰怡京卿四十寿》、《翰怡京卿先德紫回先生〈云山入道图〉》等数十篇。

（三）售书

刘承幹热衷藏书，吴昌硕也投其所好，多次作为中间人撮合友人售书于刘家。吴昌硕致诸宗元信函云：

> 长公鉴：昨复书计已达鉴，顷访翰怡，言及尊处有吾乡未刻书十余种，其谓须先一看，望觅便寄我，以便送观。应值示明，听其复信如何？再翰兄属缶书额曰“宋四史斋”，敬乞代成跋语数句，以便涂抹。攘美之诮，在所难免，望一笑为之。早晚寄下为幸。缶足患不能作西泠游，奈何奈何。专此敬恳，即请著安。三月十四日。[1]

诸宗元（1875—1932），字贞壮，一字真长，别署迦持，晚号大至，浙江绍兴人。藏书家、书画家。光绪二十九年（1903）举人，官直隶知州、湖北黄州知府等。善诗，入民国后，与黄节、邓实等人在上海创办“国学保存会”，创办《国粹学报》，加入同盟会、南社。有《大至阁诗稿》《病起楼诗》等。诸宗元与吴昌硕是多年好友，经常有诗文唱和。诸宗元想将所藏湖州名人书稿售于嘉业堂，请吴昌硕介绍。民国七年（1918）十一月二十四日《日记》载：“午后诸贞壮（名宗元，山阴人，癸卯副车，由幕僚开保知府，现为浙督军署秘书，记名道尹）来，以所得湖人各诗稿见让，价极昂贵，又系诗集，不可付

〔1〕[清]吴昌硕书：《吴昌硕书法集》下，汕头大学出版社，2016年，第400页。

刊，惟重以昌硕介绍，碍难情面，只好应酬，计洋四百元，小谈而去。”[1]刘承幹碍于吴昌硕情面花费四百元购买诸氏之书。此后，诸氏又携书求售，亦请吴昌硕在中间撮合，民国八年（1919）三月二十三日《日记》载：

> 下午吴昌硕、诸贞壮来谈良久。贞壮去年十一月廿四日曾以竹墩沈氏各诗稿售与予，计洋四百元，当面未便与之计较，如数与之，论价值甚贵，不过情分而已。嗣于十二月中，又托莫伯蘅交来一帐，索值至千三百元之巨，不还价，原帐还之。前日又托昌硕交来，书则灭去数种，价亦减小，余尚嫌贵，仍不与购。今日携书来此，托昌硕说项，开价五百元，予还二百元，磋商之再，仍是四百元。昌硕谓此是帮忙之举，贞壮亦感激，原不能论价目也。时已将晚，遂留二君在此夜膳，以贞壮亦相识也。[2]

此则《日记》反映了刘承幹当时购书的整个过程，买卖双方相互拉扯，又各自让步，甚为生动。诸氏售书虽有波折，但吴昌硕从中积极撮合，最终得以成交，亦成就一件美事。

图五　吴昌硕书“吴兴丛书”题端

三、书画、篆刻应酬

吴昌硕晚年书画、篆刻名气日益隆盛，郑孝胥评其“书画篆刻名重一时，后世当列之传”，成为海上画坛翘楚，一时求画索题者络绎不绝。吴昌硕曾为刘承幹父亲刘文藻刻“坚匏庵”“乌程刘氏坚匏

〔1〕[民国]刘承幹著，陈谊整理：《嘉业堂藏书日记抄》，凤凰出版社，2016年，第357页。
〔2〕[民国]刘承幹著，陈谊整理：《嘉业堂藏书日记抄》，凤凰出版社，2016年，第363页。

庵藏”等室号、鉴藏印数方。刘承幹也仰慕其书画、篆刻，多次请吴昌硕为自己作画、题联、刻印等。

前文也提到，宣统二年（1910），二人订交之前，刘承幹就曾购买吴昌硕花卉条屏。二人订交后，刘承幹也多次请吴昌硕为其所藏书画、善本题跋。民国九年（1920），吴昌硕为刘承幹刻《吴兴丛书》篆书题端（图五）。此外，刘承幹日记、书信中多次记录他向吴昌硕求购书画、印章等事。民国二年（1913）三月十六日《日记》载：“吴昌硕来谈，交来图章两方，余请伊刻也。昌硕云润笔无须致送，其仆从随来，给以洋一元（向例加一）。”[1]刘承幹曾请吴昌硕刻印两方，未收润资。民国六年（1917）六月初十《日记》云：“嘱醉愚作函致吴仓硕，余以晓霞四十，特嘱仓硕撰屏四条，并旧有仓硕所绘蟠桃大幅寿之。是函附去洋四十五元，又墨费二元，系润笔资也。”[2]检刘承幹致吴昌硕此函云：

> 昌硕姻伯大人尊鉴：酷暑如炽，贱体欠舒，致疏笺奏。前承法挥（绘）篆幅，长者谆谆见嘱，欲以壶烟代润笔之资，顾以戋戋之微，无足齿及，况拨冗加墨，已感盛情，兹特呈奉洋四十五元，又墨费二元，敬希察收。至于壶烟本即并奉，缘侄病未复原，小妾亦在患病，烟则藏贮楼头，一时取携欠便，稍俟健适，当即装奉。耑泐贡言，敬请台安。[3]

结合日记、信札来看，刘承幹为好友徐晓霞祝四十寿，请吴昌硕撰写篆书条屏四幅，并奉上润例“洋四十五元，又墨费二元”，日后又奉上壶烟等礼品作为酬劳。

民国八年（1919），刘承幹曾因购得宋版《史记》《汉书》《后汉书》《三国志》等珍贵书籍，颜其室曰“宋四史斋”，请吴昌硕题写斋名。吴昌硕

〔1〕[民国]刘承幹著，陈谊整理：《嘉业堂藏书日记抄》，凤凰出版社，2016年，第80页。

〔2〕[民国]刘承幹著，陈谊整理：《嘉业堂藏书日记抄》，凤凰出版社，2016年，第318页。

〔3〕[民国]刘承幹著：《求恕斋信稿》，上海图书馆藏钞本。

图六　吴昌硕书“宋四史斋”额，南浔嘉业堂藏书楼

书篆并识云：“纪事编年尊曰史，瑰本流传出天水，四朝不朽有千祀，今之宝者子刘子，莫以千金易一纸。翰怡京卿得宋本四史，遂以名斋，属书榜并系以铭。已未三月，安吉吴昌硕年七十六。”（图六）。

民国十一年（1922）八月二十三日，刘承幹致信吴昌硕云：

昌硕老伯大人尊鉴：顷间诣谈，良慰渴念。大婚报效，胡葵甫方伯处，承长者允为说项，甚感甚荷。然褆躬此刻尚未康复，未便遽劳。好在为期尚远，稍迟亦不妨也。公启五分附览，如有同志，尚祈不吝齿芬。缘多一分报效，朝廷即多一分受用。幸长者留意焉。珂乡灾振二百元，兹特送上，即乞察收转交。承允撰写嘉业草堂楹联，素纸奉上，临池兴到为之，不必汲汲也。耑泐贡臆，敬请颐安。[1]

〔1〕[民国]刘承幹著：《求恕斋信稿》，上海图书馆藏钞本。

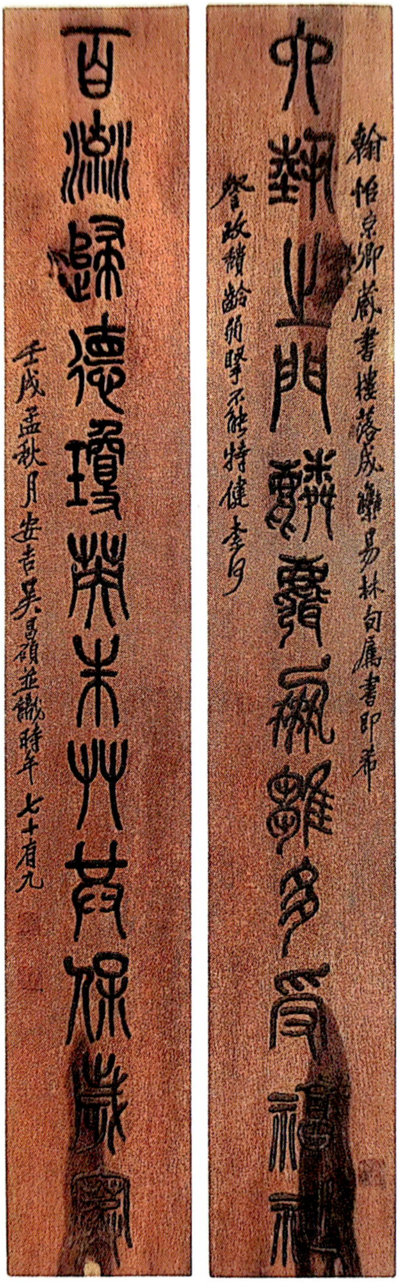

图七　吴昌硕为嘉业堂书“六艺百流”联

信中“大婚报效”指是年十二月一日，宣统帝溥仪大婚，以遗民自居的刘承幹为酬措贡金奔走，信中请吴昌硕代为向胡湘林（1857—1925）转达此意，另外又请吴昌硕撰写嘉业堂楹联一副。此请吴昌硕篆书“六艺百流”联（图七）属款云：“翰怡京卿藏书楼落成，集《易林》句属书，即希察政。颓龄弱腕，不能特健，奈何？壬戌孟秋月，安吉吴昌硕并识，时年七十有九。”以上吴昌硕为刘承幹所书匾额、楹联如今仍悬挂在南浔嘉业堂藏书楼中。

此后，刘承幹又多次请吴昌硕为自己、家人作书画，也介绍友人请吴昌硕为藏品作跋。民国十一年（1922）六月廿一日，刘承幹致信吴昌硕云：

> 昌硕老伯大人尊鉴：日昨趋前，适文旆出门，未晤为怅。曩蒙为先外祖赐篆墓盖，诸渭阳感谢奚如。比得寅叔家母舅来函，特具白燕壹斤，命侄转上尊前，稍伸微敬，尚祈不弃菲物而赏收之。幸甚感甚。徐晓霞舍亲之哲嗣懋斋，以悫斋中丞旧藏簠斋玉印册，乞长者署签及题字于册首，册首题字能加跋语尤妙，他日略拟酌送润资，此乃舍亲所托，幸长者千万勿客气也。耑泐贡言，敬请颐安。[1]

〔1〕[民国]刘承幹著：《求恕斋信稿》，上海图书馆藏钞本。

此信中就提到吴昌硕曾为刘承幹外祖父撰写墓志盖铭，并介绍亲戚徐晓霞之子徐懋斋请为所藏吴大澂旧藏陈介祺玉印册[1]作跋。又民国十四年（1925）十月初十致函云：

昌硕姻伯大人侍教：久未走谒，殊深驰念。昨朱古老来谈，敬悉杖履康强，甚慰。梯青家叔久慕盛名，拟求法绘，今届五十诞辰，侄无可为寿，借花献佛，敬备寸楮，恭求赐饰仙桃，藉叨寿荫。其上款并望宠署“某某观察五十寿”字样，椽笔所及，华衮同荣，曷胜铭感。惟诞辰系在夏历十一月之朔，为时甚近，且需付诸装潢，还恳速藻，是所至盼。本拟亲赍请命，奈侄夙耽疏懒，近又偶撄小极，以至中辍。素承垂爱，敬盼鉴原，裁笺一幅，并希察存，将来再容晤谢。[2]

刘承幹为三叔刘梯青（字渊如）祝五十寿辰，向吴昌硕求画仙桃作为家人寿礼，并提出了具体要求。因寿期临近，并希望能尽快完成。吴昌硕很快按要求完成。廿三日，刘承幹又致信答谢，云：

昌硕老伯大人赐鉴：谨奉法绘，深感神速，并佩佳妙，即家叔观之，亦当蹲蹲起舞也。语云“绥山一桃，亦足以豪”，况出自寿者所赐，敬谢敬谢。《补树团（图）》并承加墨，老成思国，忠爱拳拳，仰望耆英，堪为弁冕矣。兹奉蛋糕一饼，南山之颂，绣饰可观。媵以福寿膏一瓯，系近日新经烹炼者，肉松四瓶，得诸闽海友人。琼李悬殊，何敢云报，惟各种隽味不谋而合，借花献佛，尚祈莞尔存之。颐养余闲，聊供加餐之助，何如？来日精神委顿，未能走谒，容后再谢。寒威渐肃，诸希珍卫。耑肃，敬颂颐福。[3]

---

〔1〕按：《簠斋藏玉印集》，吴大澂旧藏，民国十九年（1930）神州国光社有影印本，未见有吴昌硕跋文，或为他本。

〔2〕[民国]刘承幹著：《求恕斋信稿》，上海图书馆藏钞本。

〔3〕[民国]刘承幹著：《求恕斋信稿》，上海图书馆藏钞本。

刘承幹对所求绘画甚为满意，先送上蛋糕、福寿膏、肉松等礼品酬谢。

吴昌硕作为书画名家，刘承幹为人为己多次求作书画，每次也都会奉上润资、礼物等以示对老者的尊重，而吴昌硕亦做到有求必应，体现了二人间的可贵情谊，这侧面反映出吴昌硕作品在当时的受欢迎程度，通常作为寿礼使用。

四、余论

民国初年，全国各地虽因战乱动荡不安，上海作为南方经济、商业中心却相对发达，聚集了一大批前朝遗老在此定居，他们或逃避乱世，或售字鬻文，生活相对稳定。在此背景下，诸如消寒会、淞社雅集等活动便频繁举行，他们积极参加，广泛响应，饮酒作赋，品诗论画，算得上另一形式的“抱团取暖”。此时，年过七旬的吴昌硕参加“遗民诗社”淞社，先后被推选为西泠印社社长、书画题襟馆会长，逐渐成为海上地区公认的金石书画大家，蜚声海内外。

作为湖州同乡的刘承幹也是在这些雅集活动中结识吴昌硕的，刘承幹信中常以“姻伯”相称，想必两家应有姻亲之谊。二人年龄虽相差四十岁，刘承幹对吴以师长视之，礼遇有加，曾先后三次为其续刻诗集。吴昌硕身体抱恙，刘承幹必会登门看望，并送去礼品孝敬。民国十年（1921）十一月二十七日《日记》载：

> 余乃出至吴昌硕处望疾，盖于脑右近患一小疸也，赠以白燕窝两斤（每斤四十六两），银耳壹斤（乃人赠余者，不知其价值）、火腿四肘，芙蓉膏十二两，陈皮梅十匣，谈良久，吃点心，东迈亦在旁同谈。[1]

关于吴昌硕的病情，刘承幹始终挂怀，次年三月六日又致信吴昌硕慰问，并送去参片供其调养。刘承幹四十寿辰，吴昌硕命吴东迈赠送吴咨绘《希古楼图》作为寿礼。可见，直至吴昌硕去世前的十余年间，二人频繁往来，成就了

〔1〕[民国]刘承幹著，陈谊整理：《嘉业堂藏书日记抄》，凤凰出版社，2016年，第425页。

一段难得的“忘年”佳话。吴昌硕去世后，刘承幹与吴昌硕儿子吴东迈等仍保持很好的关系。《日记》载，民国十八年（1929）十月初十日，刘承幹还参加了吴昌硕逝世周年追悼会。

很多资料显示，吴昌硕曾为刘承幹校勘书籍，但缺乏直接证据。但梳理刘氏日记、书信等史料，吴昌硕除校订自己诗稿、协助刊刻杨岘全集时搜辑遗稿、撰写跋文、书端外，并未有资料显示吴昌硕像缪荃孙一样为其校勘书籍。这些问题，仍值得持续研究。

吴昌硕与徐士恺交游考

夏冬波

一般知道吴昌硕的人不少，知道徐士恺的人就不多了。那么，徐士恺是何许人也？据叶为铭《广印人传》记载：

> 徐士恺，字子静，石埭人。官浙江候补道。嗜金石，精鉴别，清秘之藏足与两罍轩、城曲草堂相抗。晚寓吴下，与诸名流考订金石，间亦娱情铁笔。刻《观自得斋丛书》，辑《二金蝶堂印谱》。[1]

又翻阅陈烈主编《小莽苍苍斋藏清代学者书札》（修订本），得到更详细的徐士恺个人信息：

> 徐士恺（一八四四—一九〇三），字子静，安徽石埭（今石台人）。官浙江候补道。嗜金石，精鉴藏。晚寓居吴下，与诸名流考订金石，间亦娱情铁笔。存世有《观自得斋印集》《观自得斋徐氏所藏印存》《观自得斋丛书》等，辑《二金蝶堂印谱》。[2]

由此观之，徐士恺的履历基本清晰。徐士恺是晚清李鸿章淮军——淮系集团成员，官至浙江候补道。徐士恺与吴昌硕同龄同好，酷嗜金石，喜好篆刻，精通鉴藏，因此与吴昌硕有了非同寻常的交游。吴昌硕为徐士恺刻印、题诗、

---

〔1〕[清]叶为铭著：《广印人传》卷二，[清]周亮工等著：《印人传合集》，浙江人民美术出版社，2014年，第434页。

〔2〕陈烈主编 ：《小莽苍苍斋藏清代学者书札》（修订本），人民文学出版社，2013年，第958页。

题砖拓、题碑铭；徐士恺帮助吴昌硕捐官、谋差，为吴昌硕辑《缶庐印谱》等。本文从以下六个方面予以考察。

一、吴昌硕为徐士恺刻印

徐士恺是吴昌硕比较早期的“印友”。现存的几部吴昌硕金石书画资料中，存有吴昌硕给徐士恺刻印信息的，以邹涛主编、沈乐平分卷主编《吴昌硕全集》（篆刻卷）和上海书画出版社编《吴昌硕印谱》比较集中。如《吴昌硕全集》（篆刻卷）载吴昌硕为徐士恺刻印有：

徐士恺（白文）：“戊子三月九日，昌硕。”[1]（图一）

士恺之印（白文）：“此刻仿汉，尚不恶，子静先生以为然否？戊子三月，仓石问。吴俊。”[2]（图二）

徐士恺信印（白文）：“戊子三月，吴俊。”[3]（图三）

徐氏观自得斋珍藏印（白文）：“子静仁兄法家属刻，即正。戊子三月，昌硕吴俊。”[4]（图四）

子静（白文）：“戊子春，苦铁。”[5]（图五）

安得百家金石聚鸿编烜赫中兴年（白文）：“静公嗜金石、精鉴别，清秘之富，足与两罍轩、城曲草堂抗衡。昨涉静园，得读秦汉碑拓十余种，皆元明毡蜡，其精严于此可见。嘱刻蝯叟句，为拟吾家让翁。丁酉元宵，昌硕吴俊卿。”[6]（图六）

观自得斋徐氏子静珍藏印章（白文）：“徐氏观自得斋珍藏印。丁酉四月，吴俊卿。”[7]（图七）

---

〔1〕邹涛主编，沈乐平分卷主编：《吴昌硕全集》（篆刻卷一），上海书画出版社，2015年，第106页。
〔2〕邹涛主编，沈乐平分卷主编：《吴昌硕全集》（篆刻卷一），上海书画出版社，2015年，第106页。
〔3〕邹涛主编，沈乐平分卷主编：《吴昌硕全集》（篆刻卷一），上海书画出版社，2015年，第107页。
〔4〕邹涛主编，沈乐平分卷主编：《吴昌硕全集》（篆刻卷一），上海书画出版社，2015年，第107页。
〔5〕邹涛主编，沈乐平分卷主编：《吴昌硕全集》（篆刻卷一），上海书画出版社，2015年，第108页。
〔6〕邹涛主编，沈乐平分卷主编：《吴昌硕全集》（篆刻卷一），上海书画出版社，2015年，第148页。
〔7〕邹涛主编，沈乐平分卷主编：《吴昌硕全集》（篆刻卷一），上海书画出版社，2015年，第149页。

图一　徐士恺

图二　士恺之印

图三　徐士恺信印

图四　徐氏观自得斋珍藏印

图五　子静

图六　安得百家金石聚鸿编烜赫中兴年

图七　观自得斋徐氏子静珍藏印章

图八　士恺

图九　子静

图十　子静平生珍赏

图十一　士恺

图十二　徐子静假观

图十三　徐氏子静秘笈

图十四　徐士恺过眼

图十五　子静

士恺（白文）：“仓硕。”[1]（图八）

子静（朱文）：“仓石道人。”[2]（图九）

子静平生珍赏（朱文）：“仓硕。”[3]（图十）

士恺（白文）：“仓石制。”[4]（图十一）

徐子静假观（朱文）：“缶道人篆。”[5]（图十二）

徐氏子静秘笈（白文）：“昌硕。”[6]（图十三）

徐士恺过眼（朱文）：“仓硕。”[7]（图十四）

子静（朱文）：“昌石刻于吴下。”[8]（图十五）

上海书画出版社编《吴昌硕印谱》收录吴昌硕为徐士恺刻印六方：

徐士恺（白文）：“戊子三月九日，昌硕。”[9]

士恺之印（白文）：“此刻仿汉，尚不恶，子静先生以为然否？戊子三月，仓石问。”[10]

安得百家金石聚鸿编烜赫中兴年（白文）：“静公嗜金石、精鉴别，清秘之富，足与两罍轩、城曲草堂抗衡。昨涉静园，得读秦汉碑拓十余种，皆元明毡蜡，其精严于此可见。嘱刻蝯叟句，为拟吾家让翁。丁酉元宵，昌硕吴俊卿。”[11]

---

〔1〕邹涛主编，沈乐平分卷主编：《吴昌硕全集》（篆刻卷二），上海书画出版社，2015年，第344页。

〔2〕邹涛主编，沈乐平分卷主编：《吴昌硕全集》（篆刻卷二），上海书画出版社，2015年，第345页。

〔3〕邹涛主编，沈乐平分卷主编：《吴昌硕全集》（篆刻卷二），上海书画出版社，2015年，第345页。

〔4〕邹涛主编，沈乐平分卷主编：《吴昌硕全集》（篆刻卷二），上海书画出版社，2015年，第345页。

〔5〕邹涛主编，沈乐平分卷主编：《吴昌硕全集》（篆刻卷二），上海书画出版社，2015年，第346页。

〔6〕邹涛主编，沈乐平分卷主编：《吴昌硕全集》（篆刻卷二），上海书画出版社，2015年，第346页。

〔7〕邹涛主编，沈乐平分卷主编：《吴昌硕全集》（篆刻卷二），上海书画出版社，2015年，第347页。

〔8〕邹涛主编，沈乐平分卷主编：《吴昌硕全集》（篆刻卷二），上海书画出版社，2015年，第552页。

〔9〕上海书画出版社编：《吴昌硕印谱》，上海书画出版社，1985年，第115页；亦见邹涛主编，沈乐平分卷主编：《吴昌硕全集》（篆刻卷一），上海书画出版社，2015年，第106页。

〔10〕上海书画出版社编：《吴昌硕印谱》，上海书画出版社，1985年，第155页。

〔11〕上海书画出版社编：《吴昌硕印谱》，上海书画出版社，1985年，第221页；亦见邹涛主编，沈乐平分卷主编：《吴昌硕全集》（篆刻卷一），上海书画出版社，2015年，第148页。

徐士恺印信（白文）：“戊子三月，吴俊。”[1]

观自得斋徐氏子静珍藏印章（白文）：“徐氏观自得斋珍藏印。丁酉四月，吴俊卿。”[2]

徐子静假观（朱文）：“缶道人篆。”[3]

吴昌硕为徐士恺刻印有数十方，主要集中在光绪十四年（1888）和光绪二十三年（1897）两个时间段，这个时期也是吴昌硕印艺的成长、成熟时期。“安得百家金石聚鸿编烜赫中兴年”为白文多字印，具汉玉印的风骨。浅削深斫，单刀直入，线条密集不壅塞，印面苍茫而流转生动。让翁“印从书出”，此印文结字并非篆书上部束密、下部疏放的特点，然“老实为正”，虽缶翁刀笔，一派让翁面貌。边款对徐士恺好金石、精鉴别、富收藏给予很高评价。

现在，这一批印中有部分已经流落日本。据《日本藏吴昌硕金石书画精选》（西泠印社出版社，2004年），以下六方吴昌硕为徐士恺所刻印被梅舒适先生收藏：“徐氏观自得斋珍藏印”（白文），边款：“子静仁兄法家属刻，即正。戊子三月，昌硕吴俊。”为吴昌硕45岁刻。“徐士恺”（白文），边款：“戊子三月九日，昌硕。”为吴昌硕45岁刻。“观自得斋徐氏子静珍藏印章”（白文），边款：“徐氏观自得斋珍藏印。丁酉四月，吴俊卿。”为吴昌硕54岁刻。“徐子静假观”（朱文），边款：“缶道人篆。”无年款。“士恺”（白文），边款：“仓石制。”无年款。“士恺”（白文），边款：“仓硕。”无年款。

二、徐士恺为吴昌硕辑《观自得斋集缶庐印谱》

清末官场中，嗜好藏印、鉴印、传拓、编印谱的官员甚多，如潘祖荫、吴大澂、沈秉成、吴云等。徐士恺为浙江候补道，也是一位热心助人的实业家，他在中国印学史上的最大贡献，是辑有《观自得斋印集》（古铜印谱）、《观

---

〔1〕上海书画出版社编：《吴昌硕印谱》，上海书画出版社，1985年，第221页。
〔2〕上海书画出版社编：《吴昌硕印谱》，上海书画出版社，1985年，第221页。
〔3〕上海书画出版社编：《吴昌硕印谱》，上海书画出版社，1985年，第221页。

自得斋印集悲盦印谱》和《观自得斋集缶庐印谱》。《观自得斋印集》收徐士恺家藏古铜印两千余方，体制庞大，钤拓精良。其中一至二册为古玺秦印，三至六册为官印，七至十六册为私印。《观自得斋印集悲盦印谱》和《观自得斋集缶庐印谱》分别收录赵之谦印拓和吴昌硕印拓，独具匠心，别具慧眼。

光绪二十年甲午（1894）孟夏，《观自得斋印集》初成，吴昌硕为徐士恺作《观自得斋印集序》：

> 自古秦书八体，其一曰摹印。逮亡新居摄，使甄酆定六书，其一曰缪篆。缪篆者，谓其屈曲缜密，即所以摹印也。按《广雅•释器》：“印谓之玺。”盖古者上下皆称玺，即《独断》所谓尊卑共之者也。而《说文》：“玺，王者印，所以主土。从土，尔声。籀文从玉。”朱骏声以为用印以泥，故从土。秦以后从玉，非籀文，说亦可通。……凡朝爵印文皆铸，军中印文多凿，视之判然不同，其流传至今，为收藏家所宝爱，不独可以考官制，辨姓氏，证异文，即字画浑朴，亦觉古趣盎然。昔之著录者如子昂《印史》及杨忠道、吴孟思、王厚之、钱舜举、郭允伯诸家，皆有古印谱，今皆罕传。可见者如前明之王氏《秦汉印统》则锓木，甘氏之《集古印谱》则钤印(王氏亦有《集古印谱》，亦锓木也)，尚可藉为考古之助。国朝古学昌明，学者嗜古之专，藏弆之富，即一物之微，亦讲求不遗余力。其汇为成书者，如新安汪氏、嘉定钱氏、岭南潘氏、海昌查氏之流，盖亦指不胜数。子静观察好古敏求，其所蓄古印、古泉皆裒如山积。今印谱先成，凡周、秦之玺，秦、汉之印，下逮元戳为止，搜罗至二千余钮之多，可谓夥矣。以近世而论，实足与寿卿太史、退楼老人、窸斋中丞诸谱相颉颃，鲰生获此巨观，如入山阴道上，几令应接不暇，窃幸眼福之不浅也。光绪甲午孟夏，安吉吴俊卿。[1]

吴昌硕洋洋洒洒论述印学源流、印篆功用及其艺术美学价值，尤其对老友

〔1〕朱关田编：《吴昌硕年谱长编》，浙江古籍出版社，2014年，第122—123页。

徐士恺的古印收藏赞叹不已：“子静观察好古敏求，其所蓄古印、古泉皆裒如山积。” 其收藏之富，足与陈介祺、吴云和吴大澂相颉颃。

光绪二十八年（1902）六月，徐士恺又辑《观自得斋集缶庐印谱》，收录吴昌硕148方印拓，成《观自得斋印存》之一。《观自得斋集缶庐印谱》每册封面有手书目录，印面释文扉页有杨岘隶书“观自得斋印集”。书前吴昌硕小传云：“吴俊卿，字仓石，号苦铁……受知于沈仲复、吴平斋、陆存斋、杨藐翁诸公，故学有根柢。喜学石鼓，刻印专宗秦汉，浑厚高古一如其书。晚年兼工花卉，专以气韵，在青藤、白阳之间。”内页黑框书口上署“观自得斋集缶庐印谱”“观自得斋徐氏所藏印存”。后有徐士恺作《观自得斋集缶庐印谱跋》，全文如次：

吴君仓硕之治印也，以六书苍雅为基止，以秦汉章玺为郭郛，以鼎彝邋碣为干桢，奇恣洋溢，疏骋九马间，不容翻忽。其大要归之自然，时人莫识也。往时邂逅沪江，与之论印，亹亹竟日。读其诗若画，若大小篆，皆清峻绝俗。余辑《观自得斋印存》成，复拓入仓硕

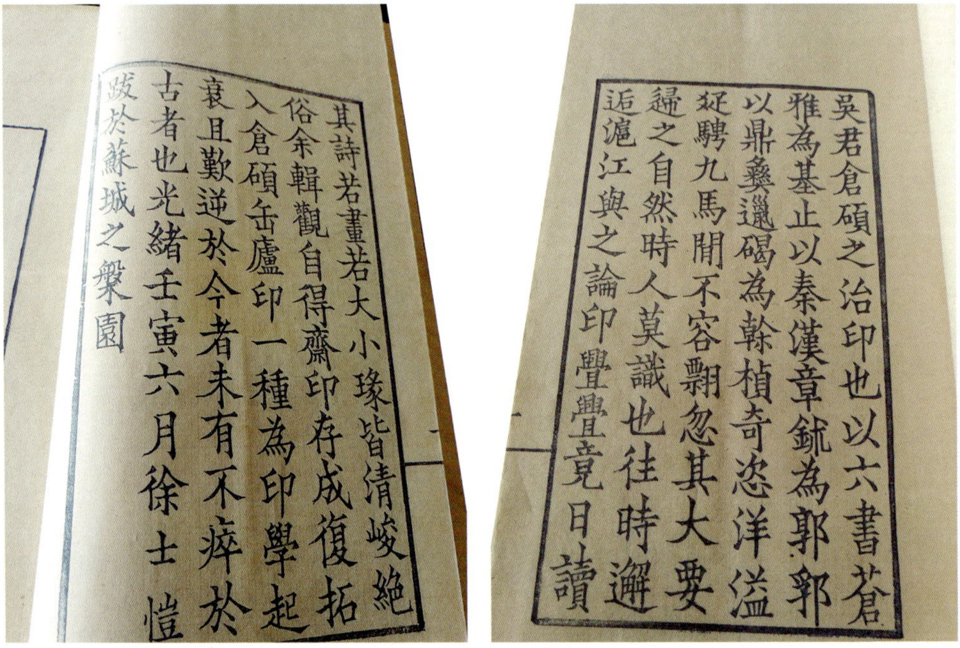
吴君倉碩之治印也以六書蒼雅為基止以秦漢章鉥為郭郛以鼎彝邋碣為榦楨奇恣洋溢疑騁九馬閒不容翻忽其大要歸之自然時人莫識也往時邂逅滬江與之論印亹亹竟日讀其詩若畫若大小篆皆清峻絕俗余輯觀自得齋印存成復拓入倉碩缶廬印一種為印學起衰且歎逆於今者未有不焠於古者也光緒壬寅六月徐士愷跋於蘇城之槃園

图十六　徐士恺《观自得斋集缶庐印谱跋》

《缶庐印》一种，为印学起衰，且叹逆于今者，未有不瘁于古者也。

光绪壬寅六月，徐士恺跋于苏城之槃园。[1]（图十六）

徐士恺在《观自得斋集缶庐印谱跋》中，对吴昌硕的篆刻艺术给予极高评价，认为缶庐的印"归之自然，时人莫识也"。故"复拓入仓硕《缶庐印》一种，为印学起衰"，真乃缶庐知音。

徐士恺观自得斋印谱系列问世，成为光绪时期古印收藏和印谱编纂的重要读本，尤其是在当时业界古印鉴赏、编谱成风的情况下，在纷繁迷乱之间，徐士恺独选赵之谦、吴昌硕两家，这是要有独创慧眼的。我们可以推断：民国时期以苏、沪、杭为中心的江南文化圈，在印学方面之所以独崇赵之谦、吴昌硕，与徐士恺两部印谱的风行于世有极大的关系。由此而影响西泠印社成立，以邓石如、赵之谦、吴昌硕三家为旗帜，在西泠印社塑像刻石，与徐士恺的推介宣传不无关系。

三、吴昌硕为徐士恺藏品题诗

《缶庐诗存》有吴昌硕给徐士恺藏品题诗的记载。《左宁南揭为徐子静观察士恺题》云：

流寇纵横谁夹击，宁南揭行督师檄。是时江北无坚城，江南犹存半壁天。孱明失计数合终，才如孙左难为功。纸尾将军印如斗，光怪夜半飞长虹。[2]

左宁南，即左良玉（1599—1645），字昆山，东昌府临清州（今山东临清）人。因与清军及起义军张献忠作战，逐渐成为一方诸侯。南明福王登基后，被封宁南侯，镇守武昌。后日益骄横跋扈，拥兵自重。吴昌硕为徐士恺藏

〔1〕朱关田编：《吴昌硕年谱长编》，浙江古籍出版社，2014年，第189页。

〔2〕［清］吴昌硕著，童音点校：《吴昌硕诗集》，华东师范大学出版社，2009年，第245页。

左宁南揭帖题诗主要是赞赏左良玉的武功，也有嘲讽之意。这里的“揭”当指左良玉颁布的揭帖，即左良玉张贴的启事、檄文之类。

四、徐士恺帮助吴昌硕“加捐”县令

“清末四公子”之一的吴保初是吴昌硕的好朋友，光绪十八年（1892）下半年吴保初在上海待了数月，便回老家安徽庐江，一直到第二年“首夏中旬”。在此期间，吴昌硕给吴保初写过两封重要的书信，第一封信是《述吴游书》，第二封信是写请求向吴保初借资捐官的密信。

吴昌硕以“酸寒尉”自嘲，虽然后来升捐“上海县丞”，但俸禄仍然十分微薄。为摆脱生活窘境，吴昌硕只好又动了捐官的念头，想捐升“知县”。但是，吴昌硕在多方筹款之后，还缺少四百两银子，于是写信给好友吴保初：

> 弟碌碌无可短长，以酸寒尉终身，即亦已矣。乃不自知其酸寒，而人视之者代为酸寒，二三知己竭力怂恿，劝以加捐县令。盖知弟捐有县丞，且乐为之助，现集款已至千五百之谱。查县丞捐升知县，须实银二千五百余两，刻托徐子静观察，由厦门炮台捐上兑，再打八三折（每百两只须八十三两），只须实银两千有奇。夙蒙雅爱，当亦以此举为然。唯是七级浮图，尚赖大功德为之结顶，可否慨借朱提，数唯四百，计完赵璧，期在三年。倘蒙许我，敬乞五月中旬赐汇沪寓。因急上兑，局促如是。[1]

从信中可知：由“县丞”捐升“知县”，打折后还需要两千多两银子。吴昌硕通过多方努力还差四百两，借期三年，拜托知己好友吴保初援手。这个数额不是小数，不是非同一般的朋友不好开口。信中说得明白，之前是“刻托徐子静观察，由厦门炮台捐上兑，再打八三折（每百两只须八十三两），只须实银两千有

〔1〕沈尹默等著：《中华艺林丛论》，上海辞书出版社，1976年，第791—792页。

奇”。“刻托”是说这笔款子要得急，拜托好友“徐子静观察，由厦门炮台捐上兑”。吴昌硕虽然有好友徐士恺帮忙，筹集了一大部分，但仍要向大公子吴保初借四百两银子，而且时间还很紧急。吴保初是否借了，未见回信资料。但作为朋友，吴保初想必是出了力的。而吴昌硕捐官知县的心愿未及数月就实现了。

吴昌硕写给吴保初的两封书信，文字虽短，意味深长。吴昌硕借款捐官，因碍于情面，一般不找浙江、苏州的本地亲友，而是找安徽的外地朋友，表现出吴昌硕精明的处世之道。此信是研究吴昌硕仕宦之途的重要史料。

五、徐士恺为吴昌硕求职谋差

吴昌硕是一位候补官吏，早年通过捐纳获得差委，后来在苏州因篆刻艺术异军突起而被吴下一批朝臣青睐，通过疏通关系获得差委任用，有时候还能荐举到“肥缺”。吴昌硕是由浙江孝丰（今浙江安吉）北漂至苏州大城市的，家庭开支确实不小。因此，吴昌硕大多数时候生活非常拮据，经常托请朋友或高官为其谋得差事。

上海书城曾拍卖田家英藏书札一通，内容涉及徐士恺为吴昌硕“谋差”之事，全文如下：

景张仁兄太史大人阁下：两奉手毕，均已祇聆。就维兴居曼福，动定咸宜为颂。前承由镜初兄带下汉官印两匣，昨又交来《陈寿老尺牍》四册，一并点收无讹。兹仍托镜翁奉上小秦印一匣，蛮夷官印一匣，至祈察入。藏经纸无大张者，仅能作卷册签条之用。暨《二金蝶堂印谱》容检出再寄。翰仲处印谱，据云嵌裱四厚册，楠木面，共四十元，不为贵也。仓石业经来沪，大约道署可谋一差。春寒甚厉，贱躯仍不能照常，沪游尚难践约耳。专泐，敬请潭安，不尽。小弟徐士恺顿首。花朝前一日。[1]

〔1〕陈烈主编：《小莽苍苍斋藏清代学者书札》（修订本），人民文学出版社，2013年，第958页。

这封信是徐士恺写给龚心铭的，信里有“仓石业经来沪，大约道署可谋一差”之句。究竟谋什么差，不得而知。龚心铭（1865—1938），字景张、伯新，号渠生，照瑗子，室名怀麓斋。清光绪十五年（1889）举人，赏戴花翎，诰授奉政大夫。光绪十八年（1892）进士，授翰林院编修，以庶常改职考取商部。曾兴办铁路、煤炭等实业。亦喜金石收藏、鉴赏，工书法。曾在浦口建龚氏汤泉别墅，专辟书斋，名曰“周爰秦量之室”。龚心铭是安徽合肥人，也是吴昌硕早年的“金石交”。

六、吴昌硕为徐士恺题砖拓考释

清代乾嘉以来，碑学盛行，考据之风蔚然兴起。光绪十四年（1888）五月，吴昌硕为徐士恺考释砖拓，弥足珍贵：

> 泰始是宋明帝第一纪元也。余藏泰始砖文曰“泰始三年太岁丁未八月十日”。“八月十日”四字作双行。上端文曰“沈三师冢”。戊子五月，吴俊。
>
> 甘露二年八月潘氏（篆书）。一字一格篆书。……余所藏吴永安砖右侧文云“舍人番君”，潘字不从水，尤古。子静仁兄法家以为然否？戊子夏五月，昌硕吴俊。
>
> “太安二年七”下断书，奇古似汉摩崖。……疑亦古篆文。苦铁记。[1]

从此砖拓考释来看，吴昌硕共题记三处。徐士恺富收藏，两人合作自然相得益彰，美美与共。

此外，吴昌硕还为徐士恺哥哥徐士怡《寄生山馆诗剩》署签。该书最后有陈维祺的一篇短跋：

〔1〕朱关田编：《吴昌硕年谱长编》，浙江古籍出版社，2014年，第81页。

光绪乙酉，世叔徐子静先生搜集丛书若干种，陆续授梓。世侄陈维祺仲周氏谨识。[1]

光绪十一年（1885）《寄生山馆诗剩》前还有桐城派作家徐宗亮序文一篇：

余往来海上，得交石埭徐君子静，其人开爽明敏，制行甚笃，而以独身居贫，佐人治官事，不能自发抒其意。余尝深惜其才，劝之以仕，作而言曰："某不幸，既孤遭乱，有兄才而早卒，坐是不得学古入官。"因手一编示予，即其兄棣友遗诗也。棣友之诗，不规规唐宋人门户，而琢句选词，芊绵悱恻，有美人香草之思，其寄托蕴蓄，窅然深致，令人挹之终日而不能尽。夫诗者，古乐之遗，所以观风俗而觇心性，非可苟焉为者。曩尝叹渔洋一代巨公，其悼亡诗篇累十数首，悉取古事相比傅，不知其中之何所托也。秋谷、随园讥之，岂得谓过？而棣友集中悼亡之作最工，亦最多，往往读之凄然增伉俪之重。意其为人必有无穷怀抱，郁而不宣，特寓诸凄楚激越之音，不自知其降年有不永也。使其考禄以终，纵才力所至，以求会古人精神穆邈之中，岂第一体之工有胜渔洋者哉？此子静所为抚卷而有余悲，余亦为之惘然不能自克者也。今年子静将举以行世，抵予书曰："愿有言也。"因以夙所论者报之如此，藉慰子静鹡鸰之痛云。光绪十一年岁在乙酉秋月，桐城宗愚弟徐宗亮拜序。[2]

徐宗亮写这篇序文也是徐士恺托请的。《寄生山馆诗剩》书名后有"光绪丙戌七月四日吴俊署签"字样，从光绪十四年（1886）七月四日吴昌硕为徐士怡诗集《寄生山馆诗剩》署签开始计算，吴昌硕与徐士恺有近20年的交往史。

〔1〕[清]徐士怡著，徐士恺校梓：《寄生山馆诗剩》，清光绪刻本，安徽省图书馆藏。
〔2〕[清]徐士怡著，徐士恺校梓：《寄生山馆诗剩》，清光绪刻本，安徽省图书馆藏。

强抱篆隶作行草
——吴昌硕行草中的篆隶意

孙　杰

吴昌硕是在清代末期碑学书风的熏染中涌现出的巨匠。吴氏书法涉猎广泛、取法高古，是崇尚“篆隶笔意”的今体书家群体中的杰出代表。吴昌硕一生嗜好《石鼓文》，溢而发于隶、楷、行、草，或篆、隶入行、草，或行、草入篆籀，吴昌硕先生显示出了对各体书法非凡的驾驭能力，在其出色书法才能中，吴昌硕的书风个性都极为强烈。本文通过对吴昌硕行草书中的“篆隶笔意”进行研究，其原文为“狂草”，但细审其书作，以行草为主要表现对象，故提出“强抱篆隶作行草”，对其书所表现出的形式特征进行梳理，以期为书家取法的方向性问题提供更多可资借鉴的资料。

一、关于“篆隶笔意”

1.“篆隶笔意”的产生和发展

“篆隶笔意”观念的提出，最早可追溯到明末清初。这一时期，金石学的兴盛促成了古文字学和篆隶书的复兴，对篆隶笔法的论述也日趋增多。在理论上，清初学者傅山对作书需通篆隶的论述最为强烈：

> 不知篆籀从来，而讲字学书法，皆寐也。[1]

〔1〕[清]傅山著：《霜红龛书论》，崔尔平选编点校：《明清书论集》上，上海辞书出版社，2011年，第566页。

> 不作篆隶，虽学书三万六千日，终不到是处，昧所从来也。予以隶须宗汉，篆须熟味周秦以上鸟兽草木之形，始臻上乘。[1]

傅山认为，不知篆籀来源，学文字学和书法便不能得道，以篆隶为真、行、草书基础，才能避免落入俗格。同时，他也主张书体之间的相互贯通，以形成自己的个性风格。

清代书家蒋衡论书也极其强调篆隶为学书之根本，他在《拙存堂题跋•诅楚篆文》中说：

> 余为论古人书各不同处，俾知用意所在，真行草悉从篆出。习见忘源，师孙弃祖，恐为后人所笑。[2]

蒋衡认为真、行、草皆从篆书演变而来，学真、行、草不可忘源，清末康有为也认为习行草书应知篆籀来源，原因在于探求古篆籀的来源才能得其古朴浑穆的气象。

清代出现了众多的篆隶名家，如邓石如、伊秉绶、何绍基、赵之谦、吴昌硕、丁敬、桂馥、黄易、黄士陵等，还有古文字学家吴大澂、孙诒让、罗振玉、王国维等。其中，邓石如、赵之谦、何绍基、吴昌硕等人都是崇尚“篆隶笔意”的杰出代表，在各自的书法境界和形式中，在表现技法上的新创造，都具有引领时代的伟大意义。何绍基言：

> 余学书从篆分入手，故于北碑无不习。而南人简札一派，不甚留意。
>
> 余学书四十余年，溯源篆分，楷法则由北朝求篆分入真楷之绪。始学颜鲁公，便用悬腕作藏锋书，日书五百字而不间，以为常课，大

〔1〕[清]陈玠著：《书法偶成》，华人德主编：《历代笔记书论汇编》，江苏教育出版社，1996年，第420页。

〔2〕转引自姜丽星：《蒋衡书学渊源与碑帖题跋考述》，《艺术品》，2020年第5期，第47页。

如碗，横及篆隶。因其书根篆分，通会欧阳询父子及颜鲁公、李北海、苏东坡诸大家，故自成一体。[1]

清末书家不仅在理论上对篆隶进行阐述，亦从实践入手，践行“篆隶笔意”在今体书中的融入，最终在观念和实践两个方面重构了“宗法秦汉”。

自清末以降，西北汉晋简牍接连被发现，这对近现代书家正确认识和把握汉碑隶书用笔的本源形态，具有无可比拟的说服力。由于照相技术的发展，古人手迹影印行世，对于“篆隶笔意”的真实面目与笔法的实物资料，碑学书家视如拱璧，起而研习，并引之入书。

林散之在谈到其学书经历时，曾感叹：

我到60岁后才学草书，有许多甘苦体会。没有写碑的底子，不会有成就。[2]

林散之先生的真书、行书皆有浓重的隶意，其大草书虽因笔势连绵隶意有所减弱，但点画运笔善于转中带折，仍带有隶书体势的弯曲波动之意。现代今草书四大家于右任、林散之、毛泽东、高二适皆着眼于今体书要具篆隶笔意，以求古朴避软媚。“篆隶笔意”书法观念和实践从明后期至近现代都产生了重要的影响。

2.“篆隶笔意”的内涵

楷、行、草书基本在魏晋时期形成，此时的今体书中遗留篆隶书体的某些笔法和体势特征属自然现象，这也成了今体书的古法所在，那么“篆隶笔意”即指魏晋以前的篆隶的古法古意。而“篆隶笔意”是在楷、行、草等今体书产生之后，遗留的篆隶笔法日渐丧失之后才提出的，所以说“篆隶笔意”主要是针对楷、行、草等今体书而言的。

关于“篆隶笔意”的内涵，徐利明曾在《“篆隶笔意”与四百年书法流变》

---

〔1〕《中华传统文化大观》编纂委员会：《中华传统文化大观》，中国大百科全书出版社，1997年，第184页

〔2〕林散之著，陆衡收集整理：《林散之笔谈书法》，上海人民美术出版社，1994年，第63页。

一书中将“篆隶笔意”作为一种书法观念提出，首次作出必要的概念界定：

“篆隶笔意”是指在今体书——真、行、草书的体势与用笔中兼有篆书或隶书或篆、隶书相杂的某些形式与技巧因素，从而使今体书法中含有某种篆隶书意趣。[1]

他把“篆隶笔意”在体势和用笔上分为两个方面。（1）体势含隶意：以张瑞图为代表，结字多横向取势，表现向左右横向运动的意蕴和姿态。体势含篆意：傅山的草书，多取圆势，向内回环之意较显著。（2）用笔含篆意：以弘一法师的书法为典型，点画线条用笔圆厚朴拙，折笔处圆转。用笔含隶意：如苏轼书法，点画起笔多用方笔，撇、捺、波、挑常杂隶法。

3.“篆隶笔意”的体现形式

刘熙载认为“偏旁皆从篆隶”，书体的演变皆有本源，楷、行、草皆从篆隶演变而来，所以，楷、行、草书中常融入“篆隶笔意”以取高古之意，并体现在以下方面：

（1）加强绞转，强调中锋

篆隶是文字学的源头，今体书皆来源于篆隶。蔡邕《九势》云：

凡落笔结字，上皆覆下，下以承上，使其形势递相映带，无使势背。

转笔，宜左右回顾，无使节目孤露。[2]

此处的“形势递相映带”主要是指笔势的往来有呼应之感，这种具有呼应感的使转笔法产生的“转笔”，与我们所谓“绞转”笔法中的“转”要领相近。“转笔”为笔法古法，多在篆籀中使用，势圆，即笔锋前行时处于点画中间，左右圆转而行，呈现连续又略作停顿的状态，连与断之间若即若离，浑

〔1〕徐利明著：《“篆隶笔意”与四百年书法流变》，中国社会出版社，2002年，第15页。

〔2〕上海书画出版社、华东师范大学古籍整理研究室选编校点：《历代书法论文选》，上海书画出版社，1979年，第7页。

然天成。绞转笔法，无论在形式和内涵上都是构成行草书生命的第一要素，通过绞转的笔法，各种盘绕线条的有机组成才成为可能。绞转笔法，可理解为助力轻转，通过调节笔锋，以达到中锋用笔，使得线条能够保持劲健。秦汉书法中，无论篆隶，皆强调中锋运笔，篆书具有中锋圆融、浑朴厚重、屈曲圆转的笔意特征，汉隶虽有明显逆锋平出的起收笔的侧锋动作，但是笔画中段仍是圆融饱满的中锋笔法。中锋用笔通过笔锋在笔画中间的行走，墨水通过毛笔中心流注进纸面，中间墨色相较于两边略浓，能够出现如“锥画沙”般的立体感，又能够八面出锋，带出圆劲的牵丝，线条圆浑又具有质感。但强调在今体书中多用中锋，并非要求笔笔中锋，而是中侧并用，同时又能达到“即中即侧，复归于中”的效果。

（2）逆锋顶纸的涩行法

刘熙载曾说“逆入、涩行、紧收，是行笔要法”。逆锋能够增加行笔的力度，与打拳同理，将拳头先收回再打出去，力量就会更大。“逆锋起笔”讲究欲左先右，欲下先上，这种笔法应是篆隶笔法的逆锋顶纸的涩行法，使得笔力更为刚硬，有力透纸背之感。可见，好的笔画，一定不是一笔带过的，而是“积点成线”的过程，包世臣说“五指齐力故能涩”，笔力运用在纸上，形成了纸对笔的阻挡，故形成涩行之势。

平时所说的“屋漏痕”笔法，笔锋着纸嗤嗤作响，如不用涩笔运行是得不到的。汉字用笔方法如折钗股（曲折劲圆）、锥画沙（藏锋不见起止）、印印泥（笔画沉厚）、壁坼（结体布白自然）等皆含逆入笔法，并且用笔自然有力，行笔要涩，使其力透纸背，但又不失自然流畅。有了这样像篆隶、章草笔意的古法，才使得行草书恣意挥洒也不会陷于流媚。

（3）峻劲遒利的点画和用笔

包世臣言：

> 篆书之圆劲满足，以锋直行于画中也；分书之骏发满足，以毫平铺于纸上也。真书能敛墨入毫，使锋不侧者，篆意也；能以锋摄墨，使毫不裹者，分意也。有涨墨而篆意湮，有侧笔而分意漓。诚悬、景

度以后遂滔滔不可止矣。[1]

此论可知，包世臣认为最能代表“峻劲”这一内涵的是篆隶书：“篆书之圆劲满足”“分书之骏发满足”强调点画的内质、力量的运用，他倡导峻劲，“古人盖未有不尚峻劲者”。峻，既可以是点画上的矫历奇变，也可以是用笔上的直起直落，加之力量如刀劈斧砍，方可谓峻劲。包世臣虽多次强调峻劲，但仍把遒利天成作为书法的最高境界。

真书以平和为上，而骏宕次之；草书以简净为上，而雄肆次之。[2]

可见，包世臣最终还是以遒劲有力、自然天成、笔势峻逸为尚。多次对“峻劲”的强调，是包世臣对书写的实用笔法进行实践总结的结果，“峻劲”更能引导对用笔、力量和奇崛字势的重视。

（4）“气满”与“中实”

包世臣在《答熙载九问》中形容“气满”：“来源极旺，满河走溜，不分中边，一目所及，更无少欠阙处。”[3]“气满”是专言精神风貌之语，如气象浑穆、气韵生动、气力充足、气势充沛、气象圆满、神理俱足。画瘦行宽，可写得气满；结体率意，仍可气满，所以说，气满不关乎具体书体和具体形质。离形取神，直追本质。

包世臣后来又将“气满”这一审美的精神范畴进行了具体化的论述，落实到笔法和力量的运用上，其实就是具体笔画中的逆锋行笔，以追求气满为能。将“气满”这一审美精神落实到笔法和力量的运用上，就是对用笔“中实”的强调。“气满由于中实，中实由于指劲”，书法的点画贵在“中

〔1〕上海书画出版社、华东师范大学古籍整理研究室选编校点：《历代书法论文选》，上海书画出版社，1979年，第660页。

〔2〕上海书画出版社、华东师范大学古籍整理研究室选编校点：《历代书法论文选》，上海书画出版社，1979年，第662页。

〔3〕上海书画出版社、华东师范大学古籍整理研究室选编校点：《历代书法论文选》，上海书画出版社，1979年，第662页。

实”，要求中段遒劲丰满，两端雄厚古劲，线条饱满中实，而不空怯。采取逆入方法，中锋用笔加上涩笔运行，墨色均匀向四面渗透，线条更为中实饱满。对碑派而言，篆隶、北碑皆以沉稳、朴拙、厚重为审美特点，点画处处实在，因此“中实”一词从字面意义到在书法中的含义，对碑派来说用起来都很贴切。

二、吴昌硕行草书中的“篆隶笔意”观念

吴昌硕行草书中之所以会融入“篆隶笔意”，与其所处时代背景、生平经历、书学思想、书法取法皆有重大关系。清末民初的书坛，一方面，随着清后期数十年的发展和何绍基、赵之谦、张裕钊等人的影响，学习书法从碑版入手的观点在当时已经成为一种风气；另一方面，西方先进的印刷术在中国得到推广，这种先进的印刷术使得任何时代的任何墨本和金石书法拓本，均可通过精美的印刷得以广泛流传，再加之康有为《广艺舟双楫》的推动，使得书家取法碑刻的做法具备了理论上的依据和物质上的条件，碑学书法完全取代了帖学书法。在这个时期，真正的碑学书家，卓有成就的并非很多，唯有吴昌硕的书法涉猎广泛且取法高古，其书法中的气度、力度和意境都盖过一代，作为清代碑学书风中的最后一位大师，吴昌硕将碑学书风再次推向高潮。

吴昌硕的父亲和祖父都中过举人，其自幼便受父亲的影响，深得父亲的熏陶，在耕作之余跟随父亲读书，学习诗词、篆刻等。父亲辛甲死后，吴昌硕离家到杭州和苏州等地游学，阅览了大量的金石碑版、古砖，接触了当时社会重要的书画名家，开阔了眼界，增长了见识。后来便定居上海，广收博取，勤奋临习，书法与诗文、绘画、篆刻四体并进，为他日后书法的发展，奠定了基础。到了晚年，其行草书风格尤为突出，成为一代大师。吴昌硕对待书法虽然广收博取，但对汉碑与《石鼓文》用力最深，他曾在《何子贞太史书册》中说：

> 我书疲苶乌足数，劈所不正吴刚斧。曾读百汉碑，曾抱十石鼓。纵入今人眼，输却万万古。不能自解何肺腑，安得子云“参也鲁”？

强抱篆隶作狂草，素师蕉叶临无稿。[1]

“曾读百汉碑，曾抱十石鼓”虽然只是一句形容语，仍可知吴昌硕对《石鼓文》和汉碑学习的用心，这其实也是他书法艺术的根基。所谓“强抱篆隶作狂草”，说明了其行草书来源于篆隶，用篆隶笔法创作行草，融入了《石鼓文》和汉碑的笔法和意趣，使行草书更为高古。而“纵入今人眼，输却万万古”说明他仍然认为自己还远不够高古，虽然这是一种自谦，仍可见吴昌硕先生对自己的要求之高。

1.“曾抱十石鼓”

吴昌硕的书法根柢是篆隶书，他学习篆书，常临《虢季子白盘》《散氏盘》等，最著名的要属《石鼓文》。在吴昌硕43岁时，潘瘦羊赠送给他《石鼓文》拓本，从此以后吴昌硕便花费十足的力气，整日挥毫临习，“从前刻画年复年，心摹手追力愈努”，可见他对《石鼓文》所下的功夫之深。吴昌硕65岁时自题《石鼓文》临本说：

予学篆好临《石鼓》，数十载从事于比，一日有一日之境界。[2]

其实，吴昌硕对《石鼓文》的学习并不早，30多岁开始临摹《石鼓文》。与其他书家临习《石鼓文》不同，吴昌硕临《石鼓文》时并没有受原帖字式的束缚，而是把《石鼓文》作为创作的素材，融入了小篆的修长姿态、行书的参差错落、金文的厚重线条，用笔遒劲、气息深厚，创造出一种新的美感，形成了自己独特的风格。吴昌硕在创作方面敢于创新，勇于实践，把《石鼓文》的笔意带入其他书体的创作之中，或篆籀入行草，或行草入篆籀，或融隶于真，或取隶于篆，各体皆成己貌。诸宗元在《缶庐先生小传》中云：

[1] [清]吴昌硕著，童音点校：《吴昌硕诗集》，华东师范大学出版社，2009年，第194页。
[2] 转引自赵宏著：《篆书津梁》，高等教育出版社，2001年，第195页。

书则篆法猎碣，而略参己意，虽隶真狂草，率以篆籀之法出之。[1]

吴昌硕是中国书法史上第一个通过写通《石鼓文》一碑而成就个人艺术风貌的特例，其行草书不可避免地露出篆籀意趣，晚年行草的篆籀意更为强烈。

2. “曾读百汉碑”

前面说到吴昌硕在题《何子贞太史书册》中说过“曾读百汉碑”，虽然这只是一句形容语，但当时出土的汉代刻石和砖瓦拓片在百种以上，他广泛收集汉瓦碑刻，这也说明他在众多汉碑中吸取了很多的营养，花费了很长的时间，使其楷、行、草乃至篆书都受到汉碑的影响。青壮年时期的吴昌硕，曾在苏州、杭州、湖州等地游学临习汉碑，阅历的丰富让他眼界大开，尤其对《张迁碑》《石门颂》《张公方碑》《祀三公山碑》等雄强一路特别感兴趣，从30岁左右直到晚年对上述汉碑的临摹从来没有间断过。他的隶书作品吸收了秦碣、汉瓦精髓，略参《石鼓文》笔意，更为沉着苍劲、雄强宽博。其晚年篆书、行草的变化，也离不开他对隶书的博取与滋养。

三、吴昌硕书学思想

吴昌硕之所以能取得如此辉煌的成就，源于他的书学思想，他的书学思想跟随着他的学书经历和时间的推移而不断发展。他临摹古人大量优秀碑帖，与古为徒，博观约取；借古开今，为我所用。通过对他艺术实践的考察，笔者把吴昌硕书学思想分为以下几个阶段。

1. “与古为徒”

篆书“与古为徒”（图一）是吴昌硕先生在1912年为美国波士顿艺术博物馆所题之匾，并题“好古之心，中外一致”，吴昌硕把“与古为徒”[2]作为艺术道路上的指导思想，以求得作品的稳重、典雅。

吴昌硕在初学书法之时，崇尚古人碑帖，潜心于临摹，同时又嗜好古文物，在艺术方面不倦地追求古拙、古意、古趣。所以，他的书法、绘画作品都

---

〔1〕[清]吴昌硕著，童音点校：《吴昌硕诗集》，华东师范大学出版社，2009年，第395页。

〔2〕“与古为徒”语出《庄子·人世间》，原指援引史事，讽喻今人，后喻尚友古人。

图一　1912年，吴昌硕为美国波士顿艺术博物题“与古为徒”匾

尚古，追求气厚、格古，其作品也随年龄增长而表现出古拙、古趣与古意。可见，“与古为徒”是吴昌硕先生在艺术方面一直以来的审美追求，但是吴昌硕先生的尚古并非只是追求篆隶书的外貌，而是追求篆隶书的本质内涵，取质朴自然之意，并把它运用到自己的作品之中，做到为我所用。所以说“尚古”并不是简单的重复和临摹，而是能与时代相结合的新的古意。

2.“古人为宾我为主”

吴昌硕先生虽看中古法，但他深知一味尚古，不能够自出新意，是无法脱离古人藩篱的。吴昌硕学古人，并非单纯追求形似，而是揣摩古人的笔意精神，并表达自己的思想，他不仅自己能够做到古为我所用，也是这样教导自己的学生的。他在给学生王一亭的题款中说道：

> 天惊地怪生一亭，笔铸生铁墨寒雨。活泼泼地饶精神，古人为宾我为主。[1]

“古人为宾我为主”正说明了吴昌硕对待古人始终抱着一种学习和借鉴的态度，把“古”作为艺术创作的基础，然后再来求“变”。最终，形成自己独特的艺术风格。其意义深刻，对今天的每位艺术工作者来说都有着教育和指导作用。

〔1〕[清]吴昌硕著，童音点校：《吴昌硕诗集》，华东师范大学出版社，2009年，第228页。

3. “贵能深造求其通”

吴昌硕在《刻印》中言：“诗文书画有真意，贵能深造求其通。”[1]想“通真意”贵“求其通”，艺术的发展，必然要通过广泛的学习、借鉴，融会贯通。吴昌硕自言：“我平生得力之处在于能以作书之法作画。”相反地，作画之法亦能作用于书。所以，他在以篆、草笔意入画时，绘画中纵横挥洒的水墨精神也会影响到他的行草书，他中晚年不拘笔墨、不拘结体、老辣恣肆、沉着跋扈的行草书，与他的写意绘画是相互影响的。吴昌硕把书法与绘画相互融合，并独具特色。而吴昌硕书法在不同书体之间，仍“求其通”，徐利明在评价吴昌硕行草书时曾言：

> 吴昌硕的行草书痛快狂肆时，甚至满纸有“大风起兮”之感，个性极为强烈，但我认为其最妙处更表现在将篆、隶与行草合为一体，而又统一在行草书的气势之中。[2]

先秦《石鼓文》的笔力骨线与汉碑的雄浑气度被巧妙地融合在他的行草书中，虽融合多样，但能够变通，出现新的创造。如吴昌硕所说“折衷吴兴意良苦，吸其精英弃其腐”[3]。在广泛学习、领悟的基础上，取其精华，去其糟粕，然后通过自己的审美观实现深造然后“求其通”。

四、吴昌硕行草书中“篆隶笔意”的形式特征

吴昌硕书法各体皆善，尤以篆书、行草见长，由于他在青年时期把研究的重点放在秦汉篆隶书，所以，他晚年的行草书亦随着对汉碑和秦代篆书的技法与内质的把握、提炼、运用，逐渐将篆隶、行草笔法融入创作，使得他晚年的行草书自然而然地融入了“篆隶笔意”，与早年行草书相比风格更为老辣、苍劲，更得“锥画沙”“屋漏痕”的妙趣。

---

〔1〕[清]吴昌硕著，童音点校：《吴昌硕诗集》，华东师范大学出版社，2009年，第9页。

〔2〕徐利明：《“篆隶笔意”与四百年书法流变》，中国社会出版社，2002年，第112页。

〔3〕[清]吴昌硕著，童音点校：《吴昌硕诗集》，华东师范大学出版社，2009年，第153页。

吴昌硕早年的行草书受帖学影响，风格清秀、笔致精美，40岁后，随着篆隶书水平的提高和深入，常在笔法和结体中融入“篆隶笔意”，厚重雄健，老辣恣肆，形成了自己独特的风格。

1. 点画——厚重圆浑

吴昌硕行草用笔圆转，行笔沉着（图二）。沙孟海先生曾评价吴昌硕行草说：

> 纯任自然，一无做作，下笔迅疾，虽尺幅小品，便自有排山倒海之势……晚年行草，转多藏锋，坚挺凝练，不涩不疾，亦涩亦疾……笔致如万岁枯藤，与早年所作风格迥殊。[1]

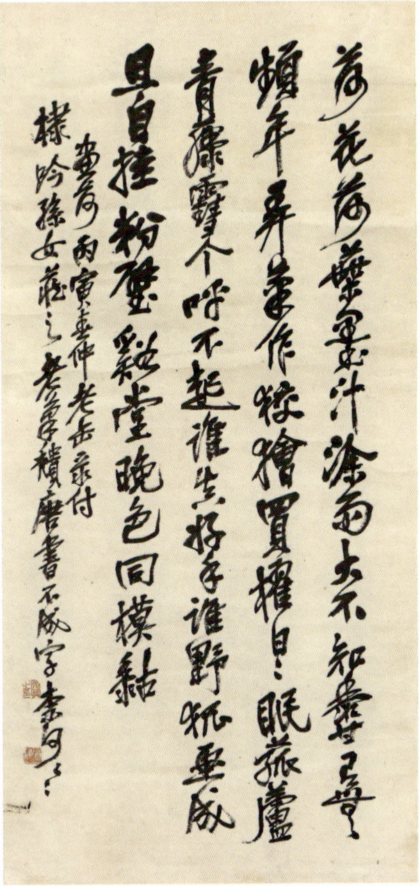

图二　吴昌硕《“荷花”行书轴》

沙孟海的描述印证了吴昌硕融“篆隶笔意”于行草之中的最显著特点，其晚年的行草书，运转更为自由，多使转用笔，产生厚重圆浑的视觉效果。多藏锋起笔，亦涩亦疾、凝涩徐行的特点也更为强烈，凝涩的行笔具有淳朴浑厚的意趣和连绵不断的气脉，并运用了《石鼓文》的笔法，劲挺有力，行草书通篇古气洞达，虽粗头乱服，但豪放中仍不失精微，更显骨力雄强之感。

2. 结体——欹侧生动

对于行草书法佳作来说，其结体都倾向于不稳，进而“奇正相生”。观吴昌硕书法的结字特点：大开大合，多欹侧，寓欹于正。凡是左右结构的字，均呈左低右高的形态，这种结字方法，首先运用在他的篆书中，打破了前人一味追求平正的束缚，为篆书带来了新的结字形式和趣味，使得吴昌硕的篆书既古

〔1〕沙孟海原著，朱关田选编：《沙孟海论艺》，上海书画出版社，2010年，第173—174页。

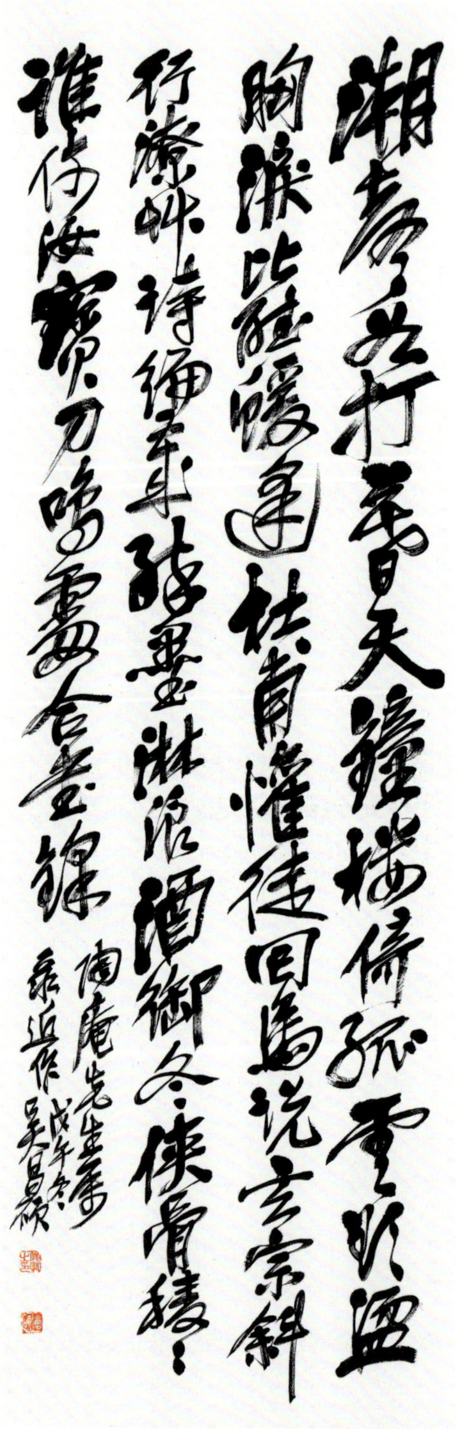

图三　吴昌硕《“潮声”行书轴》

拙厚重，又婀娜多姿，极富韵味。欹侧生动逐渐成为吴昌硕独特的结字方式。他把这种结字方法运用在他的行草书中，观其行草书作品《“潮声”行书轴》（图三）可见结字左低右高、左松右紧，点画交叉多有对比，欹侧又具韵律感。以笔画的粗细变化来保持字形的稳定，字形忽长忽短，笔势忽收忽放，于收放自如间不失法度，变化多端，“奔放处不离法度，精微处顾到气魄”，痛快狂肆，毫无矫揉造作之势，气象万千，有“大风起兮”之感。

3. 章法——茂密

吴昌硕的书法作品往往具有磅礴之感，这种磅礴之感多体现在作品的章法上。吴昌硕晚年作篆老辣狂肆、字势流畅，章法参差不齐，又整体和谐，达到了灵活自如的境地。吴昌硕除了钟情于《石鼓文》，还对《散氏盘》《毛公鼎》等表现出极大兴趣。在整体风格上，《散氏盘》奇拙朴茂，恣肆豪放，参差错落，章法朴拙茂密，大开大合，字形豪放率意，有金文之凝重，也有草书之流畅。其行草书便借鉴了《散氏盘》茂密的章法，非常注重字与字之间的呼应和衔接，密而有疏。书写时，注重整体气息。临气不临形，气势奔放，全篇透出蓬勃之气。

可以说吴昌硕的行草作品注重疏密的变化和行气的运用，老辣沉稳又逸趣横生。

4. 墨法——枯湿相生

吴昌硕不仅在用笔、结构和章法上强调对“篆隶笔意”的运用，在墨法上，仍取篆隶书枯湿相生之意。观吴昌硕作品《“佳丽”行书轴》（图四）可见下笔迅疾，刚柔并济，融金石篆籀之趣，墨尽笔枯仍任其自然，于淡墨中求墨分五色之变，富有枯湿浓淡之逸，独显朴拙苍茫之趣味。湿可见形、枯可见笔，枯湿过渡十分自然。

5. 风格——金石气

金石气是书法中一种苍茫、浑厚、雄健、朴拙的表现样式，石鼓、钟鼎等古代刻铸铭文书迹的金石气，本出自刻工刻制的必然和风化剥蚀的天然。后人将其意趣融入笔法，体现了一种自觉的审美意识和艺术表现欲。

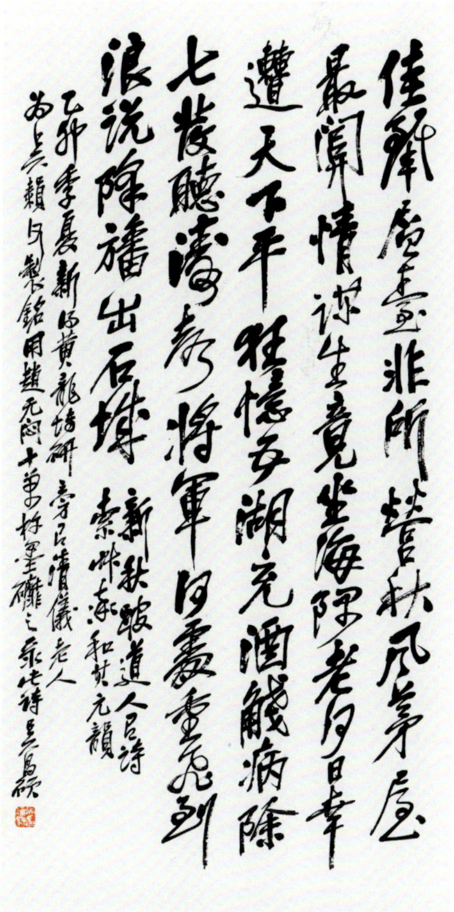

图四　吴昌硕《“佳丽”行书轴》

吴昌硕曾说：“我金石第一，书法第二，花卉第三，山水外行。”可见吴昌硕在金石上用功之勤，这也使得其书法金石气十足。吴昌硕所临石鼓文，具有刻石的凝重感和爽利效果，形成了自己独特的篆书面貌和金石韵味，常用遒劲的笔力，浓墨裹锋一拓而下，再加上微微的颤笔，使得线条出现飞白、顿挫的效果，苍茫古朴。这种典型的金石气，不只是吴昌硕在篆书方面的成功所在，也是他在其他书体上的核心追求。

吴昌硕行草书恣肆烂漫、纵横酣畅，将金石篆刻的修养融于其笔墨之中，所以金石气的必备要素“雄健、生辣、古拙”都在他的行草书作品中体现得淋漓尽致，使得其晚年的行草书中金石气愈发强烈。吴昌硕把篆籀之气融入各体书法的实践中，圆劲苍古的线条韵律和古拙朴陋的金石意味贯穿于他一生的审美主流，这也是他艺术的灵魂所在。

五、余论

吴昌硕是碑派书法实践的又一座高峰，其艺术成就已历经时间的考验被人们所接受，他的金石追求或许我们不可比拟，但其书学思想与经验值得我们重新审视。谋求行草书的高古和野逸，在吸收传统滋养的同时勇于求变。追求艺术的“通变”，又能“出己意”，时至今日，吴昌硕的艺术和思想对书法的研究和创作仍有指导意义。从吴昌硕的艺术出发重新认识“篆隶笔意”对于书法创作探索的巨大潜力，本文旨在通过对内涵的解读与吴昌硕的实践来重新唤起书家对篆隶笔意特殊的感觉。

吴昌硕篆刻字法探赜

彭作飚

从元代吾衍开始，明清的印学理论家都看到了“字法”对于篆刻的重要性。以韩天衡先生所编《历代印学论文选》为例，无论是“印学论著”“印谱序记”还是“印章款识”“论印诗词”等，对“字法”的论述、考据比比皆是。尽管出发点不同，有的论述属于古文字学，有的属于考据学，诸家核心目的是论证在“字法”高明的前提下才可以表现篆刻的艺术性。例如明代周应愿《印说》中有《除害》一篇，其云：

> 凡篆之害三：闻见不博，学无渊源，一害也；偏旁点画，辏合成字，二害也；经营位置，疏密不匀，三害也。〔1〕

他指出了“字法”三大问题，第一要博古多闻，篆法有渊源，第二要明理，懂得处理字法结构，第三要处理篆书点画位置，也就是合理的空间摆布。周应愿还以“下笔如下营，审字如审敌，对篆如对垒，临刻如临阵”〔2〕这样的态度对待“字法”。“审敌”典出《吴子兵法》，旨在说明“字法”在篆刻中的重要性。

> 雍乾以降，文字之狱甚严，一时学术，变而考古，学术通人，究心篆隶。一代之文艺，固由一代之功令推激而成，书道所系，亦重矣哉！〔3〕

---

〔1〕韩天衡编：《历代印学论文选》，西泠印社，1999年，第98页。

〔2〕韩天衡编：《历代印学论文选》，西泠印社，1999年，第99页。

〔3〕[清]震钧辑：《国朝书人辑略·序》，上海书画出版社，2020年，第1页。

震钧点出，雍正、乾隆两朝“文字狱”的高压，造成考据学的兴盛，而篆隶书、流派篆刻的巨大成功就是金石考据之学的副产品。章太炎、梁启超、钱穆都认为清廷的高压和笼络是促使考据学兴盛的原因，也就是“文字狱高压说”，尽管“乾嘉考据学”成因众说纷纭，但本文在此不做讨论。历史现实是，宋代以后断绝的金石学研究在清中期得以接续，并达到鼎盛，篆隶书法成为学者书家的最爱。乾隆四十七年（1782）卢文弨为毕沅《关中金石记》作《叙》云：

> 自国朝以来，为金石之学者多于前代。以余所知，若昆山顾氏炎武、秀水朱氏彝尊、嘉兴曹氏溶、仁和倪氏涛、大兴黄氏叔璥、襄城刘氏青芝、黄冈叶氏封、嘉兴李氏光映、郃阳褚氏峻、钱塘丁氏敬、山阳吴氏玉搢、嘉定钱氏大昕、海盐张氏燕昌皆其选也，继此者方未有艾。[1]

清代金石学家的特点是精于鉴别，详于考订，研究范围较广，并且有一些集成性和综合性的工作。如先秦两汉金文、碑刻、砖瓦、陶文、封泥、古玺、秦汉印等门类都有专门的研究成果汇集成书，考古文字释读水平相当高明，这种前所未有的研究成果为清代流派印在篆书、篆刻字法上提供了学术保障。方爱龙《清康雍乾时期书法风尚研究》指出：“据容媛所辑《金石书录目》统计，现存金石学著作中，北宋至乾隆以前700年间仅有67种（其中宋人著作22种），而乾隆以后约200年间却有906种之多，可见其发展之盛。清人金石图录，如梁诗正等《西清古鉴》和《宁寿鉴古》，王昶《金石萃编》，孙星衍、邢澍《寰宇访碑录》，冯云鹏、冯云鹓《金石索》，吴式芬《攈古录金文》，吴大澂《愙斋集古录》等。”[2]

吴昌硕生逢其时，其个人艺术成就之大，完全享受了“乾嘉考据学”的红利。

---

〔1〕[清]毕沅：《关中金石记》，乾隆四十六年（1781）经训堂刻本。

〔2〕方爱龙：《清康雍乾时期书法风尚研究》，南京艺术学院2015年博士学位论文。

一、苏州交游对吴昌硕篆刻的影响

吴昌硕于1872年在苏州初访吴云，1880年吴昌硕再赴苏州，馆于吴云家，苏州是他艺术生涯一个重要的转折点。吴昌硕《石交录》云：

> (吴云)幼即媸古，于金石尤深嗜。家藏三代彝器及秦汉印甚夥……余始来吴……因得纵观法物，于摹印、作篆稍有进境，封翁之惠居多焉。[1]

咸丰、同治年间，吴云与吴让之有过很多交集，让之为吴云刻印不下百方；吴云编有《二百兰亭斋古铜印存》，全书共收印1005方。观摩吴云收藏古印原作和吴让之篆刻原作，领略古人、今人刀法，对吴昌硕的影响终其一生。光绪十五年己丑（1889），吴云已经去世八年，吴昌硕念及平斋恩惠，故在《缶庐印存》自序中云：

> 予少好篆刻，师心自用，都不中程度。近十数年来，于家退楼老人许，见所藏秦汉印，浑朴古茂，心窃仪之。每奏一刀，若与神会，自谓进于道矣。[2]

客居苏州期间，吴昌硕又得吴云引荐得识潘祖荫、吴大澂、端方、陆恢等，所获良多。正是因为在苏州交游硕学大儒，得见先秦、秦汉以来金石文字，吴昌硕的篆书与篆刻有了长足的进步，对传统有深刻的、全面的认识，不再如早年仅仅局限于对流派印的学习。其篆刻作品面目忽然一变，对秦汉印和秦汉金文、陶文、封泥等风格的主动模拟开始成为个人艺术的主流，不再像前期那样杂乱取法。例如，“西泠字丐”“暴书廝”“缶庐”“鹤寿”等在文字结构处理上已经非常自如。从这个时期开始，吴昌硕与旧我决裂，抛弃自己过

〔1〕[清]吴昌硕著，吴东迈编：《吴昌硕谈艺录》，浙江人民美术出版社，2017年，第238页。
〔2〕韩天衡编：《历代印学论文选》，西泠印社，1999年，第625页。

去对流派印杂乱无章的取法。

1886年，潘瘦羊赠汪鸣銮监拓《石鼓文》拓本，吴昌硕作《瘦羊赠汪郎亭司业（鸣銮）手拓〈石鼓〉精本》诗以记："从此刻画年复年，心摹手追力愈努。"[1]十年后，光绪二十一年乙未（1895）闰五月客析津为崧生题《削觚庐印存》诗云："裹饭寻碑苦不才，红崖碧落莽青苔。铁书直许秦丞相，陈邓藩篱摆脱来。"[2]"凿窥陶器铸泥封，老子精神本似龙。只手倘扶金石刻，茫茫人海且藏锋。"[3]这两首诗是典型的夫子自道，透露出吴昌硕鲜明的艺术态度，既包含对时风的批评，也说明了个人艺术风格的追求。一是批评时人纷纷泥于邓石如、陈曼生，不知秦汉；二是说明个人对秦汉金石文字的吸取——"铁书直许秦丞相""凿窥陶器铸泥封""陈邓藩篱摆脱来"。同年八月，杨岘为《缶庐印存》作序云：

> 凡古来巨细金石之有文字者，仿佛到眼，然后奏刀，砉然神味，直接秦汉印玺，而又似镜鉴瓴甋焉，宜独树一帜矣。[4]

杨岘与吴昌硕有十七年的师友之谊，暮年的杨岘以"宜独树一帜矣"称吴昌硕，推崇他"直接秦汉印玺，而又似镜鉴瓴甋焉"，这也从侧面说明吴昌硕个人风格的确立。——以光绪二十二年丙申（1896）篆刻作品为例，如"高密""强自取柱"拟封泥，"适梦草堂"拟汉碑额，"老钝"拟古铁印，"破荷"参汉刻石，"破荷亭长"拟汉铸印，"吴俊之印"拟汉玉印，这些创作兼顾秦汉印古法，个人篆书与篆刻的风格已经水乳交融。

二、吴昌硕篆刻文字来源

徐士恺评价吴昌硕篆刻云：

---

〔1〕[清]吴昌硕著，吴东迈编：《吴昌硕谈艺录》，浙江人民美术出版社，2017年，第139页。
〔2〕[清]吴昌硕著，吴东迈编：《吴昌硕谈艺录》，浙江人民美术出版社，2017年，第137页。
〔3〕[清]吴昌硕著，吴东迈编：《吴昌硕谈艺录》，浙江人民美术出版社，2017年，第138页。
〔4〕韩天衡编：《历代印学论文选》，西泠印社，1999年，第626页。

吴君仓硕之治印也，以六书、《苍》、《雅》为基止，以秦汉章玺为郭郛，以鼎彝猎碣为干桢，奇恣洋溢，疏骋九马间，不容翻忽，其大要归之自然，时人莫识也。[1]

“苍”“仓”为通假字，指《仓颉篇》，“雅”指《尔雅》。《仓颉篇》是字书，《尔雅》是训诂书。“六书、《苍》、《雅》”指的是文字训诂之学，评价吴昌硕“训诂”基础好；“郭郛”出自《文选》张衡《西京赋》：“经城洫，营郭郛。”意为“外城”；汉扬雄《法言•五百》：“经营然后知干桢之克立也。”筑墙所用的主柱，竖在两旁的叫“干”，竖在两端的叫“桢”，引申为支柱、支撑。徐士恺明确指出吴昌硕篆刻训诂基础好，对秦汉印的学习深入，借鉴金文、《石鼓文》，支撑起个人鲜明的艺术风格。

吴昌硕篆刻用字来源于流派印诸名家、《说文》小篆及金文、《石鼓文》、秦汉玺印、陶文、砖文等，徐士恺的评价的确是到位的。比较梳理吴昌硕不同时期的作品，其入印文字风格的形成经历了以下几个时期：

第一个时期是同治八年己巳（1869）问学于俞樾、同治九年庚午（1870）《朴巢印存》成书前后时期学习《说文解字》《飞鸿堂印谱》和浙派，是“六书、《苍》、《雅》”的固基阶段，也是一个对“篆法”亦步亦趋的阶段，入印文字以模拟为主。如“藏”“书”“画”“丁”“楼”“印”“馆”“寿”“吴”“隐”“灵”“震”“云”“斋”“延”“主”等文字采用简省、移位、增繁手法，明显承袭自“西泠八家”及邓石如、吴让之、徐三庚等。邓、吴、徐三家“书从印入、印从书出”，文字的创造性强烈，而浙派篆刻家“印中求印”，字法陈陈相因，几乎一成不变，甚至于金石史上鼎鼎大名的黄易，访碑半天下，居然没有多少用到篆刻文字上，岂非咄咄怪事？

第二个时期是先后馆陆心源家、吴云家。光绪二年丙子（1876）吴昌硕馆陆心源家，陆心源收藏极富，在古籍版本目录学、金石学、校勘学、辑佚学等诸多领域成就斐然，辑有《皕宋楼藏印》《千甓亭古专图释》等书。陆心源与赵之谦、潘祖荫、吴云、杨岘、盛昱等交往密切。吴昌硕篆刻取法砖

[1] 黄惇编：《中国印论类编》，荣宝斋出版社，2010年，第464页。

文始于此时。

光绪六年庚辰（1880）馆于吴云家，吴云藏《兰亭序》二百种，齐侯罍二，是金石家、鉴赏家。两罍轩时期，吴昌硕于三代鼎彝、秦汉古印、碑帖、钱币、陶文、瓦甓文等，过眼无数。陆心源《金石学录补》评吴云：

> 其笃学考古，至老不疲，考订金石文字确有依据，一字之疑，穷日夜讨索不置。[1]

为纪念吴昌硕逝世九十年，日本东京国立博物馆于2018年1月举办了"吴昌硕和他的时代"展览，展出作品中有《彝器款识册》，其下吴昌硕亲笔题字："此册皆绝精之品，丙戌秋日昌硕记。"共三十五页的铭文拓本多处有吴昌硕与友人题记并钤印。最早的是方濬益光绪十年（1884）的题跋，拓本多处钤有"退老手拓"白文方印和"吴云平斋所藏吉金印"朱文方印，正是吴昌硕客居吴云家中时的收藏品。这个阶段就是徐士恺所谓"以秦汉章玺为郭郛"，汲取古文字精髓，借古开今；他篆刻文字的多样性、开阔性得益于这个时期。

第三个阶段是个人篆书风格形成阶段，"以鼎彝猎碣为干桢"，依傍《石鼓文》，旁参《散氏盘》《毛公鼎》等，将前面两个阶段的学习成果融会贯通，篆书大成，真正形成了自己独有的艺术风格。吴昌硕将金文纹饰点、肥笔等特征引入篆刻，比如"亭""书""画""丁""文""主""寿""轩""雷""翊""章""子""安"等字。吴昌硕中晚期作品具有极强的感染力与张力的个人面貌，与流派印诸家比较，其篆刻文字存世量大、变通多，造型、结构丰富性远超前贤，具有开拓性的贡献。

吴昌硕一生收藏金石拓片不在少数，经眼、题跋更是不可计数，他收藏或题跋的先秦、秦汉时期金石文字有《周三家彝》《散氏盘》《齐侯壶》《毛公鼎》《颂敦》《大盂鼎》《周嘉勋剑》《周寰盘》《庚罴卣》《石鼓文》《秦量铭》《秦权铭》《泰山刻石》《西汉河平四年造署舍记》《西汉麃孝禹刻石》《汉建昭雁足灯》《汉刘熊碑》《汉建安弩机》《汉三老碑》《汉裴岑

---

〔1〕[清]陆心源著：《金石学录补》卷四，光绪五年（1879）刻存斋杂纂本。

碑》《汉张迁碑》《汉曹全碑》《焦山汉陶鼎》《汉史晨碑》《汉祀三公山碑》《汉武梁祠题字》等，书体涵盖金文、玺文、汉隶、汉篆等，器物有鼎、彝、剑、盘、敦、灯、壶、卣、古玺、权量、碑刻、兵器、陶器、乐器等，这个庞大的金石碑刻体系为吴昌硕篆刻文字提供了源源不断的营养。

表一　　吴昌硕篆刻取法例表

取法	印例	取法	印例	取法	印例
金文	暴书廨、缶庐、甓禅	汉私印	苦铁近况	汉砖	千石公侯寿贵、不诳成、既寿、仓石
古玺	荼禅、缶庐主、缀遗斋	汉铸印	汉阳关棠、杨印文份	陶文	昌石
古泉文	苦铁、节堂	汉凿印	吴印俊卿、千寻竹斋	瓦器	晏庐
古铁印	破荷亭	汉封泥	高密、缶、明道若昧	瓦券	一月安东令
古铜器合文	湖州安吉县	汉玉印	吴俊卿	禅国山碑	山阴吴氏竹松堂、听松
石鼓文	吴人、介寿之印	汉烂铜印	缶主人	少室石阙铭	弃官先彭泽令五十日
秦印	江宁、哈麐	汉金文	湖州安吉县		
西汉刻石	仓石	汉碑额	仓石道人珍秘、济清氏		

表二　　邓石如、吴让之、徐三庚、吴昌硕诸家字例对照表

例字	藏	轩	梦	学	野	斋	主	前
邓石如								
吴让之								

（续表）

例字	藏	轩	梦	学	野	斋	主	前
徐三庚								
吴昌硕	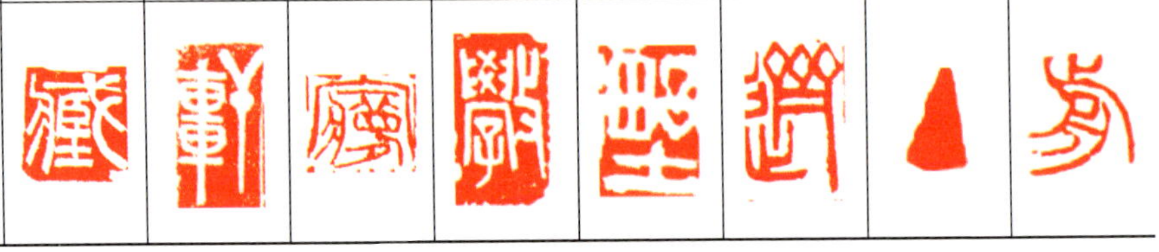							

表三　吴昌硕、西泠诸家字例对照表

西泠诸家	吴昌硕	西泠诸家	吴昌硕	西泠诸家	吴昌硕

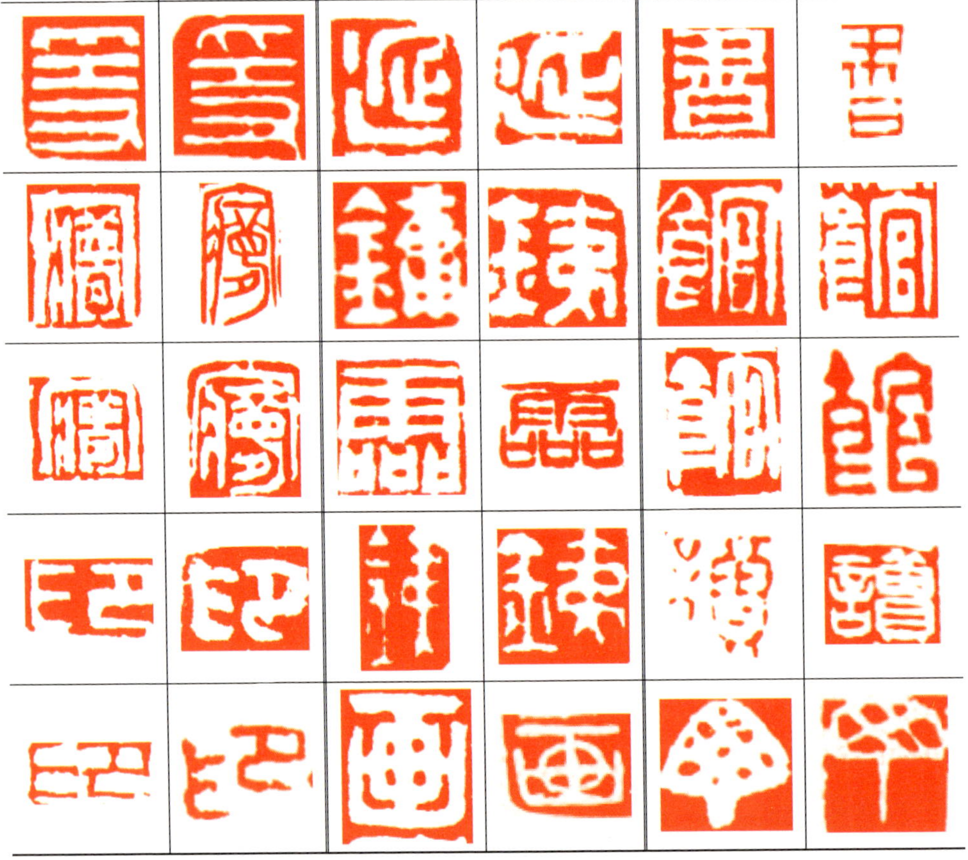

（续表）

西泠诸家	吴昌硕	西泠诸家	吴昌硕	西泠诸家	吴昌硕

三、吴昌硕文字处理手法简述

清代学者篆书字法立场以不违《说文》为原则，但是不违《说文》，文字的变通如何把握？如清吴先声《敦好堂论印》：“许氏不可违，然古人论字，多有增省假借之法。”[1]先是站在“许氏不可违”的立场，然后不得不承认：“古人论字，多有增省假借之法。”对《说文》的全盘接受是严谨的学术态度，但它的负面影响是缺乏创新。而这批亦步亦趋研究《说文》的学者，没有一位是杰出的篆刻家；流派印诸大家都没有专论《说文》的著作传世，这也是一个值得研究的问题。吴昌硕诗云：“今人但侈慕古昔，古昔以上谁所宗。诗文书画有真意，贵能深造求其通。”[2]针对这些腐儒固步自封的态度，吴昌硕批判对“慕古昔”的夸大，提倡篆刻家要在尊重文字结构规律的前提下，“贵能深造求其通”；更何况在乾嘉之际金石学大兴、新材料出土日多、研究成果层出的情况下，再斤斤计较许氏之说，岂不是螳臂当车？清许容《说篆》的立场则比较中肯：

增减之法，当有所本，不碍字文，不失篆体，庶见者不訾为异。挪移之法，有意无意，自然而然，必令字字分明，人人易识。[3]

吴昌硕篆刻字法可以概括为移位、纹饰、隶化、简省、增繁五大类。这五大类可以细化为移位、增加构件、延伸笔画、反书、纹饰点、饰笔、肥笔、隶

〔1〕韩天衡编:《历代印学论文选》,西泠印社,1999年,第179页。
〔2〕[清]吴昌硕著,吴东迈编:《吴昌硕谈艺录》,浙江人民美术出版社,2017年,第137页。
〔3〕韩天衡编:《历代印学论文选》,西泠印社,1999年,第176页。

化、点画简省、点画合并、贯穿笔画等。

（1）增加构件

增加构件是先秦文字最常见的手法之一，楚文字使用更为频繁。由于增加构件的方式有多种，楚文字在“东土文字”中是释读难度最大的，尤其是楚简帛文字构形的随意度较楚金文更大；秦汉文字使用增加构件的手法较少。

金文增加构件如：“匹”《墙盘》作，《录伯簋》增加构件作；“厚”《墙盘》作，《厚氏匚甫》增加构件作；“遇”《赵孟壶》作，《子辶禺鼎》增加构件作；“遣”《小臣速言簋》作，《我鼎》增加构件作；“典”《井侯簋》作，《弜父丁觯》增加构件作；“虎”《番生簋》作，《师卣簋》增加构件作；“铸”《芮公鼎》作，《受簋》增加构件作；“雷”《师旂鼎》作，《雷甗》增加构件作；“里”《伯晨鼎》作，《毛公鼎》增加构件作；“望”《保卣》作，《臣辰盉》增加构件作。

根据研究、对比证明，明清流派印篆刻增加构件的来源受以《说文解字》所附古文、籀文、《汗简》、《古文四声韵》等为代表的传抄古文字的影响。吴昌硕根据印章布局需要进行增加构件，基本是因为强化疏密对比的需要。前人论述篆书增减手法，较早的是明甘旸《印章集说》：

> 汉摹印篆中有增减之法，皆有所本，不碍字义，不失篆体，增减得宜，见者不赀其异，谓之增减法。时人不知六书之理，立意增减，则大失其本原，所谓毫厘之差，千里之谬矣。[1]

甘旸的看法是本来汉印就有“增减之法”，“不碍字义”是一个主要原则，如果入印篆书增减得体，不给观者以怪异的感觉，那就是合适的。他话锋一转，谈到增减的负面影响，不懂得六书的道理，增减不合乎法度，则“毫厘之差，千里之谬矣”。

清徐坚《印戋说》云：

〔1〕韩天衡编：《历代印学论文选》，西泠印社，1999年，第80页。

汉人有摹印篆，亦曰缪篆，平正方直，篆隶互用。然其增损疏密，极有意义，非若今人之故为增损，故为疏密也。[1]

徐坚的重点是：“平正方直，篆隶互用。然其增损疏密，极有意义。”增减法在篆刻文字里面使用的原则是要有“疏密意义”，如果没有意义的增减则是“故为”，也就是造作。这一看法与甘旸无二致，都提倡要“得宜”“有意义”，这些论据切中时弊，明清流派印故为增减结构是一个普遍现象。

吴昌硕字法值得注意的还有一点，就是对汉隶的借鉴。《说文》小篆、汉印、砖瓦陶文等文字保存了许多隶变的特点，吴昌硕本人兼擅篆隶书，所以隶书结字对他的篆刻文字存在一定的影响。如清桂馥《续三十五举》引朱必信曰：

印篆增减一法，必须详稽汉隶，盖汉隶每多益简损繁之妙。作印仿其法，而仍用篆书笔画，则得之矣。[2]

东汉成熟期的隶书源自篆书，甚至商周金文的因素还存在相当一部分，那么桂馥所说的“汉隶每多益简损繁之妙”是通晓文字变迁的解人之言。

吴昌硕篆刻文字有很强的个人习惯，这个习惯形成了他独特的风格；他常用增加构件的篆书有：增为，与吴让之同；增为，源于徐三庚；增为，与吴让之同；增为，与邓石如同；增为，与吴让之同；增为，与吴让之同；等等。

〔1〕韩天衡编：《历代印学论文选》，西泠印社，1999年，第292页。
〔2〕韩天衡编：《历代印学论文选》，西泠印社，1999年，第307页。

表四 增加构件字例

释文	印例	字例	《说文》字例	出处	简释
适梦草堂				《吴昌硕金石书画集》	
适梦				《吴昌硕印谱》	
李野西读碑印				《吴昌硕印谱》	
安吉吴俊卿昌硕考藏金石书画				《吴昌硕印谱》	
坚匏闇藏				《吴昌硕印谱》	
荫庭珍藏				《吴昌硕印谱》	
止斋				《吴昌硕印谱》	

（续表）

释文	印例	字例	《说文》字例	出处	简释
道法自然				《吴昌硕印谱》	
千寻竹斋金石书画				《吴昌硕印谱》	
聚学轩				《吴昌硕印谱》	
学心听				《吴昌硕印谱》	
禅甓轩				《吴昌硕印谱》	
古味轩				《吴昌硕印谱》	
学稼轩				《吴昌硕印谱》	
则藐之				《吴昌硕印谱》	

（2）结构移位

甲骨文、金文、古玺、秦汉印中习见篆书挪移手法，这一些自篆书演化来的手法，楷、行、草等几种书体一直沿袭下来。明代甘旸《印章集说》有“挪移法”一条，论及入印文字结构挪移：

> 印之字有稀密不均者，宜以此法，第不可弄巧作奇，故意挪凑。有意无意，自然而然，方妙。然挪移中必令字字分明，人人知识，勿以字藏于字之下，使人不识而怪异之也。〔1〕

他指出，挪移的原则是“字有稀密不均者”才可以，操作的要求是“第不可弄巧作奇，故意挪凑”。理想的效果则是“令字字分明，人人知识，勿以字藏于字之下，使人不识而怪异之也”。篆刻文字结构为了章法需要、文字呼应需要等原因适当进行挪移，其中包括左右结构挪移为上下结构、上下结构挪移为左右结构、左右结构挪移为半包围结构、品字形结构挪移为左右结构、左右结构挪移为品字形结构等。这其中最为复杂的是品字形结构的挪移，如吴昌硕的作，作，作等。

金文字例：“杞”，移位作，“取”移位作，“初”移位作，“降”移位作、。

古玺字例有：，移位为上下结构作、；“胡”小篆作，古玺上下移位作、，左右移位作；“紧”小篆作，为倒“品”字结构，移位为左中右结构；“梁”本作，移位作、；“取”小篆作，移位作、；“竖”小篆作，移位作；“臤”为左右结构，移位作；“甽”为左右结构，移位作、。

汉印字例：移位为半包围结构作，移位为左右结构作，移位为上下结构作，移位为品字结构作，移位为上下结构作、，

〔1〕韩天衡编：《历代印学论文选》，西泠印社，1999年，第80页。

移位为半包围结构作，移位为上下结构作，移位为半包围结构作，移位为左右结构作，移位为左右结构作、，移位为品字结构作，移位为左右结构作，移位为半包围结构作，而移位为，移位作，移位作，移位作，移位作。

清孙光祖《篆印发微》提出：

> 摹印篆之道既明，则凡字当任其自然，断不可因繁简不协，而改易篆法矣。然而改篆则悖六书，无结构则不成章法，故须就其步位，因地制宜，挪让伸缩，位置妥适。[1]

先是阐明“断不可因繁简不协，而改易篆法矣”，一副老学究的口气；话锋一转“然而改篆则悖六书，无结构则不成章法”，这是认识到改与不改的“两难”境地，无奈之下，只好说明“就其步位，因地制宜，挪让伸缩，位置妥适”的妥协态度。

吴昌硕对前人的理论有较为深刻的认知，其《书陶柳门汉印后》云：

> 昔陈秋堂云：“书法以险绝为上乘，制印亦然。”余习此廿余年，方解此语。要平正守法，险绝取势耳。若未务险绝，置其法于不问，虽精奚贵？[2]

这是光绪七年辛巳（1881）的题跋语，吴昌硕时年38岁，恰是馆于苏州吴云家的时候。关键词“平正守法”“险绝取势”，“平正”可理解为“印宗秦汉”的醇正、朴厚气象，“险绝”指的是字法处理。试想一下，字字师法《说文》，不明变通之理，文字的鲜活性何存？吴昌硕三十年间为闵泳翊刻三百余方印章，多数内容重复，如“千寻竹斋”“松石园洒扫男丁”等，文字无一相同，变化之多，水准之高，实属篆刻史上罕见。吴昌硕篆刻字法之丰富，移位

〔1〕韩天衡编：《历代印学论文选》，西泠印社，1999年，第288页。
〔2〕[清]吴昌硕著，吴东迈编：《吴昌硕谈艺录》，浙江人民美术出版社，2017年，第156页。

是表现“险绝”的方法之一。

表五　　结构移位示例

释文	作品	例字	《说文》字例	出处	简释
西泠印社中人				《吴昌硕印谱》	移位为
圆印				《日本藏吴昌硕金石书画精选》	移位为
十亩园丁五湖印丐				《日本藏吴昌硕金石书画精选》	移位为
五湖印丐				《日本藏吴昌硕金石书画精选》	移位为
古印山房鉴藏				《吴昌硕印谱》	移位为
延恩堂三世藏书印记				《吴昌硕印谱》	移位为
听有音之音者聋				《吴昌硕印谱》	移位为
吴昌硕大聋				《日本藏吴昌硕金石书画精选》	移位为

（续表）

释文	作品	例字	《说文》字例	出处	简释
聋				《吴昌硕印谱》	移位为
高聋公留真迹与人间垂千古				《吴昌硕印谱》	移位为
林印际康				《吴昌硕印谱》	移位为
澹然独与神明居				《吴昌硕印谱》	移位为
苏盦				《吴昌硕印谱》	移位为
苏峰				《吴昌硕印谱》	移位为
苏江				《吴昌硕印谱》	移位为
松石园洒扫男丁				《吴昌硕印谱》	移位为

（续表）

释文	作品	例字	《说文》字例	出处	简释
松石园洒扫男丁				《吴昌硕印谱》	移位为
李野西读碑印				《吴昌硕印谱》	移位为
与陈留蔡江都李同名				《吴昌硕印谱》	移位为
与陈留蔡江都李同名				《吴昌硕印谱》	移位为
澄海高氏蛾术小轩珍藏佛教经典之印				《吴昌硕印谱》	移位为
寿伯				《日本藏吴昌硕金石书画精选》	移位为

（3）结构反书

唐兰说："反写例在古文字里最多……凡是左右不平衡的字，几乎没有不可反写的。"[1]"倒写例，左右易置例，上下易置例也都是常见的。"[2]

〔1〕唐兰著：《古文字学导论》，上海古籍出版社，2016年，第171页。
〔2〕唐兰著：《古文字学导论》，上海古籍出版社，2016年，第172页。

裘锡圭先生在《文字学概要》中说：“商代文字字形的方向相当不固定，一般的字写作向左或向右都可以，如（人）可以写作，（子）也可以写作。有的字还可以倒写或侧写，如（侯）或作，（五）或作。”[1]“字形方向不固定的现象，也是跟象形程度比较高的特点密切联系在一起的。”[2]金文反书主要有以下几种——整字反书、部分构件反书、构件移位反书；甚至存在一件器物铭文反书、倒书，个别字反书后再倒书的现象。

图一　《鼋口匜》

如西周《鼋口匜》（图一）今藏临沂市博物馆，据张振谦先生研究，应命名为《邾友父匜》。这件器物属于春秋早期，部分字有反书、倒书现象。如第一个字，应为“友”，西周《多友鼎》作；第二个字为“父”反写，西周《芮伯多父簋》作。其他金文字例如：“则”《曾子簠》构件反写作；“追”《多友鼎》作，《鄀公鼎》整体反写作；“初”《叔专父盨》构件反写作；“服”《驹父簋》作，《秦公镈》构件反写作；“受”《录伯簋》作，《卫盉》构件反写作；“杞”《杞伯鼎》作，《杞伯鼎》构件反写作；“格”《格伯簋》作，《格伯晋姬簋》整体反写作；“卑”《鞄氏钟》作，《国差缶甔》构件反写作。

吴昌硕篆刻“反书”并不多，主要在“印”“金”几个字。浙派篆刻作品，丁敬、奚冈个别印章有“反书”现象。吴昌硕的“反书”应该是出于篆刻章法的需要而为，例如“翊印”之“翊”，“立”旁饰以肥笔，致使重心向左下垂，如果按照惯例处理“印”字，重心失衡，唯有将“印”反书，使其重心右移，方能破此。再如“诵印”，两字篆书本来一为左右结构，一为上下结

〔1〕裘锡圭著：《文字学概要》，商务印书馆，2021年，第67页。
〔2〕裘锡圭著：《文字学概要》，商务印书馆，2021年，第68页。

构；经反书后，两字均为左右结构，一为左高右低，一为左低右高，强调了文字结构的跌宕起伏，“卩”“甬”分居左右逼边，双峰并峙，原本平淡的章法顿时显得变化起伏。“印叟”将“印”反书后，以“印”的错落反衬出“叟”的巍峨，两字一庄一谐，生气远出。

表六　　反书示例

释文	作品	例字	《说文》字例	出处	简释
山阴沈庆龄印信长寿				《吴昌硕印谱》	整体反书为
翊印				《吴昌硕印谱》	局部反书为
沈均将印				《吴昌硕印谱》	整体反书为
世珩金石				《吴昌硕印谱》	构件反书为

（4）纹饰符号

姜亮夫先生《古文字学》认为：

> 纹饰与美术字，有差别。纹饰只是文中空隙处，加点笔画，或用些较不统一的符号，加在字中。[1]

〔1〕姜亮夫著：《古文字学》，重庆出版社，2019年，第101页。

在字的结构中，无义无音，只有些多种多样不同的形，也均可属于纹饰。[2]

按照先生的理论，凡是文字中的●、●、Ω等都属于纹饰。吴昌硕把本属于金文的纹饰符号与小篆结合，形成自己的特点，对比篆刻与篆书添加纹饰点的习惯发现，吴昌硕篆书这种特点与篆刻不是同步的，要延迟十几年之多。

他这种纹饰的手法目前在篆刻作品中见到最早的是光绪元年（1875）32岁为吴廷康所作“康父”，文字来源于《齐陈曼簠》，见吴大澂《说文古籀补》；光绪五年己卯（1879）36岁作“缶庐”；光绪六年庚辰（1880）37岁作“冷香馆主”；光绪九年癸未（1883）40岁作“黄中陶鉴藏书画之印”；光绪十年甲申（1884）41岁作“墙有耳”。吴昌硕篆刻作品添加纹饰符号成为常态是40岁以后，其中以横线浓缩为纹饰点最为普遍。

篆书方面，光绪十年甲申（1884）41岁《临寰盘铭》，二字有意识地强化纹饰点；光绪十五年己丑（1889）46岁篆书《妻梅、食肉联》，、、参照西周金文，是一种主动的装饰；而光绪二十九年癸卯（1903）60岁作《集西周散鬲五言联》，、、、等的纹饰点已经成为个人招牌式符号。

吴昌硕纹饰点有以下几种：①横线浓缩为纹饰点，如“干”“牛”等；②虚空填实，如“山”“子”“丁”“秋”之“火”，“翊”之“立”，“馆”之“食”等；③竖线加纹饰点，如“坚”“亭”“生”“十”等；④空白处加纹饰点，如“文”等。

以上几种纹饰方式常见于先秦文字，横线浓缩作装饰点字例如：“干”《甲骨文》作，西周《毛公鼎》作等；“苿”《南彊钲》作，春秋《素命

〔1〕姜亮夫著：《古文字学》，重庆出版社，2019年，第102页。

镈》改横线为纹饰点作。

虚空填实的字例如："山"《善夫山鼎》作，《克鼎》填实作；"丁"《古币文》作，《清华简》作，《虢季子白盘》填实作；"旦"《侯马盟书》作，《玺印汇编》填实作、；"丙"《兄日戈》作，《何尊》填实作；《成君鼎》作，《古币文》填实作；"子"《小子射鼎》一作，吴昌硕填实作。

竖线加纹饰点这种方式，盛于西周，以甲骨文作为参照则更加清晰。如："土"《甲骨文》作，西周《舀壶》纹饰点作；"十"《甲骨文》作，西周《守簋》纹饰点作；"壬"《甲骨文》作，西周《竞簋》纹饰点作。

表七　　装饰符号示例

释文	作品	例字	出处	简释
晏庐			《吴昌硕印谱》	横线浓缩为纹饰点作
鲜鲜霜中菊			《吴昌硕印谱》	横线浓缩为纹饰点作
系臂琅玕虎魄龙			《吴昌硕金石书画集》	横线浓缩为纹饰点作
古味轩			《日本藏吴昌硕金石书画精选》	横线浓缩为纹饰点作
静胜轩			《吴昌硕印谱》	横线浓缩为纹饰点作

（续表）

释文	作品	例字	出处	简释
听松			《吴昌硕印谱》	横线浓缩为纹饰点作
叶曦			《日本藏吴昌硕金石书画精选》	横线浓缩为纹饰点作
巩伯			《吴昌硕印谱》	横线浓缩为纹饰点作
巩伯			《吴昌硕印谱》	横线浓缩为纹饰点作
半日村			《吴昌硕印谱》	横线浓缩为纹饰点作
松隐盦			《吴昌硕印谱》	横线浓缩为纹饰点作
盛宣怀观			《吴昌硕印谱》	横线浓缩为纹饰点作
闵泳翊印			《吴昌硕印谱》	横线浓缩为纹饰点作

（续表）

释文	作品	例字	出处	简释
金城			《吴昌硕印谱》	虚空填实作
金城印信			《吴昌硕印谱》	虚空填实作
子成			《吴昌硕印谱》	虚空填实作
以成室			《吴昌硕印谱》	虚空填实作
雨山居士			《日本藏吴昌硕金石书画精选》	虚空填实作
翊			《吴昌硕印谱》	虚空填实作
翊印			《吴昌硕印谱》	虚空填实作
石人子室			《吴昌硕印谱》	虚空填实作

（续表）

释文	作品	例字	出处	简释
子和			《吴昌硕印谱》	虚空填实作
铁函山馆			《吴昌硕金石书画集》	虚空填实作
西津仙馆			《吴昌硕印谱》	虚空填实作
秋农			《吴昌硕印谱》	虚空填实作
雅初			《吴昌硕印谱》	虚空填实作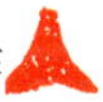
弃官先彭泽令五十日			《吴昌硕印谱》	竖线加纹饰点作
重游泮水			《吴昌硕印谱》	竖线加纹饰点作
乌程刘氏坚匏盦藏			《吴昌硕印谱》	竖线加纹饰点作

（续表）

释文	作品	例字	出处	简释
烟海			《吴昌硕金石书画集》	竖线加纹饰点作
野松亭			《吴昌硕印谱》	竖线加纹饰点作
生于戊寅			《吴昌硕印谱》	竖线加纹饰点作
缶庐			《吴昌硕印谱》	竖线加纹饰点作
野松亭			《吴昌硕印谱》	竖线加纹饰点作
�斋所释前代古文			《吴昌硕印谱》	空白处加纹饰点作

（5）肥笔

商代金文笔画线条因铸造原因，较甲骨文为粗，肥笔的使用频率较高，代表性的铭文如《商尊》、《后母戊方鼎》（图二）等。西周早期（武、成、康、昭）金文承接商代金文，象形字大量存在，装饰性的肥笔较多；唐兰先生称："远在商周时，侧垂的笔画，已经有顿笔加肥、侧锋旁出的笔势了。"[1]

〔1〕唐兰著：《中国文字学》，上海古籍出版社，2016年，第96页。

图二　后母戊方鼎

图三　保卣

图四　四祀邲其卣

代表作品有《保卣》（图三）、《大盂鼎》、《戍嗣子鼎》、《利簋》、《四祀邲其卣》（图四）等。

商代金文、西周金文的肥笔位置有很大的规律性，攴部、殳部、聿部、又部、支部、女部、土部、火部、山部等常见饰以肥笔。吴昌硕肥笔规律性很强，只有两种，一是惯于在带“口”“目”“日”“山”等结构的字上作肥笔，如“石”“香”“阁”“昌”“书”“园”等；另一类就是在文字的末笔处添加肥笔，如“气”“廣”“况”等。第一种情况在“口”“目”“日”底部饰以肥笔，不见于金文字例，推测应该是吴昌硕本人篆书书写习惯所致，在强化装饰特点的同时也强化了视觉焦点，有助于稳定结构，这也是流派印中独一无二的创造。

吴昌硕篆书饰肥笔字例如：

表八　　肥笔装饰示例

释文	印例	字例	出处	简释
缶			《吴昌硕金石书画集》	底饰肥笔作

（续表）

释文	印例	字例	出处	简释
缶道人			《吴昌硕金石书画集》	底饰肥笔作
道法自然			《吴昌硕印谱》	底饰肥笔作
苦铁			《吴昌硕金石书画集》	底饰肥笔作
松石园洒扫男丁			《吴昌硕印谱》	底饰肥笔作
松石园洒扫男丁			《吴昌硕印谱》	底饰肥笔作
松石园洒扫男丁			《吴昌硕印谱》	底饰肥笔作
石隐			《吴昌硕印谱》	底饰肥笔作
松石园洒扫男丁			《吴昌硕印谱》	底饰肥笔作

（续表）

释文	印例	字例	出处	简释
高聋公			《吴昌硕印谱》	底饰肥笔作
镂香阁			《吴昌硕印谱》	底饰肥笔作
镂香阁			《吴昌硕印谱》	底饰肥笔作
昌硕			《吴昌硕金石书画集》	底饰肥笔作
暴书廨			《吴昌硕印谱》	底饰肥笔作
默默道人			《吴昌硕印谱》	底饰肥笔作
闵石尊			《吴昌硕印谱》	底饰肥笔作
迟云仙馆			《吴昌硕印谱》	底饰肥笔作

（续表）

释文	印例	字例	出处	简释
苦铁近况			《吴昌硕金石书画集》	末笔饰肥笔作
节嗜欲定心气			《吴昌硕印谱》	末笔饰肥笔作
竹庼			《吴昌硕印谱》	末笔饰肥笔作
暴书廨			《吴昌硕印谱》	末笔饰肥笔作

（6）赘饰笔画

战国文字形体的繁化与前所述饰笔、肥笔一样，都是出于装饰、美化的目的；有的临时添加单笔或者复笔笔画，有的添加鸟虫纹饰如吴越兵器文字。吴昌硕赘饰笔画主要集中在“丰”“书”等有限的几个字上，只是在文字局部添加“”笔画，区别在于长短、粗细、连断、方向几个方面。清代篆刻家将“书”字添加“”笔的有俞廷槐、陈克恕、王玉如、吴让之、徐三庚等，吴昌硕出于结字特征表现的需要将其作为自己的一种手法。

表九 赘饰笔画示例

释文	印例	字例	说文字例	出处	简释
心陶书屋				《吴昌硕印谱》	赘饰
园丁书画				《吴昌硕印谱》	赘饰
吟舫书画				《吴昌硕印谱》	赘饰
聚学书藏				《吴昌硕印谱》	赘饰
园丁书画				《吴昌硕印谱》	赘饰
书征				《吴昌硕印谱》	赘饰
黄中陶鉴藏书画之印				《吴昌硕印谱》	赘饰
还砚堂收藏金石书画				《吴昌硕印谱》	赘饰

（续表）

释文	印例	字例	说文字例	出处	简释
籀书誃				《吴昌硕印谱》	赘饰
星衢一字小普				《吴昌硕印谱》	赘饰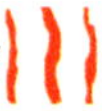

（7）笔画合并、借用

唐兰先生《古文字学导论》论及文字演变认为：

> 文字的演变有两个途径，一是轻微地渐进地在那里变异，一是巨大的突然的变化。[1]
>
> 人为的变异不仅是笔画上的小小同异，由于各种理由而发生的变化，是异常复杂的；不过假如归纳起来，实在不外删减改易和增繁的两种趋势。[2]

“删减改易”也就是篆书点画、构件简省，包括点画的合并，这种方式甲骨文时期很常见，先秦、秦汉亦是常态化的存在。这种合并本质是共享，即两个构件合并、共享相邻的一个笔画，如“经”，《说文解字》作，《虢季子白盘》合并作，《天星观简》合并作，《西狭颂》合并作；“滰”，《说文解字》作，《启卣》合并作，《汉印文字征》合并作。吴昌硕篆刻文字如“竹”，二笔画共享作；“糸”旁合并作；并作；并作。

---

〔1〕唐兰著：《古文字学导论》，上海古籍出版社，2016年，第222页。
〔2〕唐兰著：《古文字学导论》，上海古籍出版社，2016年，第223页。

表十　　笔画合并、借用字例

释文	作品	例字	说文字例	出处	简释
古桃州				《吴昌硕印谱》	 合并、借用作
山阴吴氏竹松堂审定金石文字				《吴昌硕印谱》	 并 作
醉经馆				《吴昌硕印谱》	 并 作
园丁生于梅洞长于竹洞				《吴昌硕印谱》	 合并、借用作
千寻竹斋				《吴昌硕印谱》	 合并、借用作
竹趣园丁				《吴昌硕印谱》	 合并、借用作
甘苦思食闇				《吴昌硕印谱》	 并 作
西泠字丐				《吴昌硕印谱》	 并 作

专题研究

（续表）

释文	作品	例字	说文字例	出处	简释
汤纪尚印				《吴昌硕印谱》	
餐英				《吴昌硕印谱》	
沈翰				《吴昌硕印谱》	
高阳酒徒				《吴昌硕印谱》	
梁像唐碑宋井阑				《吴昌硕印谱》	
文冲四十以后作				《吴昌硕印谱》	
臣刘世珩章				《吴昌硕印谱》	
美意延年				《吴昌硕印谱》	

（8）合文、重文类

姜亮夫先生《古文字学》论及合文：

> 金文合书的情形，较甲文大减，只有数名及极少的术语。如：“小子”“小臣”之类。数名如“”（五十）见于盂鼎、召卣、虢季子白盘。八十作“”，见盂鼎。三千作“”，见盂鼎。四千作“”，见齐侯镈。三百作“”，见齐侯镈。五百作“”，见虢季子白盘。六百作“”，见盂鼎。[1]

检阅先秦古玺合文不在少数，如“长乘车”合文作，“王生乘车”合文作，“王相如”合文作，“左司工”合文作，“七月”合文作，“弋阳邦栗玺”合文作；汉金文也存在合文现象，如“富昌”合文作。

吴昌硕使用合文主要针对笔画较少的文字，使章法聚集紧凑。金文习见“五十”合文，《虢季子白盘》合文作，《辛伯鼎》作，《召卣》作，《大盂鼎》作。吴昌硕“弃官先彭泽令五十日”之“五十”取自《虢季子白盘》。“泰山残石楼”之“泰山”，以小篆字法拟金文合文。重文例字如西周《周宅匜》作，读为“子孙”；西周《孚尊》作，读为“子子孙孙”。吴昌硕“鲜鲜”重文作，“亭亭”作等。

---

〔1〕姜亮夫著：《古文字学》，重庆出版社，2019年，第105页。

表十一　　合文、重文类字例

释文	作品	例字	出处	简释
湖州安吉县			《吴昌硕印谱》	合文
泰山残石楼			《吴昌硕印谱》	合文
弃官先彭泽令五十日			《吴昌硕印谱》	合文
一月安东令			《吴昌硕印谱》	合文
鲜鲜霜中菊			《吴昌硕印谱》	重文
园丁生于梅洞长于竹洞			《吴昌硕印谱》	合文
默默道人			《吴昌硕印谱》	重文
必达达斋记			《吴昌硕印谱》	重文

（续表）

释文	作品	例字	出处	简释
怡怡室珍藏			《吴昌硕印谱》	重文
亭亭			《吴昌硕印谱》	重文

（9）构件简省

古文字构件简省，或省声符，或省意符，本意是书写快捷需要，这种特点贯穿于两周时期，经历秦汉，一直影响到后来的今草。金文字例如："爻"《小臣系卣》作，《父丁簋》简省作；""《毛公鼎》作，《吕鼎》简省作；""《父鼎》作，《家簋》简省作；"尝"《十年陈侯午錞》作，《效卣》简省作；"刚"《刚爵》作，《墙盘》简省作；"铸"《取盘》作，《王人甗》简省作；"齐"《十年陈侯午錞》作，《齐侯敦》简省作；"粱"《吊朕》作，《陈公子甗》简省作；"盨"《为甫人盨》作，《周雒盨》简省作；"克"《中山王鼎》作，《善夫克鼎》简省作；"智"《毛公鼎》作，《鼎》简省作等。

汉印文字如："恶"，简省作；"寿"，简省作；"襄"，简省作；"褒"，简省作；"愿"，简省作；"晋"，简省作等。

吴昌硕"传"省意符为，"专"省意符为，"藏"省意符为，"鹤"省意符为，"爱"省意符为等；省意符为，省意符为，省意符为，省意符为等。

表十二 构件简省字例

释文	作品	例字	说文字例	出处	简释
传朴堂				《吴昌硕印谱》	省为
传经阁藏书印				《吴昌硕印谱》	省为
传璞				《吴昌硕印谱》	省为
十二汉专砚斋				《吴昌硕印谱》	省为
专癖				《吴昌硕印谱》	省为
乌程刘氏坚匏盦藏				《吴昌硕印谱》	省为
宝燕斋集古				《日本藏吴昌硕金石书画精选》	省为
梅花手段				《吴昌硕印谱》	省为

（续表）

释文	作品	例字	说文字例	出处	简释
梅崖居士				《吴昌硕印谱》	省为
肖梅逸士				《吴昌硕印谱》	省为
侣鹤				《日本藏吴昌硕金石书画精选》	省为
大鹤天隐者				《吴昌硕印谱》	省为
鹤逸				《吴昌硕印谱》	省为
鹤寿				《吴昌硕印谱》	省为
鹤涧亭民				《吴昌硕印谱》	省为
我爱宁静				《吴昌硕印谱》	省为

（续表）

释文	作品	例字	说文字例	出处	简释
爱己之钩				《日本藏吴昌硕金石书画精选》	省为
爱棠				《吴昌硕印谱》	省为
霍丘裴景福伯谦印				《吴昌硕印谱》	省为
臣显长寿				《吴昌硕印谱》	省为
显亭长				《吴昌硕印谱》	省为
毋自欺主人				《吴昌硕印谱》	省为
当两斋主人				《吴昌硕印谱》	省为
松石园洒扫男丁				《吴昌硕印谱》	省为

（续表）

释文	作品	例字	说文字例	出处	简释
松石园洒扫男丁				《吴昌硕印谱》	省为
松石园洒扫男丁				《吴昌硕印谱》	省为
绛雪庐				《吴昌硕印谱》	省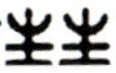为
灵岩山民				《吴昌硕印谱》	省为
龚仲勉				《吴昌硕印谱》	省为
三芝流览				《吴昌硕印谱》	省为
隐公				《吴昌硕印谱》	省为
大鹤天隐者				《吴昌硕印谱》	省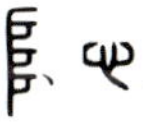为

（续表）

释文	作品	例字	说文字例	出处	简释
郎亭审定				《吴昌硕印谱》	省为
锐侯审定金石文字记				《吴昌硕印谱》	省为
肖均审定金石				《吴昌硕印谱》	省为
千寻竹斋金石书画				《吴昌硕印谱》	省为
千寻竹斋				《吴昌硕印谱》	省为
闵氏千寻竹斋				《吴昌硕印谱》	省为
汉阳关棠				《吴昌硕印谱》	省为
天游堂				《吴昌硕印谱》	省为

（续表）

释文	作品	例字	说文字例	出处	简释
重阍天游				《吴昌硕印谱》	省为
徐士恺信印				《吴昌硕印谱》	省为
澹然独与神明居				《吴昌硕印谱》	省为
乙酉改号孟悔				《吴昌硕印谱》	省为
抱圆天				《吴昌硕印谱》	省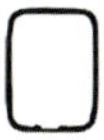为
遇圆因方				《吴昌硕印谱》	省为
处其厚				《吴昌硕印谱》	省为
作英				《日本藏吴昌硕金石书画精选》	省为
西蠡				《吴昌硕印谱》	省为

（续表）

释文	作品	例字	说文字例	出处	简释
一峰亭长				《吴昌硕印谱》	省为
齐云馆				《吴昌硕印谱》	省为
园丁书画				《吴昌硕印谱》	省为

吾丘衍(1272—1311)距离吴昌硕(1844—1927)生活的年代有500余年；何震生活在明嘉靖年间，距离吴昌硕的时代近300年。直至乾嘉之际，金石考据之学大兴的时候，吾、何两家具有前瞻意义的印学理论，经历丁敬（1695—1765）、邓石如（1743—1805）、黄易(1744—1802)、陈鸿寿（1768—1822）、赵之琛（1781—1852）、吴让之（1799—1870）、钱松（1818—1860）、徐三庚（1826—1890）、赵之谦（1829—1884）直至吴昌硕(1844—1927)的践行，500年才结了硕果。

以丁敬为标志，“浙派”在清中叶崛起，彻底解救了在简单模拟秦汉、在旋涡里沉沦的篆刻创作；由工匠化到文人化，由表面的追摹到精神层面的把握；在刀法上以“切刀”为标志，在结构、作印方面，把“印宗秦汉”的精髓彰显无遗。明代开始的“印中求印”到清中叶以后的“印外求印”“印从书出”实际上是一个质变的过程，“印宗秦汉”的思想虽然早在元代就已经提出，但仅仅是一种留存于纸面的理想；经过乾嘉金石考据的推动，流派印得以大兴，赵之谦、吴昌硕的出现彻底完成了五百余年前赵孟頫、吾丘衍关于文人篆刻的“作业”。尤其是吴昌硕挟乾嘉诸子考据研究之成果，走得比邓石如、赵之谦等先辈更远，确立了自己的篆刻成果，从这个意义上来说，是“文字狱”成全了金石考据，进而成全了篆刻，促进了流派印的发展，完成了元、明两朝前贤的理想。

国家图书馆藏吴昌硕题跋洹子孟姜壶对屏考

孙羽浩

国家图书馆藏有一组洹子孟姜壶对屏（图一），二轴统一装裱，轴高165厘米，宽53厘米；画芯高99厘米，宽46.5厘米。二轴各有吴昌硕题跋二则、褚德彝题跋一则及罗振玉观款一则，背有史清原题签。[1]笔者对二轴器铭、钤印、题跋和递藏进行了初步探索，罗列浅见，以期批评。

一、器铭

对屏中涉及的青铜器是洹子孟姜壶，旧著录中多以铭文前几字之不同分称为齐侯罍和齐侯中罍（又称“齐侯女罍”），或并称为齐侯罍。依照现在学术界关于商周青铜器的命名规范，此二器应当命名为齐侯壶。笔者出于个人习惯，在本文中仍称之为洹子孟姜壶。

洹子孟姜壶是一对传世西周青铜重器。其一铭文143字，由曹载奎、吴云、刘体乾、周湘云递藏，现藏上海博物馆；另一铭文165字，由宋葆淳、阮元、吴云、周湘云、上海博物馆旧藏，1959年调拨至中国历史博物馆，即今中国国家博物馆。吴云以藏此二壶自傲，颜其室为“两罍轩”。

二壶有时会以甲、乙别之，但孰甲孰乙，未能统一，反而可能造成著录和使用上的混乱。如吴镇烽《商周青铜器铭文暨图像集成》中以铭文143字者为

〔1〕国家图书馆编：《纸拓千秋：国家图书馆藏古器物全形拓题跋集》，上海书画出版社，2019年，第274—285页。

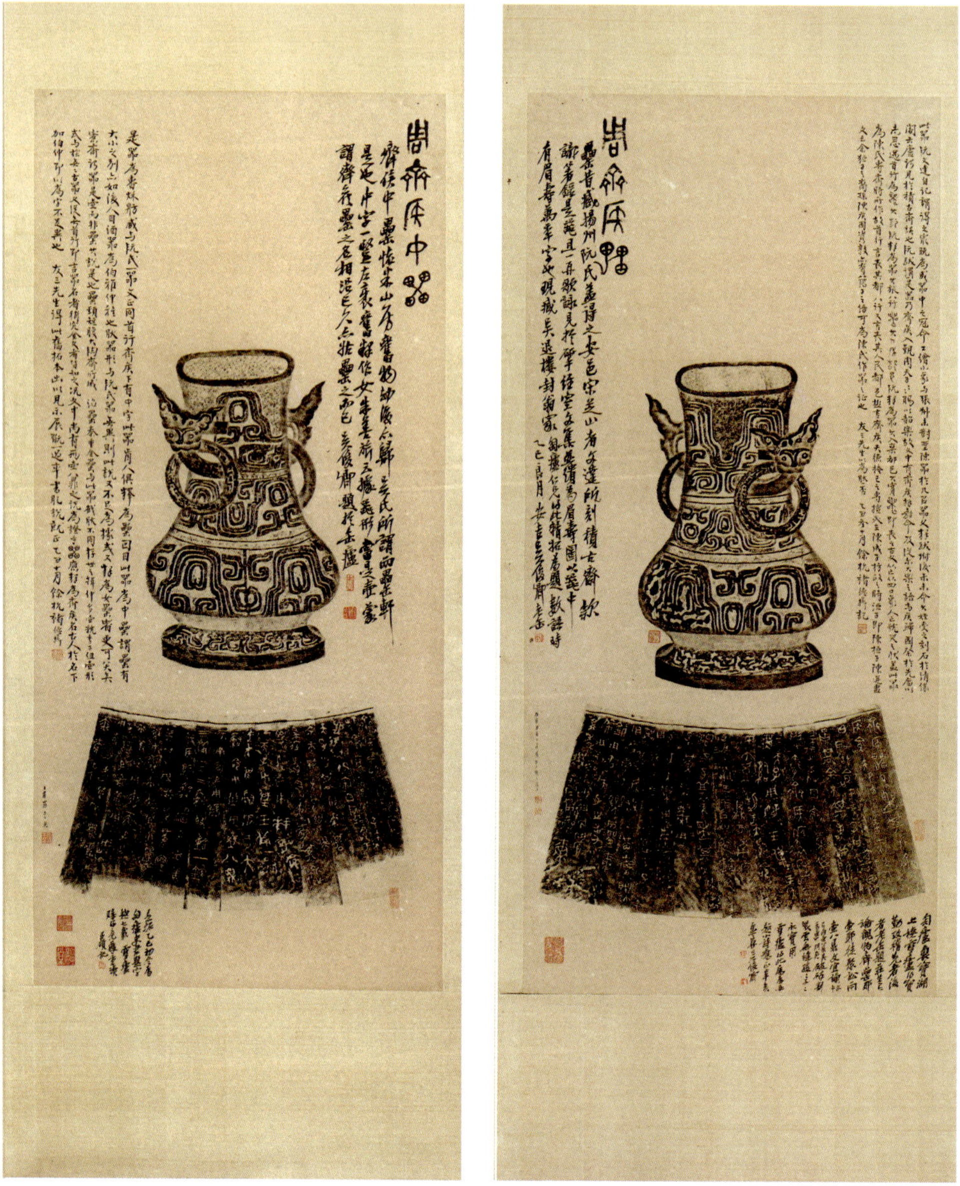

图一　国家图书馆藏吴昌硕题跋洹子孟姜壶对屏

甲壶，铭文165字者为乙壶；而上海图书馆仲威先生却与之相反，以“拓本在清代金石圈稍晚流传”者为乙器，并言吴书“甲乙两器命名颠倒，将甲器误为乙器，乙器误作甲器”。其实，甲、乙之别本就是人为置之，无论正误。从著录角度而言，我更倾向于字少者在前，字多者在后，因此本文从吴书之命名，以铭文143字者为甲，以铭文165字者为乙。相应的，甲壶所在卷轴为甲轴，乙壶所在卷轴为乙轴。

两轴中的全形拓片视角相对，甲壶两侧的兽首衔环左近右远，左实右虚，乙壶正与之相反。壶拓视角及拓法与上海图书馆数件吴云藏器时期拓本近似。铭文拓片呈“倒扇形”，与上海图书馆藏吴云拓本均剪为方形不合。拓本中无明确传拓信息，但考虑到二器并拓，且在光绪三十一年（1906）吴昌硕题跋以前，还是可以大致定为吴云藏器时期拓本。

二、钤印

除史清原、吴昌硕、褚德彝、罗振玉等人的题签、题跋和印外，两幅拓本中还有四方印鉴值得考究，分别是甲轴左下角所钤“诒砚堂”“友三珍藏金石文字印”二印，以及乙轴所钤“翁氏诒砚堂藏”“友三心赏”二印。

首先要说到的是“诒砚堂”和“翁氏诒砚堂藏”这两方印。其中，“诒砚堂”印非常有名，收录于吴昌硕《削觚庐印存》中，也是探讨其印文章法经常提到的一方印。[1]朱关田先生著录此印边款为“铁梅大公祖命刻。乙未八月廿有三日，治弟吴俊卿顿首”[2]，是吴昌硕光绪二十一年（1895）的作品。（图二）“翁氏诒砚堂藏”印未见著录，当与“诒砚堂”印为同一人用印。

图二　“诒砚堂”印及其边款

铁梅是翁长森字。翁长森（1856—1914），字铁梅，号恒斋，江宁（今江苏南京）人。翁氏有茹古阁以刊书，为人所熟知的有光绪六年（1880）刊朱绪曾《开有益斋藏书志》、光绪八年（1882）刊《何子清先生遗文》、光绪十六

〔1〕刘江著：《吴昌硕篆刻及其刀法》，西泠印社出版社，2018年，第239页。

〔2〕朱关田编：《吴昌硕纪年书法绘画篆刻录》，浙江古籍出版社，2014年，第862页。

年（1890）刊《石城七子诗钞》及与蒋国榜合辑《金陵丛书》等。翁长森历任浙江安吉、临海、新城等县知县，吴昌硕称其“铁梅大公祖”，当是在安吉任上。另，吴昌硕在光绪八年二月为其刻制过“铁梅氏藏江宁金石文字之印”章。

翁长森有《诒研图》，张謇光绪十三年（1887）曾题长诗《题翁铁梅长森诒研图》，中有“重来江上春正寒，示我《研图》先世泽。面背两侧字十行，纸墨相妍润寒壁”句[1]。此当是其斋号“诒砚堂”之来历。

再说“友三心赏”与“友三珍藏金石文字印”这两方印。二印为同一人用印，轴内褚德彝题跋尊称印主为“友三先生”。

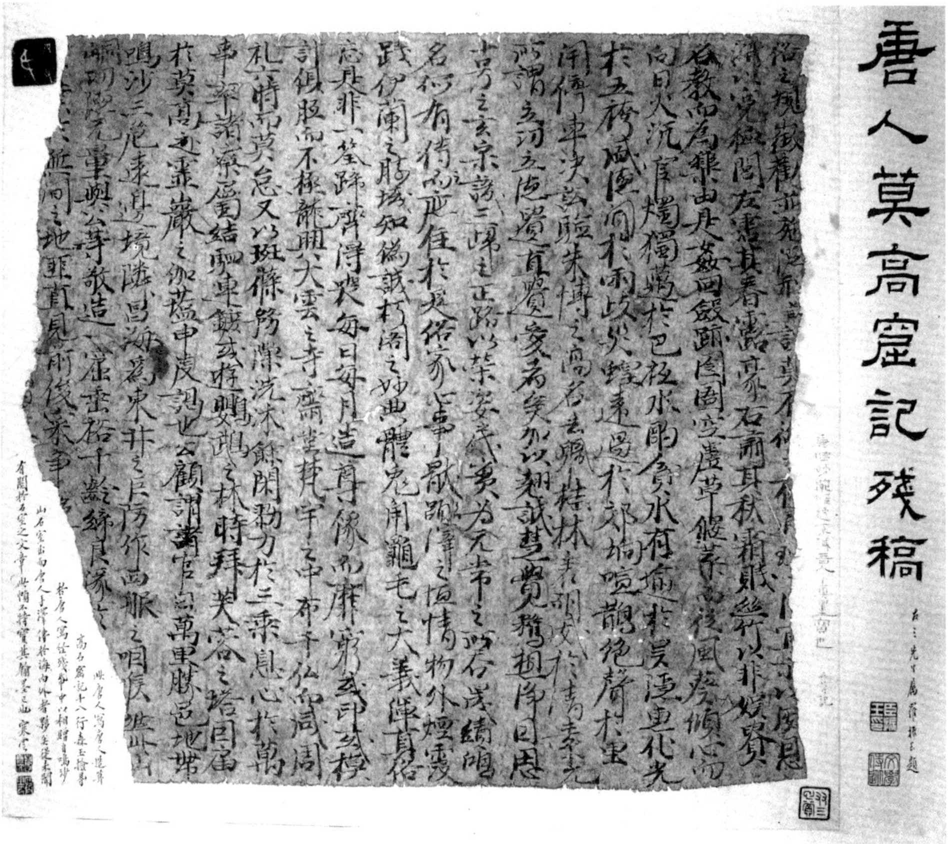

图三　上海博物馆藏《造莫高窟记》

〔1〕李明勋、尤世玮主编：《张謇全集》第7册，上海辞书出版社，2012年，第72页。

“友三心赏”印，过去据上海博物馆藏敦煌写本考为张延礼之印[1]。张延礼（1870—1937），原名宬，字丹斧、丹父、丹甫，号丹翁，江苏仪征人。同列为张氏用印的还有“丹父氏”和“文学侍从”。其所依据的敦煌写本，是上海博物馆藏上博40号敦煌吐鲁番文献《造莫高窟记》（图三）。

这件写本右侧有罗振玉题“唐人莫高窟记残稿”，署“友三先生属罗振玉题”，左下钤“臣振玉印”“文学侍从”二印。写本右侧又有张延礼题记“唐僧妙琬清逸，不减晋人，真墨宝也，丹斧记”。写本右下有“友三心赏”印，左上有“丹父氏”印。写本左下有袁克文题跋，载徐森玉相赠事，与文题无关，此不赘述。

首先要说明的是，“文学侍从”印为罗振玉题跋落款的钤印，是罗振玉所用。“丹父氏”是张延礼用印不误，但“友三心赏”显是原收藏者之印，且与张延礼题记较远。至于张延礼是友三先生之后的收藏者，还是友三先生收藏时在其上题记的人，则不甚明晰。

张延礼非友三先生的另一明证，见于北京盘龙2000春季艺术品拍卖会“中国书画•古籍善本”专场的一件罗振玉、宣哲、邹安等人题跋的毛公鼎拓本（LOT0371，图四）。[2]该拓本中有张延礼题记“丁卯四月丹斧获观，友三先生以草稿属我誊写轴上”。因此，民国十六年（丁卯，1927）时，张延礼也是受友三先生邀请来观赏毛公鼎拓本，并将其题跋草稿誊写在裱轴上的。他题记右侧即他所誊写的草稿，署“十五年丙寅钟山逋客记于申江之永平竟室”，钤“翁思益印”章。据此可知，“友三先生”当为翁思益。

翁思益，号钟山逋客，友三为其字，或取孔子“益者三友”典故。翁思益亦是一位古泉收藏家，为张叔驯所建立的古泉学社中的一员，罗振玉、张延礼、袁克文等学人均是同社评议员。[3]

值得注意的是，这件毛公鼎拓本于铭文左下还钤有前述“诒砚堂”印，与

〔1〕陈红彦、林世田：《敦煌遗书近现代鉴藏印章辑述（下）》，《文献》2007年第3期，第135—136页。沈乐平：《敦煌书法综论》附录二，浙江古籍出版社，2009年，第238页。

〔2〕北京盘龙2000春季艺术品拍卖会“中国书画·古籍善本”专场（LOT0371），https: //auction.artron.net/paimai-art04430371。

〔3〕张南琛、宋路霞著：《细说张静江家族》，上海辞书出版社，2014年，第179—180页。

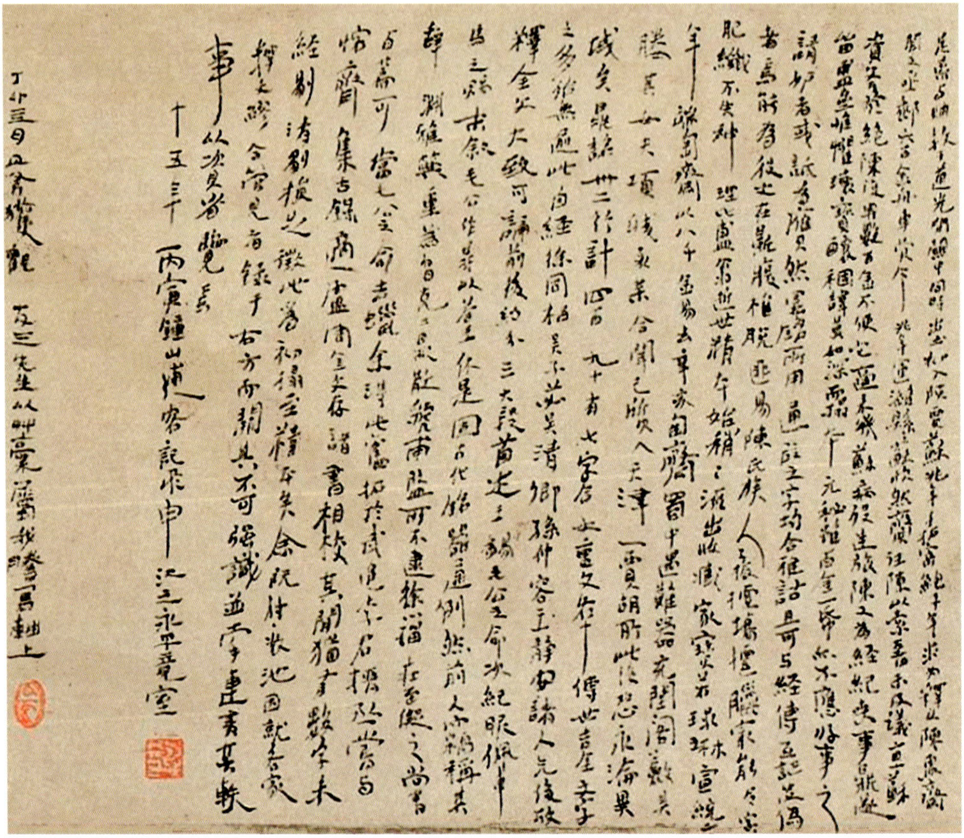

图四　张延礼誊写翁思益草稿

“友三心赏”印又一次并出，这让我们不得不怀疑二者之间的关系。中国社会科学院文学研究所藏清钞本《铁函斋书跋》八卷，卷端钤“翁思益印”，卷一钤“翁氏茹古阁藏书部”，又见翁思益与翁氏茹古阁之关联。[1]因此我们怀疑，翁思益可能是翁长森之后裔，承继其“茹古阁”和“诒砚堂”号。

三、题跋

甲、乙二轴，背皆有史清原题签，轴中各有吴昌硕题跋二则、褚德彝题跋一则及罗振玉观款一则。

---

〔1〕[清]杨宾著，柯愈春主编：《杨宾集》，浙江古籍出版社，2012年，第556页。

1. 史清原光绪三十一年题签

甲轴背有题签：

周齐侯中罍，趩斋。（钤“匋庐心赏”印）

乙轴背有题签：

周齐侯罍，乙巳十月装。（钤“匋庐所藏”印）

此组题签的作者是史清原，字趩斋，号匋庐，江苏溧阳人，活跃于清末民初，工书善画，好金石碑帖鉴藏。其用印多出自王大炘刀下，如“匋庐读碑记”“匋庐所得金石”等，皆与金石有关。吴昌硕称其为“匋庐史君”。

据乙轴题签可知，二轴皆由史清原在乙巳十月装池。据史清原活跃时间，结合后面吴昌硕的第一组题跋，此乙巳年当为光绪三十一年（1905）。

2. 吴昌硕光绪三十一年题跋

甲轴有吴昌硕题跋：

齐侯中罍，怀米山房旧物，劫后亦归吴氏，所谓“两罍轩”是也。中字一竖左衺，旧释作“女”。朱善旂云据器形当是“壶”。蒙谓齐侯罍之名，相沿已久，亦姑罍之而已。吴俊卿题于缶庐。（钤“缶”“安吉”印）

乙轴有吴昌硕题跋：

罍昔藏扬州阮氏，盖得之安邑宋芝山者。文达所刻《积古斋款识》著录是器，且一再歌咏，见于《揅经室文集》，并绘为《眉寿图》，以器中有“眉寿万年”字也。现藏吴退楼封翁家。匋庐仁兄得此精拓，为题数语，时乙巳良月，安吉吴俊卿老缶。（钤“吴中”印）

此组题跋为对屏中吴昌硕的第一组题跋，主要介绍了二器递藏。甲壶为怀米山房旧物。怀米山房即曹载奎斋号，曹氏原名奎，字秋舫，有《怀米山房吉金图》印行于世。器后归吴云，为吴氏“两罍轩”中两罍之后入者，刻入其后作《两罍轩彝器图释》而未入前作《二百兰亭斋收藏金石记》。李霏还指出，在甲壶入藏曹载奎之前，先后由宁波叶元封、苏州贝氏递藏，在曹载奎与吴云之间，还曾经苏州张云岩手，姑记之。[1]

乙壶为阮元旧物。据吴昌硕题跋，阮氏藏器得于安邑宋芝山。宋芝山即宋葆淳（1748—？），字帅初，号芝山，晚号倦陬，山西安邑人。李霏对其递藏整理得更为详尽：清嘉庆十八年（1813），阮元从宋葆淳处购得齐侯罍，藏于阮氏家庙；阮元身后，清咸丰三年（1853），太平军破扬州，齐侯罍从阮氏家庙流出，下落不明；咸丰四年（1854），吴云购于扬州荒市。[2]

吴昌硕言“文达所刻《积古斋款识》著录是器”，然而阮元《积古斋钟鼎彝器款识》中并未著录此器。上海图书馆藏乙壶芍翁（仲威疑为彭祖贤，1819—1885）藏本有吴云题记：

阮文达公得周齐侯罍最晚，其时《积古斋款识》已风行海内，务朴学者家置一编，此器遂未及辑录。

但吴昌硕后面提到《揅经室文集》和《眉寿图》确实是花了很大篇幅赞颂此壶，表现了阮氏对此壶的喜爱。吴云在《两罍轩彝器图释》此器跋尾中写道，“当年文达获此罍，自谓得之最后，玩之最久”，可见一斑。

乙壶跋中吴昌硕署“乙巳良月”，时亦为光绪三十一年十月。

3. 吴昌硕宣统三年题跋

甲轴又有吴昌硕题跋：

是拓乙巳初冬为匋庐史君题字，越七载，雪庐购得，竟获重读。

---

〔1〕李霏：《〈眉寿图〉拓本考略》，《西泠艺丛》，2020年第7期，第47页。

〔2〕李霏：《〈眉寿图〉拓本考略》，《西泠艺丛》，2020年第7期，第34页。

昌硕记。（钤“缶”印）

乙轴又有吴昌硕题跋：

匋庐裒宝湖上栖，雪庐得宝勤考稽。先者后者老缶题，庄生有论观物齐。罍耶壶耶徒聚讼，两壶八鼎文宜诵（文中有“两壶八鼎”，其为壶也，明矣）。破碎割裂云无缝，孙孙子子永宝用。雪庐得此，属为再题小诗应正。辛亥岁暮，吴俊卿。（钤“俊”“仓石”印）

此组题跋为对屏中吴昌硕的第二组题跋。有趣的是，七年之间，精拓易主，新藏家又请吴昌硕题跋，如其所云“竟获重读”。吴昌硕在题跋中记载这位藏家为“雪庐”。

马宝山曾经介绍过一件明拓《礼器碑》，首页有王伯恭题端并记“雪庐藏，伯恭题”，后有陆恢、赵宽、俞宗海、王树常、王伯恭、吴昌硕等人题跋，皆为雪庐书。[1]其中吴昌硕一则署“辛亥长至节避氛沪渎”，正值岁暮。故此中之“雪庐”与洹子孟姜壶对屏中之“雪庐”当为同一人。

此雪庐当为沈塘（1865—1921），字莲舫，恰以雪庐为号，世居江苏吴江。沈塘幼好绘画，后从陆恢（1851—1920）游。旧时多称门生为弟，是故上述《礼器碑》中陆恢题跋称其为“雪庐老弟”。

附带一提，拍卖市场上的吴昌硕书法作品中，有一组大字篆书题“雪庐”，根据其后题记大致可以分为三类。其一题记云：

映雪勤读，立雪尊师，以雪名庐，其见道深耶？

诸本落款不同，见有：

---

〔1〕马宝山著：《书画碑帖见闻录》，北京燕山出版社，1997年，第175—177页。

（1）安吉吴昌硕。（钤“吴俊卿”“昌硕”印，图五-1）[1]

（2）张清仪谓曾见雪鼓精拓，猷（庐）字上稍有笔迹可寻，然则宋以前毡蜡矣（庐误为猷）。乙卯四月维夏客海上，安吉吴昌硕，时年七十二。（钤“吴俊卿”“仓硕”印，图五-2）[2]

亦有刻为匾者，落款为：

（3）癸亥岁十一月，安吉吴昌硕缶，时年八十。（钤“俊卿之印”“仓硕”“虚素”印，图五-3）[3]

（4）癸亥岁十一月，安吉吴昌硕缶，时年八十。（钤“缶翁”“缶老”“□□□□”“虚素”印，图五-4）[4]

其二题记云：

（5）雪阶仁兄筑园沪北，幽深澹逸，以雪名庐，为瑑堂颂，幸指讹。壬戌夏仲，吴昌硕年七十九。（钤“吴昌硕大聋”“缶翁”“虚素”印，图五-5）[5]

（6）顺堂仁兄筑园沪北，幽深澹逸，以雪名庐，为瑑堂颂，幸指讹。壬戌夏仲，吴昌硕年七十九。（钤“吴昌硕大聋”“缶

---

〔1〕广州三和2017年首届艺术品拍卖会“中国书画”专场（LOT0912），https://auction.artron.net/paimai-art5106460912；保利山东2017年第四届艺术品拍卖会“经典：中国近现代书画”专场（LOT0144），https://auction.artron.net/paimai-art5113480144。

〔2〕横滨国际2018年秋季拍卖会“翰墨书香：写经及古籍善本”专场（LOT6684）。

〔3〕上海敬华2016年春季拍卖会“茶熟香温：蔡耕先生珍藏”专场（LOT1401），https://auction.artron.net/paimai-art5090571401。

〔4〕北京保利2018春季拍卖会“长物澄心：余庆堂文人赏石暨文房匾”专场（LOT2535），https://auction.artron.net/paimai-art5127412535。

〔5〕北京诚轩2005年秋季拍卖会“中国书画（一）”专场（LOT0705），https://auction.artron.net/paimai-art35410705；中国嘉德2010年秋季拍卖会“四海藏珍（二）”专场（LOT0630），https://auction.artron.net/paimai-art69550630；浙江经典2011年春季艺术品拍卖会“浙江四大家”专场（LOT0189），https://auction.artron.net/paimai-art5005430189。

翁”“虚素”印，图五-6）[1]

其三只有落款：

（7）癸亥岁十一月，安吉吴昌硕缶，时年八十。（钤“俊卿大利”“苍石”印，图五-7）[2]

这些横批，真伪难辨。如第二类题记文辞一致，所书与对象却有异，至少有一伪。朱关田以“雪阶”为真（或因未见“顺堂”本），写入《吴昌硕年谱长编》，却未考“雪阶”为何人。沈塘未见有“雪阶”或“顺堂”字号，故此横批中之“雪庐”所指恐怕不是沈塘。

图五-1

图五-2

图五-3

图五-4

图五　拍卖市场上的“雪庐”横批（一）

〔1〕中国嘉德2014年嘉德四季第三十七期拍卖会“中国近现代书画（二）”专场（LOT1915），https://auction.artron.net/paimai—art5047711915。

〔2〕汉秦国际2012秋季书画大型拍卖会“书痕心迹：名家书法作品”专场（LOT0293），https://auction.artron.net/paimai—art0018410293。

图五-5

图五-6

图五-7

图五　拍卖市场上的“雪庐”横批（二）

4. 褚德彝民国十四（1925）年题跋

甲轴有褚德彝题跋：

是器为曹秋舫藏，与阮氏一器文正同，首行齐侯下有中字。此器前人俱释为罍，因目此器为中罍，谓罍有大小之别，亦如后人目酒器为伯雅、仲雅也。然器形与阮氏器无异，则此说又不足为据。或又释为女罍者，更可笑矣。窸斋谓器是壶而非罍，其说是也。罍颈短腹大，陶斋所藏洎罍、秦重金罍与此器截然不同，存世之韩仲多壶、虢季子组壶，形式与兹无二。古器文从无首行即言器名者，稍究金文者皆知之。况文中尚有两壶八鼎之说为证乎？[illegible]，应释为齐侯名。古人于名下加伯仲，即以为字，不足异也。友三先生得此旧拓本，出以见示，展玩一过，卒书臆说就正。乙丑十月，余杭褚德彝。（钤“褚礼堂”印）

乙轴有褚德彝题跋：

此器阮文达自记谓得之最晚，为藏器中之冠。命工绘小象，与张叔未对坐，陈器于几，以器文释跋附后。叔未命其侄受之刻石于清仪阁。缶庐谓见于《积古斋》，误也。阮跋谓是器乃齐侯入觐周天子，天子赐以韶乐，故文中有“齐侯拜嘉命”及“从尔大乐”之语。齐侯归国祭于先庙，以志恩遇。首行为“[illegible][illegible][illegible]”，阮释为“器其旅”。八行“[illegible]”，阮释为“器其入桒都邑”。其实“[illegible]”即“丧”之古文，从王从四口，象人亡号哭之状。盖此器为陈氏专齐时所作，故首行言丧其都，八行又言丧其人民都邑，极言齐侯失德，掩己之专擅，必在陈成子杨政之时。洹子即陈桓子。陈逆簠文云：“余狟子之裔孙。”陈侯因资敦亦有“[illegible]子”之语，可为陈氏作器之证也。友三先生以为然否？乙丑冬十月，余杭褚德彝记。（钤“松窗”印）

此组题跋为褚德彝所写，时在乙丑十月，即民国十四年（1925）十月。此二跋是褚德彝为友三先生书，可见其时对屏已藏于翁思益家。

褚德彝在甲轴的题跋中主要讨论了洹子孟姜壶的器型是壶非罍。他在乙轴的题跋中不仅提到了张廷济为阮元刻《眉寿图》事，而且指出了本轴中吴昌硕光绪三十一年题跋谓乙器见于阮元《积古斋钟鼎彝器款识》的错误。除此之外，褚氏更多地就洹子孟姜壶铭文和其历史背景进行讨论，其说颇有创见，如考定“[illegible]”即“丧”字等。

5. 罗振玉民国十五年（1926）观款

甲轴有罗振玉跋：

> 上虞罗振玉观。（钤“臣振玉印”印）

乙轴有罗振玉跋：

> 丙寅仲夏，上虞罗振玉观于沪江。（钤“罗振玉印”“罗叔言”印）

此组题跋为罗振玉民国十五年所书，与前文所述翁思益藏毛公鼎拓本中罗振玉题记“丙寅仲夏，友三先生属上虞罗振玉题”的时间相同。由此我们推测，上述吴昌硕跋洹子孟姜壶拓本、敦煌写本和毛公鼎拓本中的罗振玉题记均为民国十五年五月访沪上翁思益时所书。

四、递藏

据上文考证，此二轴最早为史清原旧藏，并于光绪三十一年（1903）十月装裱，完成后即请吴昌硕在轴中题跋。宣统三年（1911）末，对屏由沈塘购得，再次延请吴昌硕题跋。民国十四年（1925），对屏辗转为翁思益所得，并请褚德彝在两轴上写下了自己关于洹子孟姜壶器型及铭文的考证。次年，罗振玉观此对屏于沪上，并在轴上留下观款。

需要说明的是，甲轴中，褚德彝称“友三先生得此旧拓本，出以见示”，故对屏入翁思益手或在民国十四（1925）年左近；而翁长森卒于民国三年（1914），当非其所传。因此，对屏中的“诒砚堂”“翁氏诒砚堂印”二印必为翁思益所钤盖，再次证明了翁思益承继了翁长森的斋号和部分用印。

此国家图书馆藏吴昌硕题跋洹子孟姜壶对屏，递藏明晰，又留下了史清原、吴昌硕、褚德彝和罗振玉的墨迹，颇为珍贵。特别是拓本中的两组吴昌硕题跋为其时隔七年所书，而对屏却已易主，也是艺坛一件趣事，所谓“金石奇缘”也。

诗画持一理
——吴昌硕以诗入画之特色

刘小桐

“虚盦高无尘，凉月阁不下。空山剩谁抱？好诗学东野。诗画持一理，确论世守寡……”[1]这是吴昌硕为倪墨耕《璧月盦论画图》所题。“空山剩谁抱，好诗学东野”是赞美孟郊写诗不同流俗，抱贞空山的情怀，从中可反映出吴昌硕崇尚如孟郊一样的率真、奇崛之审美，这样的审美也影响了其绘画创作。他的“诗画持一理”可以理解为吟诗作画在审美思想与手法上的一致性。“以诗入画”古已有之，北宋苏轼评价王维的《蓝田烟雨》诗时作“诗中有画，画中有诗”，又提出“诗画本一律，天工与清新”理论，即追求自然本真。苏轼题文与可墨竹“诗不能尽，溢而为书，变而为画”，意为诗歌擅于抒情而难以赋形，绘画擅于赋形而难于抒情，故而有诗言志、画言情之说。清代叶燮道：“画者，形也，形依情则深；诗者，情也，情附形则显。”其谈到诗画关系，诗情使画变得深刻，画则使诗情得到形象的表现。吴昌硕的“诗画持一理”有以上意思之外，其重点更在审美精神上的一致性，诗风与画风持有统一的审美意趣，这一核心思想出自内心的纯真和对现实生活的真实感受，所谓“诗文书画有真意，贵能深造求其通”[2]，其真意在于率真。吴昌硕在绘画上的大写意表现以书法、金石为基础，诗歌的审美为支撑，作画不求形似，重在写胸中之逸气，他在《缶庐别存》自序中写道：“予不论工拙，趁兴而已。”从吴昌硕诸多题画诗分析，作画皆乘兴而起，发端于诗人之兴，故而其绘画由

〔1〕光一著：《吴昌硕题画诗笺评》，浙江人民出版社，2003年，第412页。
〔2〕[清]吴昌硕著，童音点校：《吴昌硕诗集》，华东师范大学出版社，2009年，第9页。

诗情演化而来，诗则是绘画之内涵。

吴昌硕是清末民初海上画派的领袖人物，在诗、书、画、印方面是一位杰出的艺术大家。其一生创作之诗文众多，撰《缶庐诗》八卷、《缶庐别存》一卷，仅题画诗就有八百多首。吴昌硕的诗文不仅抒发了其艺术观点、审美意趣，亦反映了其人生阅历、精神寄托与人品志向。本文通过吴昌硕早、中、晚期诗风与画风发展变化特点，探究吴昌硕写意花鸟画中诗与画的关联性。以其典型作品为例分析其笔墨形式特征，阐明吴昌硕对前人“以诗入画”的继承与超越之处，进而显现其作品中诗与画两者相互统一的精神内涵与风格特色。

一、一以贯之，奇崛旷达之诗风

吴昌硕出身书香名门，祖父吴渊著有《天目山房诗稿》，父亲吴辛甲有《半日村诗稿》。吴昌硕幼年即受家学熏染，后在求学与游历中结交诗文、金石、书画友人甚广，如施旭臣、俞樾、杨岘等前辈师友，对其影响深远。一生倾注于此的他，十分看重诗歌，这是支撑其文人身份的基础。

吴昌硕早年从施旭臣学诗，诗境日进，已成自己面目。施旭臣为吴昌硕《元盖寓庐诗稿》作序云：“初为诗学王维，深入奥窔，既乃浩瀚恣肆，荡除畦畛，兴至攝笔，输泻胸臆，电激雷震，倏忽晦明，皓月在天，秋江千里，至忧深思，跃然简编。……而仓硕独于荒江墟市之间，抱膝长吟，悄乎以思，旷乎以放，时而兀傲，时而愁悲，凡以自达其性情，不苟合于今，亦不强希于古，所谓克自树立者殆庶几乎！”[1]对吴昌硕诗作的意境给予了深刻的诠释。晚清文人亢树滋题吴昌硕诗稿云：“大著宗法唐人，五律尤为擅胜。王、孟清音，郊、岛苦思，兼而有之，至纪难十首骎骎乎入杜陵之室矣，十读三复，不胜钦佩。”意为吴昌硕诗学唐人，以五律尤工，且近于王维、孟浩然之清淡，孟郊、贾岛之苦思，兼而有之，至于像《庚辛纪事》这些诗，则直入杜甫堂奥。吴昌硕在《李晴江画册》中自题：“诗才格不羁，我独攻王维。”[2]“梅

〔1〕[清]吴昌硕著，童音点校：《吴昌硕诗集》，华东师范大学出版社，2009年，第365页。
〔2〕光一著：《吴昌硕题画诗笺评》，浙江人民出版社，2003年，第336页。

溪水平桥，乌山睡初醒。月明乱峰西，有客泛孤艇。除却数卷书，尽载梅花影”[1]一诗，深得六朝吴均及王维之遗韵。早年的吴昌硕主攻王维、孟浩然的淡雅清幽一路，为这一时期诗风的典型代表。

吴昌硕早年生逢乱世，遭受战争与饥荒，中年仕途不得志，诗境也随之嬗变。他在三十九岁至五十六岁时宦游吴下，仕途生涯因不愿巴结逢迎上司而处处受阻，看破官场黑暗腐败，故而上任一月便“弃官先彭泽令五十日”，至此他的仕途之梦终告破灭，往往借诗、画排忧解愤，寄托情感。他自比孟郊，“有志不获聘”却又“生无适俗性”，并与陶渊明为伍，此时的诗转向粗放率性，正如“时而兀傲，时而愁悲”“兴至擩笔，抒泻胸臆”[2]之写照。如《石》中题：“西风万里逼人寒，奇石苍茫自写看。莫笑胸中多磊块，难为砥柱障狂澜。”[3]此诗作于甲午战争前后，他自比石，直泄胸中不平之气，亦抒发其不能挽救国难的痛苦心情。吴昌硕在题画诗中常常把梅花当作自己的知音，如四十二岁时作：“十年不到香雪海，梅花忆我我忆梅。何时拏舟冒雪去，便向花前倾一杯。”[4]反映其与梅花惺惺相惜之情。又如：“道人铁脚仙，浩歌衣百结。我欲从之游，共嚼梅花雪。”[5]从中看出其胸怀高洁而仕途不得志的惆怅情绪。此时期诗风参以郊、岛、陶诗之韵，故而从早年的淡雅清幽风格趋向峻峭与浑穆。

吴昌硕六十八岁移居上海时，诗、书、画、印成就渐渐蜚声海上，并成为书画印坛领军人物，诗风亦有所转变。吴兴刘承幹《缶庐集》序云：“仓硕先生之诗，三十年前固已为当世所知名矣。国变以来，乔居海上，骚人词客，翕然奉为祭酒，年高而诗日富，高古奥逸似孟云卿，清奇僻苦似孟东野。”[6]1927年夏，王个簃录吴昌硕近诗二十一首长卷，朱祖谋题曰“人书俱老”，表明他的诗风走向臻熟。如其晚年题画诗：“白菡萏花溶月窟，嫩慈姑叶刺苔

〔1〕光一著：《吴昌硕题画诗笺评》，浙江人民出版社，2003年，第30页。
〔2〕[清]吴昌硕著，童音点校：《吴昌硕诗集》，华东师范大学出版社，2009年，第365—366页。
〔3〕光一著：《吴昌硕题画诗笺评》，浙江人民出版社，2003年，第74页。
〔4〕光一著：《吴昌硕题画诗笺评》，浙江人民出版社，2003年，第22页。
〔5〕光一著：《吴昌硕题画诗笺评》，浙江人民出版社，2003年，第19页。
〔6〕[清]吴昌硕著，童音点校：《吴昌硕诗集》，华东师范大学出版社，2009年，第370页。

衣。香衣消受梦初觉，露气横江野鹤飞。”[1]此是吴昌硕晚年对人世的感叹，从中体现其洒脱不羁的思想境界。题《古木幽亭图卷》诗云：“古木幽亭静隔尘，岁寒风景一翻新。孟郊老去诗谁好，敢抱空山无一人。”[2]反映出其晚年厌世伤时的思想，诗里充满清寒峻峭之气。七十六岁所作《梅石》题画诗云：“危亭势揖人，顽石默不语。风吹梅树花，春衣化作雨。池上鹤梳翎，寒烟白缕缕。”[3]诗形象鲜明，意蕴深远，体现了他晚年对时局动荡不安的忧虑之情。“松如绿发秋逾好，花抱寒香同不老。坐中更有石丈人，三益何尝输四皓。”[4]赞美松、梅、石三益友的高洁情怀可比高士“四皓”的品格，寄托了诗人晚年遭乱世而秉持节操的思想。“松老不凋，梅艳如霞。一石离奇，风色天涯。”[5]表现其虽处天涯，风云变幻，仍坚强不屈，保持操守的精神，诗中之石正是其精神的化身。郑孝胥题《缶庐集》云：“缶庐先生诗格秀劲，比更世乱，节操凛然，近年所作，旷逸纵横，有加以昔。言为心声，岂不信哉？”[6]表明其诗风转向旷逸纵横，过于以往。

吴昌硕晚年售画生意不错，生活富裕，心态有所改变，也有的诗表现晚年生活的美好。如题《红梅图》云：“艳于赤城霞，罗浮春事早。年年看花人，颜色如花好。”[7]这类诗作相对淳朴平和，寓意美好。

吴昌硕三个时期的诗风特点以及诸家评论对其诗风总括可谓不拘古法，不落凡俗。吴昌硕尝云：“吾诗自道性情，不知为异，又恶知同？”[8]晚清词学大家谭献题其诗稿曰：“安吉吴昌硕诗篇峻峭，剥落凡语，有傅青主、吴野人之遗风。”傅青主、吴野人高洁、孤傲率真的人品与诗文令吴昌硕崇拜。杨岘曾指出：“字句若再加收拾，则一时无两矣。”[9]这与吴昌硕忌平庸、重魄

〔1〕光一著：《吴昌硕题画诗笺评》，浙江人民出版社，2003年，第292页。
〔2〕光一著：《吴昌硕题画诗笺评》，浙江人民出版社，2003年，第308页。
〔3〕光一著：《吴昌硕题画诗笺评》，浙江人民出版社，2003年，第140页。
〔4〕光一著：《吴昌硕题画诗笺评》，浙江人民出版社，2003年，第286页。
〔5〕光一著：《吴昌硕题画诗笺评》，浙江人民出版社，2003年，第287页。
〔6〕[清]吴昌硕著，童音点校：《吴昌硕诗集》，华东师范大学出版社，2009年，第367页。
〔7〕光一著：《吴昌硕题画诗笺评》，浙江人民出版社，2003年，第127页。
〔8〕[清]吴昌硕著，童音点校：《吴昌硕诗集》，华东师范大学出版社，2009年，第365页。
〔9〕邹涛主编，尚佐文、解小青分卷主编：《吴昌硕全集·文献卷一》，上海书画出版社，2018年，第6页。

力、崇尚乱头粗服的率真精神分不开。

二、一气浑沦，信笔直写之画风

三十至五十岁为吴昌硕早年绘画时期，这一时期主要受前人影响较多，学习借鉴的对象是明清画家陈淳、徐渭、八大山人、石涛、赵之谦、金农等，而其中影响最大的当属水墨大写意一路的徐渭、八大山人、石涛，以及小写意设色为主的任伯年、赵之谦一路。如五十一岁作《松石立》轴（图一），自题曰："人谓昌硕拟雪个。"画中松石用笔、用墨以及画面章法布势皆有八大影子。四十九岁作《露气》立轴（图二），自题曰："八大昨宵入梦，督我把笔画荷。"所画荷花有八大特点。

图一　吴昌硕《松石》立轴

图二　吴昌硕《露气》立轴

图三　吴昌硕《梅花》立轴

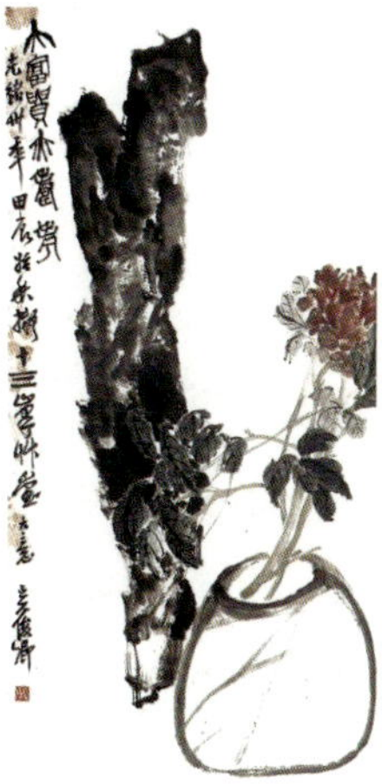

图四　吴昌硕《大富贵亦寿考》立轴

图五　任伯年《花鸟》四条屏

图六　任伯年《岁朝清赏图》

吴昌硕绘画重在取高古一路，如友人赠周夺敦全形拓本，自补菊花、水仙作《岁朝图》，题云：“周敦离奇夺字标，破经秦火几回烧。保残守缺寻常事，难得秋华赏岁朝。”[1]这样的好古主要受好古篆隶、汉印、封泥及砖瓦陶文等影响，这不仅影响到他的书法、篆刻，其用笔之朴拙浑厚、苍茫遒劲、率真肆意的审美意趣也融入其诗、画之中，故而喜师意趣相投的前人。如“扬州八怪”中的金农画风高古，朴拙有金石趣味，与吴昌硕一样“嗜奇”“好古”，又不拘成法，书画都有独到意趣。如四十二岁作《梅花》立轴（图三）中的题款似金农，用笔遒劲、粗放，已见己意。六十岁作《大富贵亦寿考》立轴（图四）自题“拟十三峰草堂大意”，用笔浑厚豪放，实际上画面已成自我面貌。

吴昌硕早年学画受任伯年影响较多，如任伯年作《花鸟》四条屏（图五）、《岁朝清赏图》（图六）等粗笔一路，吴昌硕与之极其相似，只是吴昌硕用笔更苍劲泼辣、气势浑雄。任伯年对吴昌硕并非授之以技，而是授之以理，指授其以字作画，发挥自己所长，这对吴昌硕早期绘画独立自新很有启发。

在五十至六十八岁时期，吴昌硕因篆刻、《石鼓文》书法以及行草书皆已

〔1〕[清]吴昌硕著，童音点校：《吴昌硕诗集》，华东师范大学出版社，2009年，第349页。

图七　吴昌硕《牡丹》立轴

图八　吴昌硕《四季花卉》条屏

图九　吴昌硕《悬清秋》立轴

形成自己个性，以书法入画法，笔墨、章法逐渐丰富，并走向独立的创作状态。其落款所提及的拟古取法已成为一个概念化的名字，与画风已无实际关系。他在学习过程中不自觉地化古为今，化人为己，正如其在《蒲陶》中所题：“画当出己意，摹仿堕尘垢。即使能似之，已落古人后。”[1]六十五岁作《牡丹》立轴（图七）中题道：“拟张十三峰笔意。”《四季花卉》条屏（图八）题：“拟瞎尊者大写设色。”“拟李复堂本，未能独到，不似之似而已。”皆可以看到其“师古不泥古”。《悬清秋》立轴（图九）自题：“自视极似孟皋、赵无闷一流。”吴昌硕作画实际比李复堂更显雄浑，比张孟皋、赵之谦更显老辣。七十岁作《花卉蔬果》立轴（图十）题“拟张孟皋笔意”，此图画面构图饱满，绣球与篮子、柚子感觉乱成一团，实则整体虚实相应，疏密有致，笔力沉雄，色墨交融，浑厚恣肆，置阵布势，富有生机，是“乱头粗服”“一气浑沦，信笔直写”的典范。此种画面特色为前所未有之独造。

六十八岁之后，吴昌硕的画风渐趋成熟，绘画与书法已“俱老”。朱关田在《吴昌硕题画诗•序》中指出：“翁以篆作画，以印布局，逸笔草草，每与

〔1〕光一著：《吴昌硕题画诗笺评》，浙江人民出版社，2003年，第170页。

书法同调。至于诗书画印，乃竟浑然一体，自成杰构，是以每每出一头地，几若无人可及者也。”[1]晚年的吴昌硕融诗书画印于一体，更以富有金石味的《石鼓文》笔法入画，使其画更加笔力雄浑，苍劲豪迈。画面更精于布局，开张与篆刻布白有关，经营位置以直起斜破，对角虚实造势。他常常用几块大小不一的石头作为重心，给画面造险破险，或以重墨写出，或以枯笔淡墨画之，给画面营造出虚实与深远的空间，加之长题补正在长条画面中形成起承转合的一种气势，是其作画的重要特征。如七十四岁所作《黄花立石》立轴（图十一），画面石头以虚衬实，虚实相生，一丛粉菊从石头后面穿出，搭配墨绿

图十　吴昌硕《花卉蔬果》立轴

图十一　吴昌硕《黄花立石》立轴

图十二　吴昌硕《秋菊》立轴

〔1〕朱关田校辑：《吴昌硕题画诗》，西泠印社出版社，2016年，第4页。

画叶，另一丛黄菊纵向直上右上角，有气冲云霄之感，笔墨苍润、明艳又古朴；前后两块石头，前者铺以淡墨，后者留白，用笔干枯皴擦，寥寥几笔画出前后空间，画面空间意境富有诗意，展现出吴昌硕苍茫浑厚的艺术趣味。七十四岁另作《秋菊》立轴（图十二），题诗曰："九月谁持赏鞠杯，黄花斗大客中开。重阳何处篱边坐，雨雨风风送酒来。"菊花姿媚横出，姿态生动，墨色厚重，石头上的大片飞白和具有篆籀笔意的枝干，有若"石如飞白木如籀"一般，其《石鼓文》笔力造就画上泼辣粗犷、纵情恣意的气象，小画幅大气度，所题诗境与画意趣味相通。如此情境下的菊花才是经历过颠沛境遇的吴昌硕之写照，即"个性疏阔类野鸡，不受束缚雕镌中"。晚年的吴昌硕大写意画无论笔法、图式、意境已独具吴氏程式，以"且凭篆籀笔，意境颇草草"之信笔写来，不斤斤拘于事类具象，"画气不画形"，体现"道在瓦甓"之境，最后达到"一气浑沦"之特色。

三、诗画持一理的具体表现

吴昌硕的"诗画持一理"观可谓将性情、审美、手法融合为一，体现其吟诗作画贵在用情真挚，发自肺腑；审美上崇尚古拙、奇崛、清新与独造，手法上崇尚简约、浑朴、大气。其艺术特点具体凸显出真、古、拙、奇、新的特征，是吴昌硕人格精神的体现。

尚"真"方面：早年赴杭州向朴学大家俞樾求学辞章、文字训诂，打下了坚实的小学基础，求真务实是朴学之根本，这对吴昌硕诗风"求真"精神影响深远，吴昌硕又将书法、篆刻、绘画融会贯通，即"诗文书画有真意，贵能深造求其通"。相通之处在于出自真意。如其《梅》诗云："空山梅树老横枝，入骨清香举世稀。得意忘言闭门处，墨池冰破冻虬飞。"[1]题曰："野梅古怪奇崛，不受剪缚，别具一种天然自得之趣，予芜园所有如此。"诗里描绘闭门作画进入忘我的境界，字里行间充满自得自乐之情。读诗如见其画，画中有诗，诗彰画意，诗画浑然一体，俱出其之真意。

〔1〕光一著：《吴昌硕题画诗笺评》，浙江人民出版社，2003年，第82页。

尚“古”方面：吴昌硕有嗜古之僻，古砖收藏同道金杰赠予古缶，其以朴陋的古缶自喻，即缶即人，并以缶庐、芜园自诩，其曾题“道在瓦甓”赠予金杰，更道出自己的喜爱之情。吴昌硕在与金石大家吴云、沈秉成、潘祖荫、吴大澂等交往过程中，不断吸取养分，逐步完善个人的学术和艺术修养，为其晚年所取得的艺术成就奠定了基础。他崇古之心坚定不移，可谓“秦碑欲拓无毡蜡，风雪难寒好古心”[1]。古朴之中见真意，方能达到情性，继而有“不苟合于今，亦不强希于古”的独创精神。

尚“拙”方面：“且凭篆籀笔，落墨颇草草。人讥品不能，我喜拙无巧。”[2]“颇草草”表达用笔应自然，反对规矩、做作。“拙无巧”本有老庄哲学趣味，是吴昌硕一生艺术创作的主张，如“枝干纵横若篆籀，古苔簇簇聚科斗。平生作画如作书，却笑丹青绘桃柳”[3]。从中可见其以篆用笔，追求气韵，反对矫揉造作，追求朴拙之风格。

尚“奇”方面：吴昌硕题《为诺上人画荷赋长句》云：“墨池点破秋冥冥，苦铁画气不画形。人言画法苦瓜似，挂壁恍背莓苔屏……离奇作画偏爱我，谓是篆籀非丹青。”[4]“离奇作画偏爱我”意为其作画用篆书笔法，画气不画形的离奇古怪，在俗人眼里称不上是画，可诺上人偏偏喜爱，实际正表达其自己的喜爱之情。

尚“新”方面：吴昌硕《荷花寄井南》题画诗云：“荷花荷叶墨汁涂，雨大不知香有无。频年弄笔作狡狯，买棹日日眠菰芦。青藤白阳呼不起，谁真好手谁野狐。井公持去挂粉壁，溪堂晚色同模糊。”[5]诗歌通过描写雨中墨荷，揭示了艺术创作应在人与自然、意与物象自然妙合、浑然一体时方能达到最高境界。“画之所贵贵存我，若风遇箫鱼脱筌。”[1]作画贵在有自己的个性，不受传统束缚，洒脱不羁，自由发挥。“青藤白阳安足拟，八大山人我高弟。眼前颗颗明月珠，昨梦探之龙藏里。”[2]作画不应依袭前人，要师法造化。“花

---

〔1〕光一著：《吴昌硕题画诗笺评》，浙江人民出版社，2003年，第190页。
〔2〕光一著：《吴昌硕题画诗笺评》，浙江人民出版社，2003年，第2页。
〔3〕光一著：《吴昌硕题画诗笺评》，浙江人民出版社，2003年，第177页。
〔4〕光一著：《吴昌硕题画诗笺评》，浙江人民出版社，2003年，第122页。
〔5〕光一著：《吴昌硕题画诗笺评》，浙江人民出版社，2003年，第53页。

草乱插陈古瓷，凡稿拨去天为师。板桥肯作青藤狗，我不能狗人其宜。”[3]阐明师法自然，自立为“人”之理，表现其敢于创新的勇气、胆量和志向。正是这样的尚新精神使其艺术独具一格，并跃上艺术高峰。

以上几方面特点，清晰折射出吴昌硕的情怀与人品，从而真正集中体现以诗入画是以诗人的人品入诗品、画品，是吴昌硕“诗画持一理”的真正核心思想。吴昌硕的诗直面生活感受，善用典故，出处深奥，读其诗若穿越太古，意境奇古幽远而清新；其绘画作品每画必诗，所画皆为发自心声，画是其诗的形象表达。吴昌硕援引金石、书法入画，绘画中浑然天成的意象表达，更离不开其诗之旷达。他的绘画看似“乱头粗服”，而笔简意足，浑朴大器，正是其诗人特质造就了其绘画独特的表现形式，由诗境入画境而别开生机，开拓出气象万千的画面。

〔1〕光一著：《吴昌硕题画诗笺评》，浙江人民出版社，2003年，第66页。
〔2〕光一著：《吴昌硕题画诗笺评》，浙江人民出版社，2003年，第169页。
〔3〕光一著：《吴昌硕题画诗笺评》，浙江人民出版社，2003年，第222页。

超山今亦有传人

——吴茀之对吴昌硕艺术的继承和发展

骆　风

吴茀之（1900—1977），浙江浦江人，初名士绥，改名茀之，又名谿，号吴溪子。幼承家学，1922年考入上海美术专科学校，尝得吴昌硕、王一亭等大师的指点。先后在上海美术专科学校、福建省立师范专科学校、国立艺术专科学校任教，后任浙江美术学院教授、中国画系主任。吴茀之工书法，善诗词，擅长写意花鸟画，是现代中国花鸟画大家，为现代浙派中国画首领人物，是现代浙派教学体系的奠基人之一，同时他也是重要的吴昌硕艺术的继承者和发展者。

一代大师吴昌硕（1844—1927）以其诗书画印的巨大成就，成为近现代艺坛的巨擘。他的艺术登峰造极，令人高山仰止。他广树桃李，嘉惠艺林。他金针度人，传道解惑。他的艺术有着众多的追随者，或继承其衣钵，传承家法；或受到其陶染，另立门户；或得其点化，别开蹊径。吴昌硕不仅个人艺术创作成就辉煌，他所培养和指授的门人弟子也是群星闪耀，光照艺空。如北京的陈师曾（1876—1923）、陈半丁（1876—1970)、王梦白(1888—1934)。上海的赵云壑（1873—1955）、王一亭（1867—1938）、诸闻韵（1894—1938），王个簃（1896—1988），杭州的潘天寿（1897—1971）、诸乐三（1902—1984）、沙孟海（1900—1992）等。吴茀之也是其中的佼佼者，他在继承吴昌硕艺术的基础上拓展和创新，逐步形成了刚健婀娜的艺术风格，对推动写意花鸟画的发展做出了卓越的贡献。

一、吴茀之与吴昌硕艺术的渊源

吴茀之自幼受父兄的影响，喜好书画，并得到舅父黄尚庆（1865—1919）的指授。黄尚庆所作水墨写意画，简洁而奔放，注重笔墨韵味而不拘泥于形式。吴茀之在严州省立第九中学时，临习恽寿平、蒋廷锡画册，对绘画的学习可上溯到清早期。1922年，吴茀之考入上海美术专科学校高级师范科求学，深深受到“海上画派”的影响。“海上画派”的领袖人物吴昌硕，是晚清到民国金石画风的主要引领者。在当时的上海画坛，他的地位和影响力无人与之匹敌，吴茀之在上海的求学时期，也是吴昌硕晚年在艺术上炉火纯青的辉煌期，吴茀之为他的艺术魅力所折服，开始专注于大写意花鸟画。

吴茀之在上海美术专科学校勤奋好学，加之天资颖慧，本身又有一定的国画基础，不久便崭露头角，颇得校长刘海粟（1896—1994）和主课教师许醉侯（1898—1929）的青睐。在业师许醉侯的引见下，有幸得到吴昌硕的指教。吴昌硕是上海美术专科学校聘请的教授，因年迈并不来上课，于是吴茀之登门向吴昌硕求教，还曾将舅父家藏的古画拿去请他鉴赏。他开始研习吴昌硕的大写意花卉，还常去画店观赏吴昌硕的作品，并买来吴昌硕的画册临摹，同时学习吴昌硕的行草书。吴茀之学习吴昌硕的画风虽然时间不长，却已入门径，深得其三昧。这一时期，吴茀之书画面目都酷似吴昌硕。

1924年冬，他毕业创作《富贵神仙图》（图一）便是仿拟吴昌硕画风的佳作。这是一幅五尺的大中堂，参差错落的几块磐石以泼墨法勾皴，嫣红的牡丹挺然盛放，以点染法写之，苍翠的水仙以勾花填色法描绘，似临风起舞。构图上左低右高，颇显气势，是标准的“吴家样”。用笔苍劲，有草篆意趣，水墨氤氲，枯润相间，设色沉稳，古厚中显浓丽。苔点和画枯枝的手法也和吴昌硕如出一辙，画作唯气息的厚重感和苍茫的意趣略略逊之。牡丹、水仙是吴昌硕常用的绘画题材，以牡丹寓意富贵，以水仙寓意神仙，这是海派绘画谐俗讨口彩的特性。时年吴茀之25岁，学“吴派”深得其大写意的神髓，实属不易。老师许醉侯对此评价极高，为此在画上长跋：“凌波妃子湘江步，绝代天姿翠阁芳。富贵神仙如此艳，更谁一曲奏霓裳。吴君士绥画笔雄浑，气象高古，近法缶翁，上追复堂。兹以近作索题，为书二十八字张之。甲子长至节，许醉侯并志。”[1]

除吴昌硕外，对吴茀之艺术影响最大的应该是王一亭。吴茀之就读于上海美术专科学校时，王一亭便是校董之一。吴茀之的业师许醉侯是王一亭的弟子，从这一层关系上讲，吴茀之在上海求学时，得到王一亭的指教应更多。在吴茀之的传记中，也有他向王一亭面教的详尽记录。[2]1927年，王一亭曾为吴茀之题写润例，赞誉其画艺，还赠送画作于吴茀之。王一亭和吴昌硕的情感介乎师友之间，王一亭的作品貌似吴昌硕，而实质有别。王一亭的作品注重感情表现，较自由奔放，长于画花木、翎毛、人物，重视生活和写生。单就技法而言，吴茀之对王一亭艺术的汲取要比吴昌硕更多。因为吴昌硕作品以花卉、蔬果为主，很少作翎毛、人物。吴茀之学习是多方取径，自然会选择既是缶翁嫡派又身手不凡的王一亭作为研习对象。

图一　吴茀之《富贵神仙图》

此外，吴昌硕的嫡传弟子诸闻韵与吴茀之的关系比较密切，对其艺术多有陶染。诸闻韵是上海美术专科学校国画系创建者和系主任，也是吴茀之的老师，对其颇为关爱，和吴茀之常有诗词唱和并作画相赠。1932年，吴茀之、诸闻韵、潘天寿、张书旂、张振铎成立白社，诸闻韵被推为社长，艺术交流更加频繁。潘天寿也是吴昌硕的学生，是吴茀之一生最为重要的挚友和艺术知己。后来加入白社的诸乐三，是全面继承吴昌硕诗、书、画、印的嫡

〔1〕浙江美术馆编：《吴茀之作品集》，中国美术学院出版社，2013年，第16页。
〔2〕张岳健著：《吴茀之》，湖北美术出版社，2005年，第5页。

传弟子，他们三人作为浙江美术学院三足鼎立的教授，相交终身，成为传承和发展吴昌硕艺术的中流砥柱。

通过以上对吴茀之和吴昌硕师生关系的爬梳，可以明了吴茀之与吴昌硕的艺术渊源。吴茀之不是吴昌硕的及门拜师弟子，只是曾经受到吴昌硕的指教，情形类似吴昌硕和潘天寿的师生关系，相对而言，潘天寿受教更多。而与私淑吴昌硕画风的画家比较（如齐白石等），吴茀之与吴昌硕的师生关系又近了一步，他毕竟得到过吴昌硕的亲炙。但是客观地分析，当时吴昌硕是画坛执牛耳的大师，吴茀之是初出茅庐的上海美术专科学校学生，二人地位悬殊，求教拜会的机会应该是很有限的。同时，吴茀之和吴昌硕嫡传门人，如王一亭、诸闻韵、诸乐三等交往颇深，亦师亦友，受益匪浅。吴茀之没有成为吴昌硕正式的门人，从另外的角度来看，并非是件憾事，也许是幸事。在书画学习中，过于密切的追随者，有可能是忠诚的继承者，但往往缺乏创新能力，而成为翻版。如吴昌硕的大弟子赵云壑，学吴昌硕近乎乱真，但其画作几乎无个性可言。学习吴昌硕的画风，使吴茀之能站在一位艺术巨匠的肩上，而能高瞻远瞩，对他的艺术生涯具有决定性的意义。

二、吴茀之对吴昌硕艺术的继承

自明朝徐渭开创大写意花鸟以来，其发展逐渐呈波澜壮阔之势，名家辈出，各显身手。至清朝“扬州八怪”呈百花齐放之态，标新立异，风格鲜明。至海上画派的先导赵之谦，以碑入画开金石画风一脉，使大写意花鸟呈现出雄健浑厚的气象。而至晚清的吴昌硕更是将花鸟画的雄浑之气发展至登峰造极之势，其画作以阳刚郁勃的气势震撼人心。其线条如钢筋铁骨，其用墨如潮涌浪激，其设色则古艳浓厚，其章法则大开大合、气象峥嵘。吴昌硕耳目一新的艺术面貌，一扫传统文人画枯寂、隐晦、孱弱的旧习，如黄钟大吕，震撼人心。吴茀之对吴昌硕艺术的学习和继承，最为重要的是在艺术审美上对雄健浑厚之美的追崇。吴茀之在上海美术专科学校求学时，即醉心于吴昌硕的艺术，讲求阳刚之美，追求雄健之意，这一审美意识贯穿他整个艺术生涯。海派画家的作品，为适应买主的口味，难免有所媚俗。而吴昌硕的作品却能摒弃这一恶习，以“拙”代巧，气息高古，即便色彩鲜明，也能典雅凝重。从吴茀之早期学吴昌硕画风的作品来看，强劲奔放而具金石趣味，虽然技法上有些生硬，或内涵上有些薄弱，但都没有沾染柔巧纤弱的习气。

吴茀之在艺术上的实践和他的艺术审美是一致的。他说：“论画之用，有以轻灵艳丽取胜，亦有以古厚庄严见长，前者易取媚于一时，后者堪见赏于后世。但世人作画，大都迎合众人之心理，多趋于形似及轻灵艳丽一途，借博多金以求早誉，无怪画道之衰也。”〔1〕吴茀之作画追求刚健遒劲的艺术视觉效果。他作画时下笔迅疾而厚重，如骤雨忽至，营造了一种力能扛鼎的气势。他的画线条劲挺而凝练，求毛而不求光，求拙而不取巧。他作画时喜用复笔复色，也是为了产生厚重的艺术效果，使画面不至于因单薄而有轻巧之感。

吴茀之认为，自然界的花鸟实景，在客观上虽然大多比较平凡，而在主观的艺术创作中，要寄寓雄壮之美。“我的浅见，还以为花鸟容易俗气，也容易小气。因为鸟语花香，美则美矣，但这是优美而不是壮美，崇高美，没有什么奇气。如能配上山水之景或匹以怪石，亦可使它气势磅礴有奇气。”〔2〕自然界的花鸟，带给观众只是一种视觉上美丽的享受，而画家在创作中，需打造一种更高层次的审美境界，这样才能震撼观众的心灵。

吴昌硕所开创的大写意金石画派，是以深厚的金石学学养和书法功底为根基的。吴昌硕学画甚晚，自称“三十学诗，五十学画”〔3〕，他之所以能以绘画鸣世，是因为早年在书法和篆刻上已经成就斐然。其自言“我平生得力之处在于能以作书之法作画”〔4〕。他尤得益于《石鼓文》，以篆籀写花，草书作干，形成浑厚雄健的画风。他有诗句：“画与篆法可开合，深思力索一意唯孤行。”〔5〕吴茀之也秉持以书入画的艺术理念，并付诸实践。吴茀之作为缶翁画派的传人，在书法上有极深的造诣，否则无法担当这一重任。

---

〔1〕吴茀之著：《中国画理概论·画微随感录》，上海书画出版社，2010年，第118页。

〔2〕吴茀之著：《中国画理概论·画微随感录》，上海书画出版社，2010年，第143—144页。

〔3〕邹涛主编，邹涛分卷主编：《吴昌硕全集·绘画卷》（普及版），上海书画出版社，2022年，第7页。

〔4〕邹涛主编，邹涛分卷主编：《吴昌硕全集·书法卷》（普及版），上海书画出版社，2022年，第873页。

〔5〕邹涛主编，邹涛分卷主编：《吴昌硕全集·绘画卷》（普及版），上海书画书版社，2022年，第7页。

在上海美术专科学校求学时，他因喜好吴昌硕的画风，书法主要是学习吴昌硕，行书结体左低右高呈斜势，线条凝练有篆书笔意。虽然缺乏吴昌硕的浑厚感和苍茫感，却具有一种朴茂的古意，如《茀之画稿》中的题跋和吴茀之《画中诗》诗稿都代表了这一时期的书法面目。吴茀之于书法，真、草、隶、篆都广泛涉猎，即使是行草书，亦有不同的面貌。可见他书法的基础是十分深厚而全面的。吴昌硕的《为诸上人画荷赋长句》，有“谓是篆籀非丹青”[1]的诗句，道出了其书画互融的艺术主张。他喜画藤蔓花木，因其最能彰显其书法的功力和魅力。作为一个写意花鸟画家，吴茀之的书法和绘画已是水乳交融的关系。朱颖人说“吴茀之先生的书法就灵动多了，所以反映在他的画上敏捷而流动，蓬勃而苍润”[2]。可以说，他书法的成就决定了他绘画艺术的高下，同时绘画的笔墨和理念使他的书法更具有个性化的魅力。书画互融，在他书画的线条中显现得最为充分。他用行草书的线条作画，刚健中含婀娜之姿，畅达中蕴毛涩之味。他画的墨兰之所以能独占群芳，独步画坛，完全得益于他深厚的行草书功力。

吴昌硕是一位造诣极高的诗人，他一生以诗人自许，自况“平居数长物，夫婿是诗人”[3]。他在诗歌上所投入的精力，不亚于书画、篆刻，仅题画诗就有800首以上。沈曾植评价说：“唯余亦以为翁书画奇气发于诗。”[4]吴昌硕的艺术，诗、书、画、印高度融合，自成一派，诗、画的融合，更多源于他的诗歌韵律和意境。由此，吴昌硕艺术的行迹和观念，使吴茀之认识到作诗是文人画家不可或缺的看家本领，必须高度重视。吴昌硕的艺术集“金石派”之大成，是近现代文人画的一个高峰，他十分强调书画家要具备诗、书、画、印综合的素养。吴茀之兼长诗、书、画，与缶翁的“四绝”有一脉相承之处。

吴茀之作为一位杰出的文人画家，在他的艺术生涯中，吟诗作画双管齐下，挥毫不止，苦吟不辍，他作诗的数量十分可观。根据现有的文献资料，他

〔1〕光一著：《吴昌硕题画诗笺评》，浙江人民出版社，2003年，第122页。

〔2〕朱颖人著：《名家讲学笔记》，广西美术出版社，2004年，第34页。

〔3〕吴昌硕《赠内》，[清]吴昌硕著，童音点校：《吴昌硕诗集》，华东师范大学出版社，2009年，第101页。

〔4〕光一著：《吴昌硕题画诗笺评》，浙江人民出版社，2003年，第459页。

遗留的诗和诗句就有500余首。他的诗稿大部分在战乱和“文革”中佚失了，这仅仅是其中的一部分而已。据有关专家估计，吴茀之一生作诗应有2000余首。作为一位现代的花鸟画家，吴茀之在诗歌上的造诣，在同行中堪称佼佼者，他的诗作，与诗家并论，也不逊色。

在历代画家中，吴茀之最喜好吴昌硕的诗。他对吴昌硕的诗有深入的研究，不仅能熟读默记，甚至对诗句中词语的典故、含义都有考证。吴茀之不少作品抄录吴昌硕的诗或诗句，用于补白，或以吴昌硕的诗意来作画。吴茀之创作的诗，有的诗句就是从吴昌硕的诗中引申变化而来的。吴昌硕的诗苍劲高古，旷逸纵横，对吴茀之学诗有深厚的影响。

文人画艺术综合性的表现形式，在艺术视觉上带给观众以多方位的艺术感染，并以此表达作者更深邃的情感和境界，同时也能体现一个画家综合的艺术修养。诗、书在国画作品中的表现载体是题跋，历代文人画家都长于诗文、书法，所以题跋都法书超妙，文辞典雅，喻义深刻。“石遗翁言，书画家诗向少深造者。缶庐出，造句力求奇崛，前无古人矣。”[1]吴昌硕大师以“四绝”扬名画坛，功力之深厚，无人匹敌，题跋更是与画作相得益彰，锦上添花，作品树立了诗、书、画、印高度融合的典范。吴茀之以“诗、书、画”三绝著称，他始终遵循文人画长于题跋的这一特点。吴茀之作品题跋的款式与画面的形式珠联璧合，引人入胜，题跋的文字内容升华画意，发人幽思。

吴茀之十分看重题款在画面中所发挥的作用，甚至认为题款的好坏，可影响到作品的成败。“然款甚非易事，画固因题而妙，亦有因题而败者。题与画实互为注脚，毫厘千里，不可不慎。学者欲求款题精卓得体，自须注意书法、题句、款式三事。”[2]吴茀之十分推崇吴昌硕画面的题跋：“晚近惟吴缶翁每画必加题跋，或一画数题，至多数百字，殊觉雄健古茂，附丽成观。诚以缶翁诗、书、画、金石，并皆佳妙，书画皆有金石气，以书法作画，画法作书，自然浑成一气，妙夺古人也。”[3]吴昌硕喜在画上作竖排长题，或诗或文，顶天

---

〔1〕包树棠《吴溪草堂诗钞》序，骆风编：《吴茀之诗存》，中国美术学院出版社，2020年。

〔2〕吴茀之著：《中国画理概论·画微随感录》，上海书画出版社，2010年，第102页。

〔3〕吴茀之著：《中国画理概论·画微随感录》，上海书画出版社，2010年，第102页。

立地，以助长画面的气势，吴茀之早年的一些作品即仿效这种题跋的款式。艺术实践中，吴茀之广泛地学习借鉴，深入地研究和探索，题款和印章都成了他绘画艺术中密切相关的环节之一。

关于国画的题跋，从实践到理论他都有深厚的见解和经验。吴茀之在《中国画理概论》一书中，有《题款》章节，专门论述题跋。在浙江美术学院任教时，吴茀之为学生讲授课程，编写了《题跋讲义》。在《题跋讲义》中有《各家题跋选读》章节，他列举了12条吴昌硕画作的题跋，作为学习的典范。吴茀之题跋的内容和款式内容丰富，不拘一格。吴茀之题款除自作诗外，有时抄录一些古代画家的诗句题跋，引用吴昌硕的最多。通过题跋，或遣怀抒志，或感怀时事，或阐述画论画理，既加强了画面的可读性，又提升了作品的思想性。

图二　吴茀之《红梅书灯》

图三　吴茀之《篱菊图》

吴茀之不仅在技法上学习吴昌硕的笔墨构图，更重要的是受吴昌硕艺术理念和格调气局的陶染，受益终身。吴茀之对吴昌硕画风的研习，并非是阶段性的，而是终其一生。从手摹心追，到逐步深入，从渐入佳境，到学而能化，最后门户自立。从早年的《富贵神仙》（1924年）、中年的《红梅书灯》（1946年）（图二）到晚年的《篱菊图》（1972年）（图三），皆有缶翁画风的痕迹在其中。

吴昌硕的艺术对于吴茀之来说是高山仰止的，他学而不厌。他藏有吴昌硕的多种画册，时而温故知新。画室常年挂着吴昌硕的真迹，可以日观夜赏。他题画常抄录吴昌硕的诗句，或撷取吴昌硕诗意入画。吴昌硕作为书画大师，其作品个人风格强烈，笔墨技法高超，入其门径，要有深厚的功力，破门而出，又要有非凡的魄力。吴茀之正是具备了常人所不及的功力和魄力，才能在继承吴昌硕艺术的基础上有所发展。

三、吴茀之对吴昌硕艺术的发展

吴昌硕和吴茀之所处的时代和社会环境不尽相同，虽然吴茀之的青年时代和吴昌硕的晚年时期有近5年的时间轨迹是并行的。吴昌硕主要生活在晚清和民国，吴茀之主要生活在民国和新中国成立以后。吴昌硕和吴茀之所受的教育和个人的学养不同，吴昌硕曾经拜俞樾为师，受教于传统的书院，熟读经典古籍，旧学功底深厚。吴茀之接受了新式学堂的教育，在上海美术专科学校还学习过西画，艺术视野更为开阔。二人的职业生涯也不同，吴昌硕做过幕僚、县令，晚年在上海以卖画为生。吴茀之一生从教，担任过国立艺术专科学校的教务主任和浙江美术学院的国画系主任。艺术创作不是超越时空的个体化行为，必然受到主观和客观各方面因素的影响和制约。吴茀之对吴昌硕的艺术有师承关系，更为重要和宝贵的是传承和发展的关系。吴茀之立足于时代的转变和需求，结合个人的天性和素养，在继承的基础上，凭借非凡的智慧和勤奋，通过艰辛的探索和实践，对吴昌硕的花鸟画进行拓展和创新，从而进一步弘扬和发展了吴昌硕的艺术。

1925年，吴茀之从上海美术专科学校毕业后，先后在苏州省立第一师范学校和淮安中学任教，这一时期开始研习“扬州八怪”，但是书画风格还是以追随吴昌硕为主。从他1928年印行的画册《茀之画稿》中可见一斑，画作的笔法和题跋的书法都极肖吴昌硕。1929年，吴茀之回上海美术专科学校任教时，经亨颐、潘天寿等师友对他的绘画面目过于和吴昌硕相近而提出批评，使他意识到艺术追求上的局限性，他认识到不仅要学习“扬州八怪”的技法，更要学习“扬州八怪”自立门户的独创精神。吴茀之取法多家，扩大了研习的对象，由

“扬州八怪”上溯到石涛、八大、青藤、白阳诸家，又常与潘天寿去书画收藏者家中观赏古画真迹，眼界大开，艺术境界日益提高。他参拟古人的笔法，又融入己意，逐步与吴昌硕画风拉开距离。刘海粟在回忆录中谈道：“昌硕老人对于吴茀之不为师门所囿的勇敢创新精神和成就表示欣然赞许。”[1]

经过几年的苦心学习和探索，吴茀之书画中吴昌硕的气味淡化了，开始逐渐脱离大师的藩篱，个人风貌初现端倪。白社成立以后，社友们切磋艺事，相互激励，社友们的艺术所长他都有所汲取，融会贯通，风格渐成。他的作品题材广泛，常撷取自然景物入画，构图多变，注重枝叶穿插和画面疏密对比，笔墨中苍劲蕴秀逸，不单纯是吴昌硕的金石画风了。同时，他的作品又保留了浓厚的文人画气息，题跋常用自作的题画诗句，耐人品读。抗日战争以来，吴茀之先后在云南、福建、四川任教，虽然颠沛流离，他仍矢志不渝地进行书画研究，艺术风格已趋成熟。他在技法上，已是水到渠成，游刃有余。在整体的气局上，他沿用吴昌硕的豪放雄浑，但笔路多变，不拘一格。有时将小写意的笔法融入其中，花叶的阴阳向背都刻画得较为精微，画面层次丰富，以繁见长。又常以苔点、杂草渲染画面的背景，自然气息浓厚。

新中国成立至“文革”前，是吴茀之艺术创作的高峰期，他的许多经典作品都是这一时期产生的。他的艺术观发生了改变，反映现实、为人民服务成为当务之急，他进一步深入生活，扩大题材，创作的主题更加广泛。作品呈现出热烈欢快、欣欣向荣的时代气息，总体气势更加雄阔，笔墨趋向遒劲。他大胆落墨、小心收拾的作画方式，使他的作品豪放而不失精微，每个局部都无懈可击。他擅用复笔、积色，使作品笔墨和色彩层次更加丰富。他的作品既显现出高超的技法、高雅的品位，让专家内行称首，又能准确谱写自然风物，富有生活情趣，深受普通群众喜欢，这又不是“雅俗共赏”四个字所能概括的，应该是以雅化俗、以雅破俗。

就具体的作品技法而言，吴昌硕、吴茀之两者各具千秋，各有家法。吴昌硕以古籀、《石鼓文》的线条作画，浑厚古朴，追求气势；而吴茀之以行草书入画，爽朗挺健，讲求天趣。他的学生朱颖人评价：“吴茀之先生思维

〔1〕张岳健著：《吴茀之》，湖北美术出版社，2005年，第68页。

敏捷，秉性爽快而憨直，强调天趣的自然气势，行笔从吴昌硕的慢速度转变为快速度，笔线刚中见柔，极有韧性；笔墨变化非常丰富。又不失统一的原则，为一般人所不易做到。”[1]吴昌硕喜用泼墨法，水墨横飞，墨色的枯湿、浓淡反差较大，对比强烈。吴茀之则善用破墨法，丰腴滋润，黑色层次变化极为丰富，韵味十足。吴昌硕用色艳而不俗，浓重典雅，以古厚见长。吴茀之作品的色彩，既汲取了吴昌硕、王一亭设色的许多手法，又结合了西画色彩的原理，并注重自然的感受，在色彩上有了进一步的发挥。设色融合中西，清新妍丽，以繁复取胜。在画面的布局上，吴昌硕常以左下面向右面斜上，枝叶也多取斜势，左右相互交叉，气势峥嵘。吴茀之作品的构图变化万端，取回旋怀抱之态，穿插繁而有序，对比疏密有致，气势飞扬。花鸟画题材上，吴昌硕以梅兰竹菊、牡丹、荷花、松柏、蔬果等传统题材为主，尤喜写藤蔓植物，多蕴含文人雅趣。而吴茀之的题材更加广泛，近乎无所不能，尤重写生，观察入微，妙笔生花，富生活气息。吴昌硕写花鸟重在寄物抒情，或因卖画所需多绘寓意喜庆吉祥的景物。吴茀之作画则多托物言志，或更多表现自然生机之美，极富时代气息。

吴茀之对传统花鸟画发展的贡献具体表现在以下三个方面：其一，传统笔墨和现代写生的结合。重视写生，是吴茀之花鸟画艺术创作的要点和亮点。通过写生，拓展了新的题材，表现出新的意境。尤其是撷取农作物和药材入画，最具有开拓性和艺术性，他创作了《石斛》（1955年）（图四）、《蓖麻》（1973年）等许多佳作。吴茀之提出：“笔墨要

图四　吴茀之《石斛》

〔1〕 朱颖人著：《名家讲学笔记》，广西美术出版社，2004年，第16页。

图五　吴茀之《梅花一缶春风香》

古，境界要新。”吴茀之作为传统延续型的画家，传统精神始终占据着主导地位，他以传统的笔墨营造古典的东方意韵，但不故步自封，用大量的写生为花鸟画注入新的活力，这是吴茀之对现代花鸟画发展最大的贡献。其二，文人画形式和现实主义结合。新中国成立以后，现实主义的表现形式成为文艺主导，这使许多传统的文人画家无所适从。而吴茀之却高瞻远瞩，审时度势，突破了这一困境，他在创作中摒弃了传统文人画中孤高冷寂的审美倾向。对于现实主义的事物，他不作政治的图解，而是挖掘其中的诗意，将其升华，用象征或隐喻的手法表达主题，在形式上保留了文人画诗、书、画、印结合的形式，而表现的意境和情感却具有时代气息。如《梅花一缶春风香》（1963年）（图五）题句：“蔬果熟，可代粮，梅花一缶春风香。”时值国家困难时期，他号召节约粮食，作品以岁寒清供的传统图式表现乐观主义精神。其三，大写意和小写意的结合。吴昌硕的花鸟画显然是大写意，吴茀之虽然师法吴昌硕，但是他的作品并非都是大写意，不少作品是大写意和小写意手法融会贯通的结合体，这得益于早年他对恽寿平、蒋廷锡花鸟的临习。

如《冬暖》（1959年）（图六），山茶、蜡梅、南天竹用的是大写意的没骨法，笔墨潇洒流畅，而画群鸟则是小写意的双勾法，造型准确生动。他的花鸟画作品在整体气局上具有大写意的豪放开张，而在具体形象的刻画上，则汲取了小写意精确、洒脱的笔法，笔法较收敛、细微，注重形态的生动性和画面层次的丰富性。

图六　吴茀之《冬暖》

四、结语

吴茀之一生主要的精力都倾注在花鸟画的研究和创作中，艺术上最重要的成就，也体现在写意花鸟画上。他在学习吴昌硕艺术的基础上，又广收博学，最终自立门户。正因为吴昌硕是写意花鸟画的巨匠，因此要在吴昌硕的艺术上再拓展一小步，都是难乎其难的。齐白石、潘天寿也是汲取吴昌硕花鸟画的精髓，再融汇创新，而成为国画大师的。客观地讲，吴茀之与他们比较，绘画风格确实不如他们强烈和鲜明。他是吴昌硕画风的一种渐变，在创造性上不能和他们等量齐观，但也是各有千秋。吴昌硕的艺术是他们再创造的源流，他们各得其所，各有所长，春兰秋菊，各自争妍。

吴茀之对于发展吴昌硕的艺术的重要贡献还体现在美术教育上，吴茀之终身以美术教育为职业，他的一生精力都倾注在教书育人和诗、书、画的创作上。他的教学主要是中国画以及和中国画相关的课程，他谆谆教导，循循善诱，诲人不倦，桃李鼎盛，培养了大量中国画英才。在浙江美术学院任教时，潘天寿院长提出了山水、花鸟、人物分科教学，吴茀之作为国画系主任具体规划执行，从而取得了丰硕的成果。他们和诸乐三等一批造诣深厚的国画家，恪守民族传统文化，在尊重中国画的特性和规律的基础上，融会学院的教学方式，创建了行之有效的学院中国画教学体系。他将学习吴昌硕的艺术从师徒相授的传统方式，转换为学院化的教学方式，这符合时代发展的要求，使受教面更加广泛，教师教学规范化，学生学习系统化。吴茀之是一位具有高深学识和丰富教学经验的美术教育家，在实践和理论上都成就非凡。他热爱教育事业，以实现艺术薪火的传播为己任，为中国美术教育的发展尤其是中国画的教学做出卓越的贡献。

1947年1月12日，吴茀之同潘天寿赴余杭超山谒吴昌硕先生墓，并作诗致敬。《超山谒恩师昌硕墓》云："寒梅花抱非凡骨，绝艺名留不朽身。肯让西湖林处士，超山今亦有传人。"[1]吴昌硕一生爱梅成癖，好以梅花吟诗作画直抒胸襟，吴茀之盛赞恩师技艺超群，传承林逋梅妻鹤子的古风，感慨"超山今亦有传人"。吴茀之作为吴昌硕艺术的继承者和发扬者，无愧是优秀的传人。

---

〔1〕骆风编：《吴茀之诗存》，中国美术学院出版社，2020年，第128页。

《中国书法全集·吴昌硕》考释勘误补正

陈根民

《中国书法全集•吴昌硕》（以下简称《全集》）是当代编纂的吴昌硕书法著作系列中出版时间较早、影响较大的一种，常为学者研究时借鉴引用。然而，由于多方面的原因，此书在释读与考据方面出现了各种各样的问题，有些甚至属于硬伤。这类问题主要集中在该书的“作品考释”部分，它们的存在，已经对吴昌硕的书法研究造成了一定程度的困扰。时至今日，凭借着现有的较为丰厚的研究成果（可以朱关田《吴昌硕年谱长编》为代表），特别是借助大数据时代的相对便捷的检索手段，有必要也有条件对其进行勘误澄清，以免误导后学。2024年，适逢吴昌硕180周年诞辰，笔者因不揣谫陋，谨依原书之编次，择其要者作简略辨正，以表达对这位巨擘宗师的由衷敬意。若有不当之处，尚祈读者指教。

一、勘误补正举例

编号4《怀金铁老布衣等楷书诗卷》

此卷中《坐雨与六泉山人》之首联，《全集》考释解读为：“懒散无如我，柴扉置不迥。”又于该诗释文后加“（扃）”。

实则，该诗之诗韵属于“九青部”，而“迥”字为上声，读仄声，属于“二十四迥部”，二者并不叶韵，显为吴昌硕之误书。其实，作者已然意识至此，遂在旁点去，又于诗末注以“扃”字。“扃”，窗牖也，与意正合。故《全集》之释读当作：“懒散无如我，柴扉置不（迥）。”诗后再加以“（扃）”字。

图一　编号6《赠符生仁兄诗团扇》

编号6《赠符生仁兄诗团扇》（图一）

此作落款曰："壬午秋七月，符生仁兄大人属录近作，即请敲正。仓石弟俊卿。"《全集》考释对于受书人"符生"的介绍是："'符生'，名邓奎，浙江吴兴（今湖州）人。工书法，又精篆隶、铁笔，尤善模刻。"

事实上，与吴昌硕过从尤为密切的"符生"是汪煦，江苏无锡人，为杨岘（藐翁）之女婿。官浙江，历宰黄岩、海宁诸邑。工诗词，书法亦奇兀，尽得杨岘衣钵。

吴昌硕与汪煦为同门师兄弟，二人时相酬唱、切磋技艺。查《缶庐诗》卷二有《欣园汪符生煦同游》，《缶庐诗》卷八有《挽汪符生》等多首诗歌作品，故而此处的"符生"，当以汪煦的可能性最大。

编号11《赠莲卿篆书联》

此作落款为："莲卿仁兄大人索篆，集石鼓十二字应之。乙酉七月杪。昌石吴俊。"《全集》考释据俞剑华《中国美术家辞典》查得清代浙江海宁女画家朱淑均，字莲卿。且又未作确定，谓："是否同一莲卿，待考。"此作上款既然称对方为"莲卿仁兄大人"，则其必然非男士莫属。然究为何人，尚须再考。

编号13《为咏韶楷书赠友诗札》

此作落款为："咏韶老友属题令祖六琴先生《江曲书庄图》，即求是正。丁亥六月二十有四日雨窗，仓石吴俊。"《全集》考释谓："'咏韶'，何人不详，待考。"

此诗收入《缶庐诗》卷二，题目作《沈六琴先生〈江曲书庄图〉，文孙咏韶廷镛索题》。"六琴先生"为沈懋德（1787—1853），曾筑江曲书庄，延聘鸿儒课子授经，书庄内庋藏大量珍贵古籍善本。沈懋德本人致力于续辑刊刻历代遗书，并校勘《昭代丛书》《国朝文征》等文献。

此处“咏韶”即为沈廷镛。沈廷镛（1862—1920），字咏韶，别号屋庐，江苏吴江（今属苏州）人，出自周庄雪巷沈氏世家。他克绍家学，嗜古好藏，亦精鉴赏，工诗文楷法，然科场失意。宣统年间，曾入两江总督幕，后出任地方总务秘书。1914年归里，遂专志乡务，潜心文史。不过据记载，沈咏韶为沈懋德之重孙，非如吴昌硕所谓的“文孙”。

除了此件题画诗外，吴昌硕还为沈廷镛创作其他书法作品。查朱关田《吴昌硕年谱长编》可知，光绪二十九年（1903）甲辰八月，吴氏为沈氏题《秦公花钟拓片》，落款曰：“咏韶旧雨以为然否？甲辰八月，吴俊卿昌硕客沪。”[1]

吴昌硕的此件题画诗，近几年亦见诸国内拍卖市场，例如西泠印社拍卖有限公司2013年春季拍卖会[2]、中国嘉德2019年春季拍卖会[3]等。

至于清人所绘《江曲书庄图》，在国内外拍卖市场亦时有出现。例如：（1）吴谷祥《江曲书庄图》[4]；（2）王学浩、程庭鹭、蒋宝龄、沈荣等分别于庚寅（1830）、辛卯（1831）作《江曲书庄图》卷[5]；（3）陶琳乙酉（1885）作《江曲书庄图》[6]；（4）顾沄、戴以恒、吕养泉等分别于庚寅（1830）、乙未（1835）作《江曲书庄图》卷[7]，等等。不确定吴昌硕所题之画为何种，姑系于此。

编号15《赠冷香楷书联》

此作款曰：“冷香先生属句，即蕲正腕。时丁亥十一月，苦铁吴俊。”《全集》考释谓：“‘冷香’，何人不详，待考。”

---

〔1〕朱关田编著：《吴昌硕年谱长编》，浙江古籍出版社，2014年，第209页。

〔2〕西泠印社拍卖有限公司2013年春季拍卖会“吴昌硕家属及亲友藏中国书画作品专场”，第1824号拍品。

〔3〕中国嘉德2019年春季拍卖会“中国近现代书画”，第1063号拍品。

〔4〕浙江一通2002秋季中国书画拍卖会，第0250号拍品。

〔5〕中国嘉德2011年秋季拍卖会“悦目——中国古代书画”，第0698号拍品。

〔6〕北京亨申2014年秋季艺术品拍卖会，第1117号拍品。

〔7〕苏富比2020年春季拍卖会，第2819号拍品。

此联中的“冷香”即金彬。金彬（1841—1909），字心兰，号冷香，又号瞎牛，一号瞎牛庵主，自署冷香馆主人。江苏吴江（今属苏州）人，为海派著名画家。参见《全集》“编号35”《登虎丘等二首卷》之考释。

编号28《山海关南旋札》（图二）

关于此作，《全集》考释谓：“此信札既无款署，又无印章……但信札所缺首尾，故又难知此信札寄予何人。”

实则，此札之后半部分并未残缺，其承接上半部分曰：“……中日战事，并有新诗就正有道也。此请六泉先生道安。后学俊卿顿首，廿九日。”[1]

札内所谓“六泉先生”，即朱正初（1831—1903），字旭楼，安吉县南北庄尺五村人。因家附近有六泉山，号六泉山人。同治五年（1866）举人，著《山居杂咏》。朱正初曾受邀住在芜园，成为吴昌硕早年学诗的老师之一，写有《芜园记》。就吴昌硕而言，《缶庐诗》收有《答六泉山人朱正初》。光绪六年（1880）正月，吴昌硕从苏州回安吉芜园，作有《东郊散步偶书》和朱正初一首。《全集》“编号4”《怀金铁老布衣等楷书诗卷》内即包括《坐雨与六泉山人》一首。

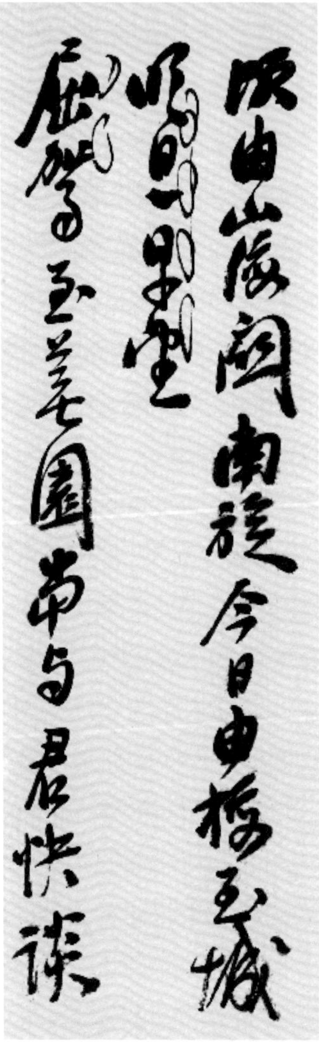

图二　编号28《山海关南旋札》

此札言及“由山海关南旋”，又曰“当与君快谈中日战事”，则必作于光绪二十年（1894）甲午，《全集》考释之断代无误。

编号37《为子惠书石鼓四屏》

此作落款为：“子惠仁兄大人以十万杵嘉墨一丸持赠，舟窗试之，即求教正。时庚子春王正月，安吉吴俊卿。”《全集》考释依据俞剑华《中国美术家

〔1〕王冬梅主编：《历代名家书法经典：吴昌硕》，中国书店，2013年，第76页。

辞典》查得清代字“子惠”者有济南杨恩祺、苏州赵昭等，并“根据地理环境分析，赵昭可能性较大”，且谓：“以上推论是否合理，有待进一步考证。”

笔者以为，济南杨恩祺（与兄弟杨致祺、杨祐祺并称为“历下三才子”）属于嘉庆、道光之际的人物，应该与吴昌硕无任何交集。而苏州赵昭作为女性，也当可以排除在外。如同“编号11”作品，此作之上款既然称对方为“子惠仁兄大人”，则其亦必为男性。然究为何人，容当再考。

编号38《为思隐轩主人篆书轴》

《全集》将此作落款中的“皋文先生篆书得力于猎碣……继其美者，唯山子、让翁、郘亭、濠叟而已”断句成“皋文先生篆书得力于猎碣……继其美者，唯山子让翁、郘亭、濠叟而已”，以致解读曰：“吴昌硕评价了皋文先生的篆书能虚实兼到，而继者唯让翁、郘亭、濠叟三人。”实际上，应该将“山子”包括在内，共涉及四位清代精通篆书的书法名家。

“山子”，即吴育（生卒年不详），江苏吴江（今属苏州）人。与包世臣、李兆洛交往，能文，工书，尤工篆书，其书法理论多为包世臣汲取。著有《私艾斋文集》。

编号53《致须曼诗五札》

此作凡五札，落款分别为：“须曼亲家星使见惠大著，依均和成，幸指正。庚戌春初，俊卿草稿。”“须曼先生教正。弟俊卿初草。”“昌硕草草。”“须翁正之。缶弟录稿。”“须曼翁吟坛。吴俊卿初草。”

《全集》对此考释谓：“须曼为何人，待考……从本诗稿第四及‘须曼’一印的款跋中似可知须曼又有大夷、诚之别号……须曼很可能是一位居于金陵的外交方面的官吏或从事其他外交事务。”

此处“须曼”为杨兆鋆。杨兆鋆(1854—？)，字诚之，号须圃、须曼居士等，浙江吴兴(今属湖州)人。曾随许景澄公使出洋。归国后，担任金陵同文馆教习、江南储材学堂督办、出使比利时钦差大臣。精通书法和算术，撰有《杨须圃出使奏议》《须曼精庐算学》等。

吴昌硕曾为杨兆鋆作“须圃”篆书匾额，题曰：“须曼先生于屋后辟小圃，名之曰‘须’。乐樊夫子之所学耶？亦英雄韬晦之时耶？属篆是额，爰动此问。癸丑三月十日，吴昌硕。”杨氏本人跋曰：“宅后隙地七亩，缭以短垣，植花果数百本，余地种蔬，池中养鱼，亦齐民治生一术也。命曰‘须圃’，倩缶庐题以旌之。须曼居士。”[1]其他如吴昌硕书赠杨兆鋆的《篆书“仲子坡翁”十言联》[2]以及《致须曼亲家四哥大人札》[3]等，从一个方面，可窥见双方亲眷情谊之挚。

此外，《全集》所谓“大夷”实为“太夷”，为郑孝胥之别号，“海藏楼”为其书室名。

编号66《为醉愚书三首轴》

此作落款为：“醉愚老兄吟长索录近作，幸正。吴昌硕。”《全集》考释谓：“‘醉愚’，何人不详。然可知吴氏与‘醉愚老兄吟长’交往和诗酒酬唱较多……‘醉愚老兄吟长’可能是与吴昌硕有共同经历的老友，故能放怀妓酒以忆壮年之志。”

此处“醉愚”为沈焜。沈焜（1871—1938），字醉愚，浙江石门（今属嘉兴）人，著有《一浮沤斋诗选》。民国时期，与同镇著名实业家周庆云（梦坡）、诗人刘翰怡（承幹）等共同发起成立淞滨吟社。参加该社的有吴昌硕、况周颐、潘飞声、喻长霖、赵叔孺、缪荃孙、夏剑丞等名流。该社《淞滨吟社集》第十九集即收有吴昌硕、沈焜等十四人的诗稿墨迹。

吴昌硕与沈焜多有酬唱之作。查《缶庐集》卷四收有《答沈醉愚》，此诗涉及时局，显得孤郁顿挫。民国十三年（1924），吴昌硕作《兵警》诗和沈焜，诗中痛斥国内频年军阀混战，对外忍辱屈膝，写得愤慨之至（见《缶庐集》卷五）。民国十五年（1926），沈焜过吴氏小楼，二人同赋长古一首（同前），等等。

书法方面，吴昌硕在致丁乃昌（啸云）的手札中不忘提及沈焜，札曰：“昨沈醉愚兄归自泰山，得诗数十首，神味气魄迥异平素。吁！远游亦诗之助

---

〔1〕横滨国际2012春季拍卖会“珍品荟萃”，第1269号拍品；一见华艺国际2016秋季拍卖会“巨匠——三石两鸿一大千作品集珍”，第0209号拍品。

〔2〕中国嘉德2018秋季拍卖会“大观——中国书画珍品之夜·近现代专场”，第0319号拍品。

〔3〕中国嘉德香港2023春季拍卖会“观想——中国书画四海集珍”，第121号、第122号拍品。

也。”[1]又《吴昌硕作品集•续编》之《行书诗册之一》收有《致沈醉愚五律诗页》，但未具年款。[2]另外，浙江省博物馆藏有吴昌硕为沈醉愚书行书七言联：“多事今年废诗酒，为君满意说江湖。”款曰：“醉愚老兄正，集涪翁句。时壬戌长夏。缶弟吴昌硕，年七十九。”[3]由此可见，吴、沈二人关系极为密切。

编号81《赠陶庵自书诗轴》

此作落款为：“陶庵先生属录近作。戊午冬，吴昌硕。”《全集》考释谓：“‘陶庵’，何人不详。”又从俞剑华《中国美术家人名辞典》查得三位字“陶庵”者，且云：“此三者何人即是，有待进一步考证。”

朱关田《吴昌硕年谱长编》称此作为《为西园寺公望行书自作诗轴》。此外，该书又将吴昌硕《临石鼓四条屏》（款曰：“陶庵先生正腕。戊午初春。吴昌硕，时年七十五。”）确定为吴昌硕为西园寺公望所临。[4]笔者以为颇为合理，兹从其说。

西园寺公望（1849—1940），原姓德大寺，幼名美丸，号陶庵、竹轩，别号无量寿佛，是近代日本政治家、教育家，善书法。为伊藤博文门生，历任枢密院议长、政友会总裁、首相等职。

查吴昌硕为西园寺公望所作之书画篆刻数量颇多，如：（1）《好朴安乐》大篆横幅，款识：“陶庵先生属书，为炙研篆之，时丁巳大雪，客海上，七十四叟吴昌硕。”（2）行草书轴，落款为：“六三园和笙伯。陶庵先生正之。戊午岁寒，吴昌硕年七十有五。”（3）“无量寿佛”“公望之印”，是吴昌硕己未（1919）初春所刻，堪称精品。（4）篆书《猎碣文立轴》，吴昌硕于乙丑（1925）秋杪所作，等等。

编号84《为仲可题衔杯春笑图诗札》

此作落款为：“衔杯春笑图，为仲可先生题，幸指正。己未春仲，吴昌硕初稿。时年七十六。”《全集》考释谓：“仲可何人，不详。”

---

〔1〕北京市文物公司主办：《收藏家》，2004年第5期。
〔2〕王辛大编：《吴昌硕作品集·续编》，西泠印社，1994年，第172页。
〔3〕苏士澍主编：《书法丛刊》，1994年第2期，第56页。
〔4〕朱关田编著：《吴昌硕年谱长编》，浙江古籍出版社，2014年，第487页。

此款中的“仲可”为徐珂。徐珂（1869—1928），原名昌，字仲可，浙江杭县（今属杭州）人。光绪举人，曾参加南社，后任商务印书馆编辑。1901年在上海担任《外交报》编辑。编有《清稗类钞》《古今词选集评》等。吴昌硕所题《衔杯春笑图》之画者不知为谁，画作似未见传世。

有关徐珂，参见下文“编号148”作品考。

编号85《为河井临秦量铭》（图三）

《全集》将此作之落款释读为：“秦量旧拓，购自虞山市肆。钤有赵氏金石小印，知是赵非（悲）昔清阏之品。后幅徐籀庄明经赋七古一篇，颇跌宕有丰致。籀庄不以诗鸣，而笔下渊穆如此，此古人之所以不易及也。”又考释道：“赵非、徐籀庄不详，待考。”

实际上，《全集》把“赵非昔”释读为“赵非（悲）昔”，已然犯了一个不小的错误。赵非昔即赵宗建。赵宗建（1824—1900），字次侯、次公、次山，别号非昔居士，江苏常熟人。富藏书画，尤多古籍，为清代著名藏书家，有旧山楼藏书楼。

至于“徐籀庄”，即徐同柏，也是清代著名金石学家。徐同柏(1775—约1860)，原名大椿，字籀庄，浙江嘉兴人。得其舅张廷济之指授，精研六书、篆籀，多识古文奇字。张廷济所用印，多出其手，得古器，必与之考证。著有《从古堂款识学》《从古堂吟稿》等。

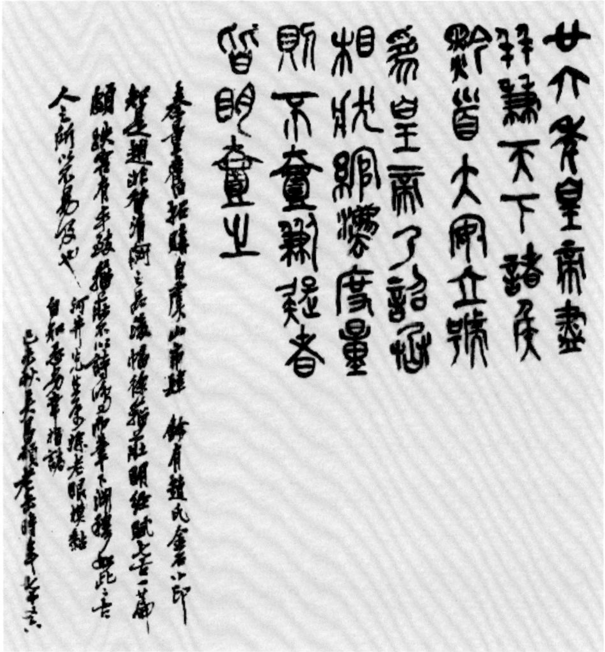

图三　编号85《为河井临秦量铭》

编号86《为松窗自书诗三首卷》

此作落款为：“松窗先生属书，录近作，请指正。己未秋仲，吴昌硕年七十有六。”《全集》考释谓："松窗为何人，不详，待考。"

此处"松窗"为褚德彝。褚德彝（1871—1942），原名德仪，因避溥仪讳，改德彝，字松窗、守隅等，号礼堂，又作里堂，浙江余杭人。近代篆刻家，著有《金石学续录》《竹人录续》等。吴昌硕曾作《褚礼堂〈松窗释篆图〉》，并屡书以馈人。

编号94《为乐安集石鼓文联》

此作落款为："乐安先生密均楼落成，得纵观所藏书画，因出佳纸索篆，壁间先有太夷鱼占二联在，率尔效颦知无当，大雅一噱也。辛酉长夏集石鼓字。吴昌硕时年七十八。"显然，此处"壁间先有太夷鱼占二联在，率尔效颦知无当，大雅一噱也"一句断句有误，当作："壁间先有太夷、鱼占二联在，率尔效颦，知无当大雅一噱也。"

此联中的"太夷、鱼占"分别为郑孝胥与高时丰。郑孝胥（1860—1938），字苏戡，一字太夷，号海藏，福建闽侯（今属福州）人，出生于苏州胥门。中国近现代诗人、诗学家、书法家。高存道（1876—1960），原名维年，名时丰，字鱼占，号苇亭，别署高丰、高伯子、存道居士等。与弟高时显、高时敬、高时衮、高时敷等齐名，世居杭州双陈巷。

《全集》考释谓："'乐安'何人不详，见款署可知是一位书画收藏家。"实际上，此人为著名收藏家蒋汝藻。蒋汝藻（1877—1954），字孟苹，号乐庵，浙江南浔人。光绪二十九年（1903)举人。曾任学部总务司郎中。参加辛亥革命，曾任浙江军政府首任盐政局长等职，后专习实业。著有《说文解字校勘记》《求是斋杂著》《水经注碑目考》等。

蒋家是吴兴藏书世家，有传书楼、密韵楼等著名藏书楼，其中密韵楼与陆心源皕宋楼、刘承幹嘉业堂、张钧衡适园，并称为吴兴四大藏书楼。蒋汝藻曾以高价觅得宋孤本周密《草窗韵语》，即以此书名额其书斋，名曰"密韵楼"（或作"密均楼"，"均"通"韵"）。吴昌硕有《密韵楼为将大乐盦。乐盦得周草窗〈韵语〉，以榜其居》[1]，借此诗题，可为此《石鼓文联》下一注脚。

〔1〕[清]吴昌硕著：《吴昌硕诗集·〈缶庐诗〉增辑诗作篇目》，漓江出版社，2012年，第259页。

编号100《为凤林寺书联》

此作落款为："壬戌季春凤林寺讽经书此补壁，安吉吴昌硕年七十九。"《全集》考释援引《名胜志》得出结论曰："凤林寺，在湖北襄阳县东南。"

笔者并不认同《全集》有关"凤林寺，在湖北襄阳县东南"的说法，认为很可能是吴昌硕为杭州凤林寺所作的楹联，且下联"治聋湖变酒"中的"湖"，也当指杭州西湖。查《缶庐诗》卷四有《凤林寺诵经，为先中宪公百岁冥寿，时辛酉二月六日》，诗曰："暮齿人呼古老莱，彩衣翔舞隔尘埃。儿孙福剩由天赐，金石诚难为我开。门假月推援岛入，龛闻佛笑后坡来。香南研北持无偈，闲看蜗牛篆碧苔。"据说吴昌硕来杭州时，常下榻于凤林寺。

据《咸淳临安志》记载，凤林寺初名定业院。唐长庆初，道林禅师在定业院修行居住四十年。此僧常年居住在松树上，与喜鹊窝为伴，四十年未曾下山，被称为鸟窠禅师。白居易任杭州刺史时期，常与鸟窠禅师往来，有对答录。上海博物馆藏梁楷《八高僧故事图卷》即包括此事，名曰《白居易拱谒•鸟窠指说》。

晚清民国时，西湖周边各寺庙的钟声此起彼伏，但数凤林寺之钟声最为洪亮。直到今天，位于葛岭半山腰的石亭石柱上犹保存有民国年间之楹联，曰："明月倒涵鱼港棹，晓霜背听凤林钟。"下联所言，可谓当时纪实。凤林寺后被毁，今为杭州香格里拉饭店。

编号106《为夔笙书玉壶山人联》

此作落款为："玉壶山人有此联。夔笙先生憙其语，属为书之，幸教我。时癸亥秋仲。安吉吴昌硕年八十。"《全集》考释谓："'夔笙'，何人不详。"

此处"夔笙"为况周颐，近代著名词人。况周颐（1859—1926），原名况周仪，字夔笙，一字揆孙，晚号蕙风词隐，广西临桂（今属桂林）人。光绪五年（1879）举人，曾官内阁中书。戊戌后，入张之洞幕府，继而掌教常州龙城书院，讲学南京师范学堂，受聘端方幕中，整理金石文字。民国年间，寓居上海。著有《蕙风词》《蕙风词话》等。

编号111《为南湖隶书联》

此作落款为："南湖先生大雅之属，为集杜句应之。时甲子夏五月，安吉吴昌硕年八十一。"《全集》考释将此"南湖"归为张晋福（？—1932），字受夫，号南湖，浙江嘉兴人。然朱关田《吴昌硕年谱长编》以为是“廉泉”，兹从其说。

廉泉（1868—1931），字惠卿（一作惠清），号南湖，又号岫云、小万柳居士。江苏金匮（今属无锡）人。清举人，曾参与“公车上书”。1896年，任户部主事，翌年升户部郎中。1904年冬，辞职南归，移居上海，造别墅小万柳堂。四年后，又在西湖苏堤第一桥筑另一小万柳堂。1906年，在上海创办文明书局，编印出版新式教科书、文艺译著等。精诗文，善书法，嗜书画、金石。妻吴芝瑛，擅长书法，与秋瑾交好。

编号112《为醉吟隶书联》

此作释文为：“村里谢安石，家中白侍郎。大至既重修王庵，戏集石曼卿自嘲语及山谷词为屏帖。江左夷吾乃甘寂寞，宜其与醉吟先生同为趣也。安吉吴昌硕年八十一。”关于撰写此联之背景，吴昌硕已然在边款中作了概述，然而《全集》之编者貌似视而不见。

此联所称“大至”，即诸宗元。诸宗元（1875—1932），字贞壮，一字真（贞）长，别署迦持，晚号大至，浙江绍兴人。光绪二十九年（1903）举人，官直隶知州、湖北黄州知府等。著《大至阁诗稿》《箧书别录》《中国书学浅说》等。吴昌硕与诸宗元唱和之诗作极夥。

诸宗元晚年居于杭州，曾主持重修“王庵”，并作《王庵种花树诗》（并序）、《王庵杂诗》等。“王庵”位于城北湖墅西马塍，原为清中叶诗人王昙故宅（据说南宋时曾是著名词人姜夔故居）。王昙（1760—1817），又名良士，字仲瞿，浙江秀水（今属嘉兴）人。乾隆五十九年（1794）举人，会试不第，终身布衣，晚年移居杭州、苏州等地。著《烟霞万古楼文集》，以诗名闻天下，时人将其诗与常州黄仲则诗合刻，题曰“乾隆二仲”。王昙继妻金礼嬴（1772—1807），字五云，善诗画，浙江省博物馆藏有其绘画《观音像轴》。

此联之上联“村里谢安石”出自黄庭坚《醉落魄》之下阕：“邯郸一枕谁忧乐，新诗新事因闲适。东山小妓携丝竹，家里乐天，村里谢安石。”下联出自石延年（曼卿）的《自嘲诗》：“村里黄幡绰，家中白侍郎。”至于边款中的“江左夷吾”指谢安，“醉吟先生”为白居易晚年别号，分别对应上、下联内容。

本年，吴昌硕复为诸宗元行书王昙自撰之十四言联："室中有碧水丹山，妻太聪明夫太怪；门外尽青磷白骨，人何寥落鬼何多。秀水王仲瞿先生昔居西马塍，今其地为王庵。大至重为修葺，并祠先生于龛，遂为书先生旧撰之联贻之。安吉吴昌硕，时年八十一。"[1]可与此隶书联比观。

另外，《全集》拟此题目，殊为不伦不类，非作者之本意，当改作《为诸宗元重修王庵隶书联》。

编号113《为彊公自书诗二首卷》

此作收入《聋我》《彊公示近作，依韵》等诗作，落款为："醉侯诗人正之。老缶录近作，年八十一。"《全集》仅仅介绍朱祖谋及其与吴昌硕的关系，而对"醉侯"其人避而不谈，实在有失偏颇。

许醉侯（1898—1929），原名许祖荫，小名锡曾，祖籍浙江，后迁上海浦东之周浦。毕业于上海南洋公学。自幼酷爱国学，为王一亭入室弟子，和刘海粟等共办上海美术专科学校，主教诗书画，惜早逝。

《全集》拟此题目，亦属不伦不类，洵非作者之原意，当改作《为许醉侯自书诗二首卷》。

编号115《为六阳道人自书诗轴》

此作落款为："病中得小诗，书赠六阳道人一笑。乙丑秋杪，安吉吴昌硕年八十二。"《全集》考释谓："'六阳道人'，何人不详，待考……诗中云'同坐青城'，青城即四川青城山，乃道教祖师张道陵成道之所。依此意吴昌硕亦去过青城，无考。"

此处"六阳道人"为丁愚。丁愚（约1877—1958），号六阳道人，四川华阳（今属成都）人。工画，尤擅山水。曾寄寓上海，与张大千兄弟往来，参加海上题襟馆金石书画会，为"寒之友社"成员之一。据《申报》登载，他曾在上海的宁波同乡会举办个人画展，引起较大反响。后归四川，出家于二仙庵。

至于《全集》考释所谓"吴昌硕亦去过青城"之论，当属曲解作者之本意，以现有的文献资料来看，不足以支撑这一论点。

---

〔1〕[清]吴昌硕著：《吴昌硕诗集·〈缶庐诗〉增辑诗作篇目》，漓江出版社，2012年，第259页。

编号117《为拙巢六十寿诗轴》

此作落款为："丙寅春，吴昌硕年八十三。"《全集》考释谓："'拙巢'，何人不详……诗未刊吴昌硕《缶庐集》，今录以补佚。"

此处"拙巢"为曹家达。曹家达（1866—1938），字颖甫、尹甫，号鹏南，别号拙巢老人，江苏江阴（今属无锡代管）人。光绪二十一年（1895）中举人，后入南菁书院研究经书、诗文。他是一代名医，曾深入研究《伤寒论》《金匮要略》。抗战全面爆发后，返江阴，拒绝出任维持会会长，惨遭日军戕害，被列入江阴忠义祠。著有《梅花诗集》《气听斋骈文拾零》等。

曹家达与吴昌硕颇多诗歌唱和，曾作《和吴昌硕见赠》《吴昌硕于三月八日嫁孙女，诗以贺之》《和安吉吴昌硕咏赵文敏书〈圆觉了义经〉付中峰和尚忏悔管夫人四首》等诗歌。

吴昌硕此诗收入《吴昌硕诗集·〈缶庐诗〉增辑诗作篇目》，题作《答拙巢》，文字多有差异，如首联"逋""愁抱"，诗集作"亡""凄绝"；颈联"谭瀛杯变海，颂寿发胜簪"，诗集作"孤舟吟故故，老学负沉沉"；尾联"三乐侪荣启，摊书当抚琴"，诗集作"慨慷歌酾酒，家风羡不禁"；等等。此外，《吴昌硕诗集·〈缶庐诗〉增辑诗作篇目》收《和曹拙巢》，其中"拙巢诗笔高云霄，一篇持赠游消摇"一联颇见推重之意。另据朱关田《吴昌硕年谱长编》载，同一年（丙寅）仲秋，吴昌硕复为曹家达篆书"曹颖甫卖诗行医"。[1]

编号125《自书赠田父一首诗札》

此作属于《全集》有纪年作品的压台之作。该书对此诗札的考释是：

> 赠田父《魏塘田家》诗稿曾刊于文物出版社《书法丛刊》一九九四年第二期，并注为《吴昌硕临终前诗稿》。吴昌硕逝世于一九二七年十一月二十九日（农历十一月初六）。据此，诗稿约书于是年十一月。遗憾的是，《书法丛刊》未署此诗稿收藏者，而我们在

〔1〕诚轩2005年秋季拍卖会·中国书画（一），第737号拍品。转引自朱关田编著《吴昌硕年谱长编》，浙江古籍出版社，2014年，第777页。

搜集整理中却发现相同的两幅诗稿。其中一幅为诸涵先生所藏。对照两幅诗稿，无论从字形结构，还是从整体布局均无异样。然从运笔的速度及墨色的韵味来看，无疑是诸涵先生所藏诗稿为原作，而《书法丛刊》所登诗稿是伪作，因此，这里所选用的是诸函先生所藏的诗稿……另，《缶庐集》及《别集》均未见载，魏塘在何处，待考。

对于上述文字，笔者一方面肯定其鉴定意见，认定《书法丛刊》所印为临本，《全集》所收诸涵旧藏本为真迹；另一方面，又对其中的某些观点与结论持有异议，故特作补充、辨正如下：

（1）《书法丛刊》将此诗稿径直标注为《吴昌硕临终前诗稿》，但未加任何说明，显得颇为主观，缺乏有效凭据。而《全集》仅据《书法丛刊》的一家之言，就以吴昌硕逝世日为限，直接断定诗稿之创作时间，且作为吴昌硕“绝笔”列入《全集》之《吴昌硕年表》，实难令人信服。

（2）《魏塘田家夜饮赠田父》收入《缶庐诗》卷四，非如《全集》考释所谓“《缶庐集》及《别集》均未见载”。

（3）吴昌硕完成此诗后，还得到了其他诗人如潘喜陶的唱和。潘氏次韵诗为《虎阜漫游草，和吴仓石田家元韵》，诗曰：“糯稻新春集友朋，浮浮香气却初蒸。嘉宾戾止开新酿，父老行来只杖藤。一角槿篱筛破月，半张芦箔漏残灯。田园风味无穷好，东作纷纷取次兴。”[1]潘喜陶（1823—1900），字芝畦，号燕池，浙江海宁硖石人，曾在浙江安吉、永康等地担任教职。潘题中所谓“吴仓石田家”，即吴昌硕《魏塘田家夜饮赠田父》。潘喜陶卒于1900年，则其和诗自然不可能迟于该年。《吴昌硕年谱长编》甚至直接认定该诗亦为潘喜陶光绪十六年（1890）所作，在笔者看来，此说基本可信。

（4）此诗札末尾附有“草”字，证明属于未定稿，当为此诗创作后不久所书。

（5）传世吴昌硕书作中固然多有晚年书录旧作者，然从此诗札之书法来

〔1〕[清]潘喜陶著：《梅花庵诗集》卷四。转引自朱关田编著《吴昌硕年谱长编》，浙江古籍出版社，2014年，第100页。

判断，显非晚年手笔，尤其与其逝世年（丁卯，84岁）之所书相去甚远。

（6）《书法丛刊》虽未署明此诗稿之藏者，但该期为浙江省博物馆专号，故当属该馆藏品。

（7）魏塘位于浙江省嘉兴市嘉善县，为江南地区著名古镇。

编号129《寄长公诗札》

此作落款为：“长公教我。俊卿初稿。”《全集》考释谓：“‘长公’，何人不详，待考。”

此处“长公”即为诸宗元，参见本文“编号112”作品考。《缶庐诗》中《寄长公》《答贞壮》均为其作。另外，从现存吴昌硕致诸宗元手札来看，诸氏曾为吴老代笔为文。

编号131《寄子贞诗札》

此作落款为：“子贞先生教正。弟俊顿首。”《全集》考释谓：“此诗稿据款署可见吴昌硕对‘子贞’是很敬重的，并从诗文中可知‘子贞’是一位精于篆隶及古文字的长者。”又据《中国美术家人名辞典》查得清张镠字“子贞”，并进一步补充道：“此人是否即是吴昌硕所指‘子贞’，有待进一步考证。”

可以确定的是，此处之“子贞”绝不可能为张镠。查张镠之卒年为清道光元年（1821），换言之，吴昌硕要迟于他二十多年后才出世，故而根本不存在交集之可能性。除了张镠，清代的何绍基（书家）、汪君正（画家）等，均字子贞。当今有学者认为此“子贞，很有可能就是姚福同（生卒不详），又作子真，嘉兴人，为沪上著名实业家，善书画，富收藏。他曾与吴昌硕、刘承幹（1882—1963）、蒋汝藻（1877—1954）、沈宝昌（生卒不详）、姚煜（？—1923年）、张钧衡（1872—1927）等人一起参与购赎《汉三老碑》之事”[1]。不过，此说亦仅限于推测，缺少更有力的证据。

笔者以为此“子贞”当为蒋学坚。蒋学坚（1845—1934），字子贞，号铁云、怀亭，晚号石南老人，浙江海宁硖石镇人。光绪十二年（1886）贡生，曾任海宁县训导。家有“平仲园”藏书楼，世代有藏书之风，其精通目录学，编

〔1〕梅松《吴昌硕的古砖收藏》，《荣宝斋》，2018年第1期，第196—203页。

撰有《平仲园书目》。

蒋学坚与吴昌硕交往甚密，《蒋学坚集》中有《赠吴昌硕俊卿》[1]《访吴昌硕》[2]《题仓石画扇》[3]《谢昌硕招饮》[4]《又谢仓硕画》[5]《柬仓硕》[6]等诗作，均可作为佐证。

查朱关田《吴昌硕年谱长编》可知，清宣统三年（1911），吴昌硕为葛昌楹作行书《〈东麓访砖图〉，为蒋大子贞》《偶作》等，落款曰："辛亥二月，录近作。书征先生方家两正。安吉吴俊卿。"[7]此处既然明言"近作"，则可以据此推定《全集》所刊《寄子贞诗札》必当创作于宣统三年（1911）辛亥前后，吴昌硕68岁左右。与《全集》考释所谓"此札款署'俊卿'，吴昌硕六十九岁后以字行，此札当在此前"不谋而合。又查吴长邺著《我的祖父吴昌硕•年谱简编》"宣统三年辛亥（1911）"条亦曰："本年所作诗尚有为蒋子贞题《东麓访砖图》……等。"[8]此说甚是。

《蒋学坚集•怀亭诗须录卷四》收入蒋学坚《自题〈东麓访砖图〉》六首。其中第三首有"八砖数倘逾花馆，好傲梅溪冯翰林"一联，且自注曰："柳东太史藏有八砖，颜其室曰'八砖花馆'。"[9]大有与前辈一较高下之意。至于诗中所谓"梅溪冯翰林""柳东太史"，指冯登府（1783—1841），浙江嘉兴人，书斋名"八砖吟花馆"，著有《金屑录》《石余录》《石经考异》《浙江砖录》等金石著作。吴昌硕此诗札"八砖谈往事，千甓倚斜曛"中的"八砖"当就冯登府而言，"千甓"则指陆心源。

诗题所云"东麓"，究在何处？吴昌硕诗中未作说明，但笔者初步认定此山当位于浙江海宁。检《蒋学坚集》所收之《永宁元年砖歌》自序曰：

〔1〕[清]蒋学坚著，蒋通、杨焄点校：《蒋学坚集》，浙江古籍出版社，2022年，第255页。

〔2〕[清]蒋学坚著，蒋通、杨焄点校：《蒋学坚集》，浙江古籍出版社，2022年，第360页。

〔3〕[清]蒋学坚著，蒋通、杨焄点校：《蒋学坚集》，浙江古籍出版社，2022年，第363页。

〔4〕[清]蒋学坚著，蒋通、杨焄点校：《蒋学坚集》，浙江古籍出版社，2022年，第364页。

〔5〕[清]蒋学坚著，蒋通、杨焄点校：《蒋学坚集》，浙江古籍出版社，2022年，第366页。

〔6〕[清]蒋学坚著，蒋通、杨焄点校：《蒋学坚集》，浙江古籍出版社，2022年，第369页。

〔7〕朱关田编著：《吴昌硕年谱长编》，浙江古籍出版社，2014年，第275页。

〔8〕吴长邺著：《我的祖父吴昌硕·年谱简编》，上海书店出版社，1997年，第307页。

〔9〕[清]蒋学坚著，蒋通、杨焄点校：《蒋学坚集》，浙江古籍出版社，2022年，第325页。

“东山碧云寺下，土人发古冢，砖多有文。余访得一方……爰制小砚，并纪以歌。”[1]另有诗题曰《又于梅里得宝应砖，“宝”作“宝”，与东麓所得同。“应”字半泐，赋此题之》[2]。据此可以认定，东麓，即指东山之麓。东山位于浙江省海宁市硖石街道，高88.9米，又名沈山、审山，与西山隔水对峙。据史料记载，此处有不少名胜古迹，如碧云寺、智标塔、顾况读书台、刘长卿读书台、秦皇磨剑石、葛洪炼丹井等。

蒋学坚亦擅长绘画，其所作诗凡作“自题某画”者，皆为自作画、自题诗。如《题蓉初〈紫来阁勘书图〉》之“余思勘经苦窭贫”下自注曰：“余曾绘《竹屋勘经图》。”[3]据此可为证明。因而，关于吴昌硕之诗，笔者的看法是，无论是题作《东麓访砖图》抑或是题作《东麓寻砖图》，大概仅为蒋画题诗而已。

编号136《赠伯庸篆书联》

此作落款为：“伯庸仁兄属篆。安吉吴俊卿。”《全集》考释谓：“‘伯庸’，何人不详。”

朱关田《吴昌硕年谱长编》谓“伯庸”为李铭训，字伯雄、伯庸，江苏金山（今属上海）人。[4]兹姑从其说。

编号143《为绘青五十双寿诗笺》（图四）

此作落款为：“绘青五十双寿。聋。”《全集》考释谓：“‘绘青’何人不详，待考。据诗文内容来看，绘青似为湖州人氏，并居湖。”

此处“绘青”为王立三。王立三（1875—1951），原名燧莹，字绘青，浙江孝丰缫舍（今

图四　编号143《为绘青五十双寿诗笺》

〔1〕[清]蒋学坚著，蒋通、杨焄点校：《蒋学坚集》，浙江古籍出版社，2022年，第316—317页。
〔2〕[清]蒋学坚著，蒋通、杨焄点校：《蒋学坚集》，浙江古籍出版社，2022年，第316—317页。
〔3〕[清]蒋学坚著，蒋通、杨焄点校：《蒋学坚集》，浙江古籍出版社，2022年，第281—282页。
〔4〕朱关田编著：《吴昌硕年谱长编》，浙江古籍出版社，2014年，第802页。

属安吉）人，贡生，中国同盟会会员。1912年以光复安吉、孝丰之功，任安吉县民事长，后改为江山县知事。1914年在孝丰建发电厂。1916年在缫舍办大生造纸厂，又创立王氏小学，任校长。抗战时，为孝丰县抗日委员会会长、县参议会副会长。1951年病死。王立三为吴昌硕三子东迈媳妇王薇青之兄。

吴昌硕为王立三创作书画作品甚多，从早年的《菊石图》[1]，到晚年的《墨梅并行书诗》，不胜枚举。尤其是所作《无量寿佛图》，与《全集》所刊诗笺作于同一时期，可以用以互证。其落款曰："赤足行何苦，低眉事已非。披猖开杀戒，悲智见禅机。龙汉风雷劫，修罗血肉飞。唯当持定力，我佛许皈依。绘青姻世讲五秩大庆。甲子长夏，吴昌硕写祝，年八十又一。"[2]可与此诗笺互证。

编号148《与仲可孝廉题画诗稿》

此作落款为："纯飞馆填词图，为仲可孝廉。聋。"《全集》考释谓："'仲可'，何人不详，待考。"

此处"仲可"为徐珂，参见上文"编号84"作品考。徐珂曾言："今之鬻画者可得多金，而黄宾虹乃无润格，惟作画以赠戚友，人品高，一如其画也。壬戌秋冬间，尝为予绘《天苏阁》《纯飞馆》两图，沈雄浑厚。更观其论画之言，可知其宗尚矣。"

黄宾虹《纯飞馆填词图》完成后，当时名流贤达纷纷题诗作词，如程颂万《木兰花慢•题徐仲可纯飞馆填词图，送浙江》、冯幵《鹧鸪天•题徐仲可纯飞馆词卷》、张元济《题徐仲可纯飞馆填词图》、蔡元培《题纯飞馆填词图》、马叙伦《清平乐•题徐仲可丈纯飞阁填词图》、徐自华《新雁过妆楼•仲可叔纯飞馆填词图》，等等。吴昌硕之题画诗，当与黄宾虹之绘图以及时人之唱和有关。

编号150《赠兰仲诗札》

此作落款为："兰仲仁兄以新诗见赠，和请指正。大聋。"《全集》考释谓："'兰仲'其人无考。"

---

〔1〕中鸿信二十周年庆典拍卖会（2018年）"苦铁不朽——纪念吴昌硕逝世九十周年作品专场"，第0660号拍品。

〔2〕谷溪编著：《吴昌硕书画选》，人民美术出版社，1993年，第304页。

此处“兰仲”为王艺，字兰仲，号无愁，善丹青，喜文艺，有著作多种。其父王毓岱，字海帆，号少舫，著名诗人，为南社社友，著有《舟枕山人自述诗》等。

王艺夫人吕韵清（1871—1938），原名坤清，后从其绘画师傅吴伯滔之命改为韵清（或作筠青），字逸初（或作逸、无逸）。因祖上遗有友芳园，故自称友芳旧主。浙江石门（今属嘉兴）人。据自述，为吕留良后裔，著名女诗人、戏曲家、小说家。

查《吕韵清集》中收有《题〈缶庐画册〉三首》[1]，三诗原载于1926年3月15日《申报•自由谈》，其中有“笔端自有金刚杵，画作人间不谢花”“三绝名高薄海倾，不徒铁笔寄遥情”“要求艺苑千秋誉，可少先生一字褒”等句，足见其对吴昌硕之敬仰钦佩。

同样，作为吴昌硕来说，也忘不了在诗中为吕韵清唱赞，他特在颔联“家风垂洁白，丈室绘秋红”下加以自注曰：“指韵清女士。”而此诗颈联所谓“韵写沤盟海，诗谐凤宿桐”也有称颂夫妇俩绸缪和谐之意。

二、余论

除了上述问题之外，《全集》尚存在着诸多其他方面的瑕疵纰漏，例如：编号87《怡园会琴记卷》中的“吴闻”误读作“吴闾”；编号123《书赠君木三首札》谓“君木”名“宗”（“君木”实名为“幵”）；编号131《寄子贞诗札》中的“八砖”误作“八博”、“倚斜曛”误作“伎斜曛”；等等。

不过平心而论，此类细节问题尚属相对易办，而就人物考证而言，《全集》中仍有许多问题悬而未决，尤其是不少受书者姓名，一时根本无法破解。或许其中有相当部分人物只是购书者，与作者并无其他往来，加之作者创作时通常仅书其字号，故而对其身份的确定变得异常艰难。笔者此处之所为，仅限于拾遗、补苴罅漏而已，可谓挂一漏万，后续仍有必要予以完善。

〔1〕[清]吕韵清著，郭长海、郭君兮编校：《吕韵清集》，浙江古籍出版社，2018年，第46页。

明代石阡知府吴维京考略
——兼及《吴氏宗谱》的几处讹误

姚金芝

吴维京，吴昌硕十二世叔祖，明嘉靖四十一年（1562）壬戌科进士，鄣吴“父子叔侄四进士”之一。清光绪《孝丰县志》卷六《选举志》载：“吴维京，明嘉靖辛酉科举人，壬戌科进士，官知府，有政声。”清同治《安吉县志》卷十《选举表》载：“吴维京，麟子，号晋轩，嘉靖四十年辛酉科举人，四十一年壬戌科进士，官石圩（注：当作‘石阡’）知府。”作为吴氏“四进士”之一，其父吴麟、其叔吴龙、其兄吴维岳在光绪《孝丰县志》卷七《人物志》中均各自有传，而吴维京却只是在父兄传中一笔带过，使我们无法了解其生平事迹，实为憾事。

近日，笔者从友人处得观由吴昌硕先生于清光绪二十四年（1898）主修的《吴氏宗谱》，大致了解了鄣吴吴氏的家族世系，但其中有关吴维京的资料依然很少，且有不少讹误之处。于是笔者尝试在一些科举文献、地方志及明人文集中作一些搜辑工作，略加梳理，虽不能得其全貌，或亦可管中窥豹，聊补文献之不足。

一、吴维京家世、排行、字号及生卒年月

据《吴氏宗谱》记载：

> 金麓智二公支派，第十二世，麟次子维京，字晋轩，号□□。配徐氏，生一子，稼耜。公辛酉科举人，壬戌科进士，历官知府、藩

府，有政声。

公生于嘉靖乙酉年十月初四日巳时，卒于万历戊寅年八月廿三日丑时。[1]

考《嘉靖四十一年进士登科录》吴维京的《进士家状》：

吴维京，贯浙江湖州府安吉州孝丰县，军籍。州学生。治《书经》。字枢季，行十七，年三十二，十月二十九日生。曾祖玒，寿官。祖松，封吏部郎中。父麟，按察司副使，赠中宪大夫。前母王氏，赠孺人。王氏。母方氏，赠恭人。永感下。兄维岳，按察使；维廷，监生；维夏，监生。弟维城、维域、维均、维斌、维畿、维垓、维埗。娶濮氏。浙江乡试第五十名。会试第三十三名。[2]（图一）

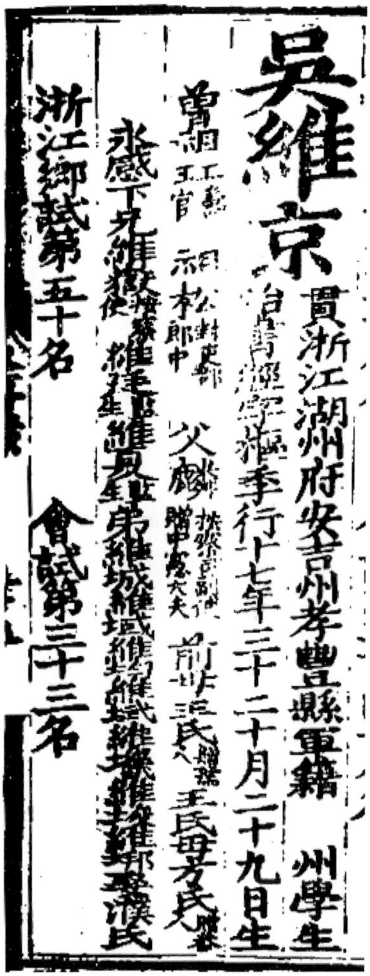
吳維京 貫浙江湖州府安吉州孝豐縣軍籍 州學生
治書經字樞季行十七年三十二十月二十九日生
曾祖玒壽官 祖松封吏部郎中 父麟按察司副使贈中憲大夫 前母王氏贈孺人 王氏 母方氏贈恭人
永感下 兄維嶽按察使 維廷監生 維夏監生 弟維城 維域 維均 維斌 維畿 維垓 維埗 娶濮氏
浙江鄉試第五十名 會試第三十三名

图一　吴维京《进士家状》

从这两则史料中，大概能了解吴维京的家世情况。然而对比之下，两者至少有四处不同之处：

第一，排行。《吴氏宗谱》记载吴维京为吴麟次子，而《家状》中则为第四子。吴维京为吴麟第四子，是有多个旁证的。其一，其表字为“枢季”，其长兄吴维岳的表字为“峻伯”，其表字“枢季”正与其排行对应。其二，汪道昆《吴维岳行状》载：“季弟维京，亦自礼部移

〔1〕[清]吴俊卿主修：《吴氏宗谱》卷五《正传》，光绪二十四年（1898）重修本。
〔2〕屈万里主编：《明代登科录汇编》，台湾学生书局，1969年，第7767页。

官。”[1]其三，吴维岳《天目山斋岁编》卷十六有诗《客姑苏杜氏园，季弟京先归，独坐怅然》。[2]

第二，字号。《吴氏宗谱•正传》中记载为“字晋轩”，其卷二《麟公墓图》载“维京公号晋轩”，前后不一致，当属误写。吴维京号“晋轩”，当出自同治《安吉县志》，笔者亦未在其他资料中得到佐证。

第三，出生年月。《吴氏宗谱》中记载其生年为嘉靖乙酉年，也就是嘉靖四年（1525）。而《家状》中记载其进士及第时的年龄为三十二岁，从嘉靖四十一年向上推三十二年，其生年应为嘉靖十年（1531）。因为没找到吴维京的墓志铭或行状等文献，所以《家状》中的年龄也只是孤证。然而其兄吴维岳的生卒年月有据可查，无论是张居正的《吴维岳墓志铭》[3]，还是殷士儋的《吴维岳墓碑》[4]，以及汪道昆的《吴维岳行状》[5]，皆言其生日为“正德甲戌六月四日”，卒年月为“隆庆己巳二月二十日”，考《嘉靖十七年进士登科录》吴维岳《进士家状》：“吴维岳，年二十五，六月初四日生。”[6]与前三者生日相合。而《吴氏宗谱》中吴维岳的生卒年月为“公生于正德甲戌年六月十四日巳时，卒于隆庆庚午年八月廿二日丑时”，生日与殁日皆不合，从而证明了《吴氏宗谱》记载的讹误，以及《登科录》作为官方文献的权威性。

第四，配氏。《吴氏宗谱》中载“配徐氏”，《进士家状》中载“娶濮氏”。根据鄣吴镇吴昌硕故居藏吴麟墓碑碑文记载：

> 子四人，长子维岳，举嘉靖进士，历升今官，娶长兴臧礼部应奎女，封安人。继娶温州陈指挥使铁女。维廷，国子生，娶归安陆愈宪澄女。维夏，邑学生，娶乌程沈知府女。维□，□州学生，娶广德濮

〔1〕[明]汪道昆著:《太函集》卷五十一,《四库全书存目丛书》,齐鲁书社,1997年,第510页。

〔2〕[明]吴维岳著:《天目山斋岁编》卷十六,《四库全书存目丛书》,齐鲁书社,1997年,第225页。

〔3〕[明]张居正著:《新刻张太岳先生文集》卷十三,《四库全书存目丛书》,齐鲁书社,1997年,第484—486页。

〔4〕[明]殷士儋著:《金舆山房稿》卷之十,《四库全书存目丛书》,齐鲁书社,1997年,第798—800页。

〔5〕[明]汪道昆著:《太函集》卷五十一,《四库全书存目丛书》,齐鲁书社,1997年,第508—511页。

〔6〕屈万里主编:《明代登科录汇编》,台湾学生书局,1969年,第4577页。

经历江女。[1]

虽然第四子“维”下字不可辨识，但显然是指吴维京，其妻为“广德濮经历江女”，又一次与《吴氏宗谱》相乖而与《进士家状》合。

综上所述，可整理吴维京家世如下：

吴维京，字枢季，号晋轩，浙江湖州府孝丰县人。生于明嘉靖十年十月二十九日，卒于明万历六年八月廿三日（待考）。曾祖玒，祖松，父麟。母方氏。兄维岳、维廷、维夏，弟维城、维域、维均、维堿、维畿、维埈、维埛。娶濮氏，子一，稼耜。嘉靖四十年辛酉科举人，嘉靖四十一年壬戌科进士。

二、吴维京的宦绩

嘉靖四十一年（1562），吴维京进士及第，授建宁府推官。（图二）

是年，兄维岳出任江西按察使，听闻闽地有倭警，遂遣使慰问。《天目山斋岁编》卷二十四有《雪中怀弟四首》，其三云：

闽海军书冬正忙，郡衙何日解行装？寒云一望千峰白，驿使应知

图二　鄣吴甲第联芳坊残件

〔1〕刘谨荣主编：《安吉历代碑刻》，安吉县史志办公室，2012年，第88—90页。

过建阳（季子新之建宁推官，适闻倭警，方趣使问之）。[1]

嘉靖四十三年（1564）春，吴维京游建宁府连城县冠豸山灵芝峰，并留下“灵芝山”三字石刻。

嘉靖四十四年（1565），吴维京升任礼部祠祭司主事。明泰昌《礼部志稿》卷四十三载：“祠祭司主事，吴维京，枢季，浙江孝丰县人。嘉靖四十一年进士，四十四年任。”[2]

隆庆二年（1568）冬，因得罪御史而遭受谗言，左迁太仓州州倅，摄守事。

隆庆三年（1569）春，迁苏州郡尉，其友太仓人王世贞作《送孝丰吴公之苏倅序》送之：

> 隆庆之二年冬，孝丰吴公贰吾州，仅七月，而迁吾郡倅。前是，吴公为建宁司理，超卓以高第旌，入郎仪部，诸仪部郎称多才名士，顾独推吴公。而会有所嫌忤前御史大夫。前御史大夫为言之吏部，中以事下，迁为吾州贰。吴公至，属阙守，吴公遂摄守。[3]

王世贞又作《送别吴枢季使君迁府倅一首》：

> 济上风尘盖始倾，即看雄剑气峥嵘。异时陈纪犹难弟，今日吴均不愧名。政就棠阴移大府，才高璧月掩连城。干旌陋巷仍堪过，惆怅浮云暮已横（君旧省伯子峻伯济上，实定交焉）。[4]

---

〔1〕[明]吴维岳著:《天目山斋岁编》卷二十四,《四库全书存目丛书》,齐鲁书社,1997年,第267页。

〔2〕[明]俞汝楫编:《礼部志稿》卷四十三,《景印文渊阁四库全书》第597册,台湾商务印书馆,2008年,第 804页。

〔3〕[明]王世贞著:《弇州山人四部稿》卷五十八,《景印文渊阁四库全书》第1280册,台湾商务印书馆,2008年,第43页。

〔4〕[明]王世贞著:《弇州山人四部稿》卷三十九,《景印文渊阁四库全书》第1279册,台湾商务印书馆,2008年,第490页。

隆庆三年（1569）二月，兄维岳病重，召弟维京与诸子嘱咐后事。六月，升南京刑部郎。苏州昆山县人归有光作《送吴祠部之官留都序》送之：

孝丰吴侯举进士，司理建宁，召入为祠部，所谓以贤与才自见者，于是有州倅之迁，其在吾州，风厉震骀，炳朗宣耀，威爱行于一州。寻有郡倅之连，威爱又行于一郡。如是其贤与才之可见者，宜乎不能久安于朝也。虽然，今天下治平，庶玫颇号严切，惟独铨部之谪调，犹持大体。侯虽外补，然若吾乡之州若郡，皆畿辅重地，才贤之高选，非古迁人之比。余观唐史，自中朝出为外州，多在岭海绝徼之区，至终其身，望还而不可得；其有量移者，皆谓为旷荡之恩。今侯为州郡，一岁中三迁，遂复入郎署。则朝廷之用人宽大，爱惜天下之才贤，其又异于古矣。故尝谓士之用世，不挫抑，不足以见其贤与才；稍挫抑矣，旋复大用，以此知朝廷用贤与才之急也。余于是乐吴侯之升也。[1]

王世贞亦有《送比部吴枢季之金陵时舍弟在仪部》：

东山六月下何迟，此去风流建业知。行李夜投朱雀巷，墨花秋染白云司。棠阴故郡迎舟出，槐色清人抱案移。欲觅阳春春署在，侬家团扇是新词。[2]

苏州人皇甫汸作《赠郡尉吴君维京召为南都比部郎序》：

安吉吴君由礼曹谪倅太仓，甫数月，擢为苏郡尉；又数月，召为

〔1〕[明]归有光著：《震川集》卷十，《景印文渊阁四库全书》第1289册，台湾商务印书馆，2008年，第153页。

〔2〕[明]王世贞著：《弇州山人四部稿》卷四十，《景印文渊阁四库全书》第1279册，台湾商务印书馆，2008年，第504页。

南比部郎，骎骎向用云。[1]

隆庆六年（1572），出任贵州石阡知府。民国《石阡县志》卷十二《名宦传》载：

明知府，吴维京，浙江进士，隆庆六年任。廉明有威，物望甚隆，振兴士类，创建明德书院。[2]

笔者未搜集到吴维京任石阡知府后的宦绩，明代万历间的诗人谢肇淛在《题莲花庄三品石为吴枢季太守赋》中称其为“太守”，且诗中提到的莲花庄位于今湖州市吴兴区，为元代著名的书法家赵孟頫所建，推测其卸任石阡知府后便隐居于此。

三、吴维京的诗文

由于没有吴维京留有诗文集的相关记载，亦不见其所作的诗篇传世，所以其作诗才能无从知晓。然而其长兄吴维岳的诗集《天目山斋岁编》中却有一首《携弟泛觞南园泉渠联句》，描述了兄弟四人畅游南园，饮酒联句作诗的场景：

幽鸟相言高树间（仲子），朱帘晚色映山前（叔子）。浮觞莫羡兰亭胜（季子），院里流泉意更闲（伯子）。[3]

其中的第三句为吴维京所作，说明其亦擅长作诗。

---

〔1〕[明]皇甫汸著：《皇甫司勋集》卷四十五，《景印文渊阁四库全书》第1275册，台湾商务印书馆，2008年，第795页。

〔2〕周国华修、冯翰先纂：民国《石阡县志》卷十二，《中国地方志集成贵州卷》，巴蜀书社，2006年，第514页。

〔3〕[明]吴维岳著：《天目山斋岁编》卷十七，《四库全书存目丛书》，齐鲁书社，1997年，第227页。

另外，笔者还查询到明代德清诗人许孚远所撰写的《奉政大夫兵部武选郎中淡庵钱先生（注：钱镇，归安人）墓志》，其中就提到著名的湖州岘山诗社以及吴维京参与复兴诗社有关情况：

郡自刘清惠公结社以来，高风邈不可继，先生偕陈绣山方伯、孙屏宪宪副、吴枢季郡守始复岘山社。约其后，沈时秀中丞、李彦和参议、沈以安司空，及余不肖并从诸老之后。春秋燕集，称胜事云。[1]

岘山诗社由明代工部尚书刘麟所创建，是明代中后期江南地区著名的文人社团。吴维京的父亲吴麟、叔父吴龙，以及安吉人陈良谟都曾经是社员。而吴维京作为复兴者之一，其诗学才能显然是不容置疑的，只是被他的兄长吴维岳的光芒掩盖了而已。

最后，笔者还是在民国《麻江县志》中找到了一篇由吴维京撰写的《重建麻哈州署碑记》，这也是现在所能看到的唯一一篇吴维京的文章，碑记中赞扬了时任贵州都匀府麻哈知州周希贵平定叛乱以及重建州署的功绩，为其在石阡知府任上所作，现抄录如下：

麻哈在元时为麻峡县，洪武十六年易为麻哈长官司，弘治七年改为州，辖乐平、平定二司，属都匀府。凤凰山，即州城也。正德年间，香炉山苗叛，厅舍毁烬。嘉靖年间，迁于左，不可，卒迁于龙场，将成，祝融为灾，官就民居除授者，咸不至。隆庆四年庚午，周君来牧是州。既至，无所居。太守沈公志言、按察副使李公凤共议建之，各捐俸钱，以为营造之助。迁分司于右，建州室两楹。不数日，告成。麻哈彝民向不慕义，间有征作，即远避山箐。征之稍急，则潜避愈深，否则挺戈相向耳。今周君议建州治，而苗民趋事赴公，不俟官檄于堂，役呼于野，即父子相招，远近共助，皇皇焉急于公，忘其

〔1〕[明]黄宗羲著：《明文海》卷四百四十五，《景印文渊阁四库全书》第1458册，台湾商务印书馆，2008年，第426页。

劳，敏其事。不阅月，百堵皆兴，鼛鼓弗胜，良由周君推诚保赤，不茹不吐，有以致之耳。周君赋性廉介，文而恬静，武而有谋，素以君国自任。麻哈附近黄丝有走马帮贴之役，实马到驿，胥役左其术，以苛日用之费。及议帮贴，胥役又以实马难之。苗人应徭役者，视为畏途。间有罄家资而不足一日之驿者，诚如探汤执热，去之不暇。周君陈其事上详府道，道府屡斥，而君毅如也，必获免乃止。王成、吴元熙播乱清平，城池几危，周君且剿且抚，以吴元熙为间，土官随府办事，王成亦领生苗听命而不敢有异议焉。丁巳春，诸苗蠢动，君以儒生娴武备简邑之精壮者为一军，调水西石硅诸军佐之，先攻养鹅，次谷厦，再次瓮榜、郎计、秧老鼠苗。而苗已平，犹有割据一村一案而不下者，周君曰："尺土王民，吾宁忍卧榻前为苗人鼾睡，而阻我声教、抗我版图哉？"于是振师四指，乾河、茅平、翁河、赏班、养蛊、六堡、翁慈、马蹄、牛皮、摆沙、琅琊、高寨息平。是役也，誓师于戊午孟春，告俘献馘于仲春，不三月而十三寨束手受治，罔有二心焉，非周君之推诚保赤、不茹不吐，宁克济哉？今之成此州治者，宜苗人怀德畏威、趋事赴公而不敢稍后矣。吴子于是慕周君之才之德，而发之以诚，如周君之誉，其与斯堂俱不朽云！[1]

四、结语

在吴氏"四进士"之中，吴维京父吴麟官至山东按察司副使，叔吴龙官至福建布政司右参政，长兄吴维岳则更是官至右佥都御史、贵州巡抚。与父叔及长兄相比，无论在官职以及成就上，吴维京皆有所不及，其生平事迹遂湮没不彰。

光绪二十三年（1897），吴昌硕返乡省母，并应吴氏族人之请，主持重修族谱。吴炳荣所撰《重修宗谱跋》载："盖吾族始祖自十九公卜宅鄣吴村后，云礽繁衍，支派绵延，历今几及千载，推为苕西望族，由来旧矣。不图红羊一劫，几靡孑遗。硕果仅存，不过百分之一。其尤可慨者，并宗谱付之劫灰。靖

〔1〕[民国]拓泽忠修，周恭寿纂：民国《麻江县志》卷七《附官署》，民国二十七年（1938）年铅印本。

后三十年来，幸有族之曾祖讳辛甲公随时搜辑，残篇剩卷，仅有存者。故宗人屡拟重加修辑，而苦于无由指手。”从这段记载可以看出，吴氏旧谱早已毁于战火，重修之谱的主要资料来源乃是吴昌硕之父吴辛甲战后搜辑的一些残篇剩卷。鉴于吴辛甲当时所处的环境，不可能有太多的文献可供参考，因此《吴氏宗谱》有诸多缺漏与讹误也就在所难免了。

吴氏姻亲施应心小考

梅 松

图一 陈鸿寿小像

郭麐（频伽，1767—1831）在《桑连理馆主客图记》[1]（1814年撰）、《桑连理馆主客图后记》[2]（1815年撰）中提到陈鸿寿（1768—1822）（图一）在溧阳知县任上时，幕中宾客甚多。第一次共记载了主宾34人：钮树玉（非石，1760—1827）、王曰申（子若，1788—1844）、周士乾（松泉，生卒年不详）、汪鸿（小迂，1768—1822）、史柄（恒斋，生卒年不详）、乐钧（莲裳，1766—1816）、戴敦元（金溪，1767—1834）、郭麐、查揆（伯葵，1770—1834）、陈鸿豫（仲恬，1774—1823）、朱杏江（生卒年不详）、陈鸿寿、高饮江（生卒年不详）、徐石林（生卒年不详）、陈宝成（吕卿，1793—约1829）、吴更生（生卒年不详）、马功仪（棣园，生卒年不详）、赵曾（北岚，1760—1816）、屠倬（琴坞，1781—1828）、张晴崖（生卒年不详）、施应心（辛萝，1779—1820年后）、赵钺(雩门，生卒年不详)、何元锡（梦华，1766—1829）、高日濬（犀泉，生卒年不详）、朱子调（生卒年不详）、张镠（子贞，1769—1821）、孙延（蔚堂，生卒年不详）、释懒堂（生卒年不

〔1〕[清]郭麐著：《灵芬馆杂著三编》卷六，《清代诗文集汇编》编纂委员会编：《清代诗文集汇编》，上海古籍出版社，2010年，第563—564页。

〔2〕[清]郭麐著：《灵芬馆杂著三编》卷六，《清代诗文集汇编》编纂委员会编：《清代诗文集汇编》，上海古籍出版社，2010年，第564—565页。

详）、郭镜我（生卒年不详）、金云槎（生卒年不详）、江青（听香，生卒年不详）、孙雨村（生卒年不详）、陈石琴（生卒年不详）、杨彭年（生卒年不详）。第二次补录了19人：钱杜（叔美，1764—1845）、改琦（七芗，1773—1828）、高树程（迈庵，生卒年不详）、汪胜（审庵，生卒年不详）、汪俨亭（生卒年不详）、陈春浦（生卒年不详）、许乃安（榕皋，生卒年不详）、许乃济（青士，1777—1839）、徐轼（西涧，1767—1825）、李锐（四香，1769—1817）、万台（浣筠，生卒年不详）、范小湖（崇阶，生卒年不详）、高垲（爽泉，1769—1839）、沈容（春萝，生卒年不详）、孙补年（生卒年不详）、冯延华（放山，生卒年不详）、汪均之（生卒年不详）、高午庄（生卒年不详）、卢小凫（生卒年不详）。主宾相得，及一时之欢愉。其中关于施应心，知者不多，他是孝丰县（今浙江安吉）西圩人。

一、诗人施应心

（一）诗书绵延之家

西圩施家源出吴兴。始迁祖施详（生卒年不详），字元吉，号天相山人，北宋天圣二年(1024)进士，由于不乐仕进，携家隐居于孝丰西圩。施详与慎镛（约972—1052）有交往。其弟施诉是施宿（1164—1222）的曾祖父，施宿以注苏诗而闻名。

施氏子孙自明代时才开始有所显露。如施邦瞻，拔贡，官处州训导、滕州教谕、绍兴府教授。施国翰，官闽县丞。施国宪，官华亭丞。施国谟，字丕文，官湖广承天府兴都留守司经历，癸未（1643）城破殉节。施显谟，号松庵，优贡，崇祯时以修玉牒叙内阁中书，著有《知梦庵集》。

清代时施氏家族文人辈出，见于地方志者甚多。如施应心的祖父施玉麟（生卒年不详），字友溪，善诗文工书，著有《友溪山人诗文集》《题画诗录》《琴说》。从祖施玉衡，著有《在峰居士集》；施玉章，字御颁，号拙安，工书，著有《研露斋书评》；施玉树，著有《朴山集》。施应心之父施遇銮，字金门，号筠庄，诗学太白（李白，701—762），文宗东坡（苏轼，1037—1101），书法古劲，尤工篆刻，著有《苕溪漫志》《筠庄先生诗文集》。从父施遇时（1757—1830），字辅清，号芝麓，庠生，著有《粤游草》。

到施应心这一代，施氏家族最为繁盛。综合《孝丰县志》和《西圩施氏宗谱》所述，大致可知：施应心，字倩璩，号辛萝、顺甫，嘉庆三年（1798）戊午科举人，授内阁中书、文渊阁检阅。工诗，才情跌宕，尤致力于汉魏六朝之学，著有《红杏山房集》。[1]《红杏山房集》今已无传，仅存陈斌之序：

> 孝丰去天目百里而近，其蜿蜒嶒崒，藏云宿雾，不尽得而主名者，苕上之山也。其文献在前明极清，精夷宕之品，发声写情如吴峻伯《天目岁编》，骏愴不羁，追陋古才如翁晋《元盖草》，在近年，攻苦必传如蘅皋《读书楼集》。弇州推其前，竹垞翁挽其后，及吾辈哀刻而传之者，苕上之诗也。施子顺甫居万山之中，十五六而能诗。平昔居游闻见，勃崒奇古，扫外人荣艳平薾之习。专寂十年，学几大成。尝交吴蘅皋，辑翁晋《乐府》，凡有散文遗策，寻搜原阙归其一家。既纵游京师，接大江南北之才贤，博览雄顾，倾动而不能止，其等夷者，则衙官而弟畜之。故其为诗也，才不可即控，情不可即删。结豪士，伤美人，吊古切今，四发而一收。其骏愴夷宕兼长，极能悍然，与蘅皋之攻苦必传者并出，是足以发其山中之奇，而苕上之诗益盛矣。斌与施子为击过之友，学行差失，即尽心相规，诚不唯其诗也。顾有以“苕上为无诗者”，则将薄天目为非山，与有诗如施子，而概可薄乎哉？[2]

从序中可知，施应心承家学渊源，年十五六岁即能诗，而且高古绝俗。其中所谓的“接大江南北之才贤”，毫无疑问包括陈鸿寿桑连理馆中的主宾。

---

〔1〕施应心小传是综合[清]刘濬主修《孝丰县志》卷七《人物志》、卷十《艺文志》和《孝丰西圩施氏宗谱》（安吉县档案馆藏电子本）而成。

〔2〕[清]刘濬主修：《孝丰县志》卷十《艺文志》，同治十二年（1873）重修本。

乾嘉年间，与施应心齐名的苕上诗人主要有吴应奎（1758—1800）和陈斌（约1765—1823年前）[1]，三人互为诗友，彼此惺惺相惜。吴应奎，字文伯，号蘅皋，孝丰鄣吴（今属安吉）人。吴应奎“博雅能文”，且“尤工古今体诗，阮文达（阮元，1764—1849）称其诗苦吟绮思绝似长吉（李贺，790—816），乐府、歌行尤佳”[2]。著有《读书楼诗稿》二卷，民国年间吴昌硕（1844—1927）曾翻印，以广流布。《读书楼诗稿》前附施应心所撰《故内兄文学吴君行状》，其中略有涉及施应心本人的文字，赘引如下：

> 余既生与君同里，君之季父广西隆安县令君名五凤，余之姑之夫，又妇翁也。余未婿于吴氏时，先从隆安君游，学为诗。隆安君故与君（吴应奎）之考（吴丹凤）共住屋之东西头，余习业隆安君家，辄朝夕面君也。君视余年倍以长，余以姑故兄事君惟谨。[3]

先交代一下施应心、吴应奎和陈斌三人之间的关系。西圩施家与鄣吴吴家累世姻缘：施应心的祖父施玉麟续娶鄣吴吴氏，生一女嫁吴五凤，故施应心称其为姑父。施应心又娶吴五凤的女儿吴玉华，故称又其为“妇翁”[4]。吴五凤（生卒年不详），字稚威，号竹巢，乾隆五十二年（1787）丁未进士，官山东仁化、广西隆安知县。吴五凤共有兄弟六人：吴根南、吴芳南（两人均出继给吴树垣）、吴丹凤（？—1787）、吴虎南、吴五凤、吴翥凤。吴应奎是吴丹凤之子，所以施应心称之为“从内兄”，自称“从妹婿”。陈斌，字白云，浙

〔1〕关于陈斌的生卒年，陈斌《岁乙卯，余年过三十矣，以十二月二十一日夜中自讼，惊岁之逝道无成也，起而作歌》，乙卯为乾隆六十年（1795），以此前推30年，其生年当是乾隆三十年（1765）。宋咸熙《白云先生传》说其中进士（1799）后“六七年，始除一官，而年近五十矣”，则其做官时是四十三岁左右，年近五十有夸大之嫌。其卒年以宋咸熙为其遗集作序之年为限，则不迟于道光三年（1823）。

〔2〕[清]吴俊卿主修：《吴氏宗谱》卷八“吴应奎”，光绪二十四年（1898）重修本。

〔3〕[清]吴应奎著：《读书楼诗集》卷首，民国五年（1916）三月吴氏雍睦堂校印本。

〔4〕[清]吴五凤《郡文学例赠文林郎内阁中书筠庄施君家传》云：“君讳遇銮，字金门，号筠庄，予外父友溪公之仲子。予妻同母弟。”“外父初娶于高，继娶吴。长亚峰，高出；君吴出。”“长子倩瓌，余婿也，年二十以高才生领浙解。”“丈夫子五，长应心即倩瓌，戊午举人，候补内阁中书。”（《孝丰西圩施氏宗谱》卷三十四）

江德清人。陈斌也是嘉庆戊午科举人，与施应心有“同年之谊”。非常幸运的是，第二年（1799）陈斌春风得意高中进士，但非常不幸的是旋“归遭父丧”而丁忧。[1]陈斌后来历任安徽青阳（1806）、合肥（1811）、怀宁知县，宁国知府等职，相对而言，三人中他的官运最佳。其妻是吴芳南之女，故施应心称陈斌为“从姊夫”。[2]

吴芳南，即吴昌硕（1844—1927）的曾祖父，因此陈斌是吴昌硕祖父吴渊（生卒年不详）的姐夫，陈斌《白云文集》中有《与妻弟孝丰吴持泉应保书》（卷四），《白云续集》中有《怀吴持泉（应保）山中》（卷六）诗。吴渊，原名应保，字和甫，号目山，也是嘉庆三年（1798）戊午科举人，截取知县，改授嘉兴府海盐县教谕，后任安吉古桃书院山长，著有《天目山房诗稿》。吴渊与施应心有唱和之作《喟遇与施五（应心）》，见《西圩施氏宗谱》。[3]

乾隆四十八年（1783）前，吴应奎曾应施应心的祖父施玉麟之邀教授过施家子弟。施应心《故内兄文学吴君行状》中说：“君（吴应奎）生而读书自异，弱岁工苦吟。隆安君（吴五凤）授之诗法，然雅不愿举子业，家故贫。君之考（吴丹凤）又善病，弟妹待食者又五六人，家产益落。君恒为童子师以自给饘粥。余本生祖友溪先生（施玉麟）见君所为诗，曰：‘才士也。’延至家，俾余诸从兄授经焉。……癸卯隆安君领乡荐入都，君乃辞友溪先生归，侍且奉大父母以居。”[4]这里的“俾余诸从兄”，显然也包括施应心在内。

---

〔1〕[清]施应心《故内兄文学吴君行状》，[清]吴应奎著：《读书楼诗集》卷首，民国五年（1916）三月吴氏雍睦堂校印本。

〔2〕[清]施应心《故内兄文学吴君行状》，[清]吴应奎著：《读书楼诗集》卷首，民国五年（1916）三月吴氏雍睦堂校印本。

〔3〕《孝丰西圩施氏宗谱》卷三十五，民国重修本。

〔4〕[清]施应心《故内兄文学吴君行状》，[清]吴应奎著：《读书楼诗集》卷首，民国五年（1916）三月吴氏雍睦堂校印本。

施应心、吴应奎、吴渊、陈斌等人关系一览表

吴树址（续配）施氏	（子）吴根南过继给吴树垣	（子）吴运广		
	（子）吴丹凤	（子）吴应奎		
		（子）吴应秀		
	（子）吴虎南	（子）吴应雷		
	（子）吴翥凤	（子）吴应莲		
		（子）吴应春		
	（子）吴芳南过继给吴树垣	（子）吴 渊	（子）吴辛甲	（子）吴昌硕
		（女）吴　氏		
		（婿）陈　斌		
	（子）吴五凤	（子）吴应起		
	（妻）施氏	（女）吴玉华		
施玉麟（妻）吴氏	（子）施遇銮过继给施玉衡	（子）施应心		
		（子）施惠心		
		（子）施根心		
		（子）不详		
		（子）不详		
	（子）施遇时	（子）施全心		
		（子）施锦心	（子）施莘任	
		（子）施鉴心		
施玉树	（子）施遇升	（子）施丹心		

嘉庆元年（1796）清明，施应心《知梦庵展先舍人墓》诗序中有“丙辰春，展墓毕，家大人综述高、曾绪言，命小子应心赋诗即事，怆然兴怀，辄成短句”[1]云云。是年施应心尚未中举人，正在家中苦读。

（二）曾从阮元、陈鸿寿游

阮元（图二）在浙江督学任上，曾两至吴兴，即嘉庆元年（1796）八月

〔1〕[清]刘濬主修：《孝丰县志》卷十《艺文志》，同治十二年（1873）重修本。

图二　阮元小像

十三至九月初三和二年（1797）八月二十四至九月十一日。第二次是出试吴兴，所得门生甚多，如乌程张鉴（秋水，1768—1850）、冯潮（生卒年不详），德清徐熊飞（1762—1835）、许宗彦（1768—1818），归安杨凤苞（1754—1816），安吉郎遂锋（生卒年不详），孝丰施应心等人。阮元以“蘋花诗”试，施应心有“几点轻鸥闲似尔，一秋凉水澹于前”[1]之句；以“元人《十太怀古诗及序》”试，施应心有《凌歊台》诗，[2]均受阮元欣赏。阮元吴兴之行还曾登道场山，访归云庵，观孙太初墨迹，阮元有《题孙太初墨迹后》诗，[3]施应心有《归云庵怀孙太初》诗。[4]阮元吴兴之行的随行者，主要有陈文述（陈鸿寿从弟）、陈鸿寿等人，因此施应心与阮元、陈鸿寿订交时间不迟于嘉庆二年（1797）。[5]

嘉庆三年（1798），施应心以弱冠之年高中举人。张迎煦（生卒年不详）《柳村文学传》中说：“（施应心）弱冠举乡魁，骎骎乎可以立致青云矣，乃垂二十年来尚不得第。”[6]由此看来，少年得志未必是幸事。按嘉庆三年（1798）施应心为“弱冠”之年，则其生年在乾隆四十四年（1779）。这样算起来，他大约比吴应奎小二十一岁，比阮元小十五岁，比陈斌小十四岁，比陈

〔1〕[清]阮元著，姚文昌点校:《小沧浪笔谈·定香亭笔谈》，山东人民出版社，2018年，第238—239页。

〔2〕[清]阮元著，姚文昌点校:《小沧浪笔谈·定香亭笔谈》，山东人民出版社，2018年，第249页。

〔3〕[清]阮元著，姚文昌点校:《小沧浪笔谈·定香亭笔谈》，山东人民出版社，2018年，第246页。

〔4〕[清]阮元著，姚文昌点校:《小沧浪笔谈·定香亭笔谈》，山东人民出版社，2018年，第244页。

〔5〕嘉庆元年（1796）、二年（1797），陈鸿寿均有在乌程、吴兴的记载，见《陈鸿寿年表》。孙慰祖编著:《陈鸿寿篆刻》，上海书店出版社，2007年，第156—157页。

〔6〕《孝丰西圩施氏宗谱》卷三十四，民国重修本。

鸿寿小十一岁。

嘉庆己未（1799），阮元升任浙江巡抚，施应心与陈鸿寿、吴文溥（1739—1800）、钱林（1762—1825）、陈文述（初名文杰，1771—1843）等人均从其游。详见阮元《定香亭笔谈》序：

> 余督学浙江时，随笔疏记近事，名曰《定香亭笔谈》，残篇破纸，未经校定。戊午冬日任满还京，钱唐陈生云伯（陈文述）偕余入都，手写一帙，置于箧中。己未冬日，云伯从余抚浙旋南，孝丰孝廉应心复转写去，付之梓人。其中漏略尚多，爰出旧稿，属吴澹川（吴文溥）、陈曼生、钱金粟（钱林）、陈云伯诸君重订正之。[1]

从序中可知，阮元《定香亭笔谈》成稿于嘉庆三年（1798），由其随行幕僚陈文述缮写。嘉庆四年（1799），施应心传抄一过，并拟付之刻版。时任浙江巡抚的阮元觉得其中疏漏尚多，又叫吴文溥、陈鸿寿、钱林、陈文述等人重新修订更正。《定香亭笔谈》中收录施应心"今乐府"六首，前有阮元所撰小传："孝丰施小憨（应心），年未弱冠，诗学汉魏六朝，以近体作'铙歌横吹'诸题，旧锦新裁，甚为夺目。"[2]可见阮元对施应心还是赞誉有加的。两人订交时，施应心年未弱冠，故阮元称之为"小憨"，应是昵称，看来施氏或许书生气很足，略具憨态。不过《定香亭笔谈》四卷的最后署名为"吴文溥、陈鸿寿、钱林、陈云伯录"，并没有施应心。

阮元在浙江学政任上曾编《两浙輶轩录》，嘉庆三年（1798）书成，六年（1801）重加编订定，并于八年（1803）刊之。参与此事的桑连理馆主宾中有陈鸿寿、郭麐等人。陈鸿寿在《两浙輶轩录》中说吴应奎去世后："施孝廉应心作《古歌行》悼之，凡千余言，哀惋欲绝。会校刻《輶轩录》，恐其遗诗散失，请于中丞师，选存多篇，蘅皋地下有知，其亦首肯否耶？"[3]另

---

〔1〕[清]阮元著，姚文昌点校：《小沧浪笔谈·定香亭笔谈》，山东人民出版社，2018年，第151页。

〔2〕[清]阮元著，姚文昌点校：《小沧浪笔谈·定香亭笔谈》，山东人民出版社，2018年，第240页。

〔3〕[清]阮元、杨秉初编，夏勇等整理：《两浙輶轩录》第十册，浙江古籍出版社，2012年，第2747页。

外，《两浙𬨎轩录》中还收录了施应心的祖上施显谟、施遇銮等人的诗作，这些都表明施应心或多或少参与过此事。

陈鸿寿与吴应奎也有交往，时间是嘉庆五年庚申（1800）春。《两浙𬨎轩录》中，陈鸿寿题云："余于庚申春始识蘅皋，见其近作二卷，多愁苦之音，而古色古香，体挹不尽。"[1]吴应奎死于嘉庆五年秋后，而当时施应心却远在都门（北京），有可能是春闱不第后，在都门继续攻读。他在《故内兄文学吴君行状》中提道："明年余寓都门，友人秀水王孝廉昙闻君卒，素服来吊，余为主，卒哭不拜，阖寓皆愕然。"[2]

嘉庆十六年（1811），陈鸿寿任溧阳知县，施应心是其桑连理馆宾客之一。嘉庆十九年（1814）郭麐所撰《桑连理馆主客图》，嘉庆二十年（1815）汪鸿所撰《楼东诗意图》题跋（见下文）中，均提到施应心在桑连理馆宾客中。在春闱中屡屡败北的施应心，无奈中只有依附陈鸿寿等故交，以幕僚为生。桑连理馆宾客中，不乏施应心的旧雨新知。如张晴崖曾官孝丰县校官，以施应心家族在孝丰县的影响力，两人很有可能早就有交往。屠倬与陈斌交谊颇深，《白云文集》中多有两人的唱和之作。以施应心与陈斌的关系，屠倬与施应心也有交往。检《是程堂集》有《同施辛萝（应心）入西山白衲庵访蒋村，时查丙塘、朱闲泉、周冲泉、范小湖先一日至，夜半酒酣，听丙塘、冲泉弹琴，与诸君赋诗，信宿而去，三首》[3]诗，由此可见，施应心与蒋炯（蒋村，钱塘人，生卒年不详）、查丙塘、朱闲泉（仁和人，生卒年不详）、周冲泉、范崇阶（鄞县人，生卒年不详）等人过从甚密。还有下文提到的汪鸿，也应该是施应心的友朋之一。而这些人，大多都是桑连理馆宾客。

（三）琴瑟和鸣

桑连理宾客之一的汪鸿曾为施应心画过一幅《楼东诗意图》，题云：

---

〔1〕[清]阮元、杨秉初编，夏勇等整理：《两浙𬨎轩录》第十册，浙江古籍出版社，2012年，第2747页。

〔2〕[清]施应心：《故内兄文学吴君行状》，[清]吴应奎著：《读书楼诗集》卷首，民国五年（1916）三月吴氏雍睦堂校印本。

〔3〕[清]屠倬著：《是程堂集》，浙江古籍出版社，2020年，第90页。

乙亥夏初，与辛萝舍人同客桑连理馆，相得甚欢，遂从行箧中读渠佳偶吴玉华夫人《翼福楼诗钞》，中有《秋夜寄怀辛萝秦中》一律云："绿卷庭蕉起嫩凉，楼东金粟静生香。月明不隔人千里，露白何从水一方。予美只今思远道，长安自古怨他乡。霸陵疏柳同摇落，好为归鞍拂晓霜。"工于写境，情景双清。辛萝方乞予画，予懒于巨制，因为作《楼东诗意图》卷，遂寥寥尺幅，辛萝得之，是必畅然意满，且可藉此为归谋斗酒之资也。[1]

乙亥，即嘉庆二十年（1815），是陈鸿寿在溧阳知县任上的第五年。[2]桑连理馆旧雨新知，极尽主客之欢，想必汪鸿与施应心之间的关系更为密切。汪鸿，字延年，安徽休宁人，工山水、花鸟，皆秀出时流。他是追随陈鸿寿时间最久者之一。据《墨林今话》记载："曼生之官溧阳，东南才艺之士麇集，小迂先在幕中，后又同至袁浦，与之相终始。故其所学咸得力于曼生。"[3]汪氏从溧阳回休宁，如果走陆路的话，以徽杭古道最为便捷，施氏故里西圩正好位于古道的中间。

与施应心琴瑟和鸣的佳偶，是吴五凤之女吴玉华。郭吴吴氏素以耕读传家，文人辈出，因此吴玉华虽为女子，却擅长诗文，著有《翼福楼诗钞》绝非偶然，是有其家学渊源的。吴五凤"闭户著述，多藏书"[4]，注重对子女的教育，因此吴玉凤受到了良好的家庭教育。这些尽见于施应心所撰《停红夜话序》：

外舅稚威吴先生（吴五凤），应心之姑之夫也，内子故为予中表女兄。外舅未通籍，即以鸿览博识名，能文章家言，为海内推重。其

---

〔1〕[清]刘濬主修：《孝丰县志》卷十《艺文志》，同治十二年（1873）重修本。

〔2〕[清]李景峄总修、陈鸿寿协修：《溧阳县志》卷九"溧阳县知县"云："陈鸿寿，字曼生，浙江钱塘人。嘉庆辛酉拔贡，十六年三月十九日到任。"

〔3〕[清]蒋宝龄撰，程青岳批注，李保民校点：《墨林今话》卷十六，上海古籍出版社，2019年，第356页。

〔4〕[清]吴昌硕主修：《吴氏宗谱》卷七"吴五凤"，光绪二十四年（1898）重修本。

犹子文伯（吴应奎）殊苦吟。内子始扶床，口有若吴歈、若山芗曲而歌呜呜者，举父若兄诗也。未几，呜呜者旋变而为“西北高楼”“东南孔雀”“鸡鸣高树颠”“鱼戏莲叶间”矣。比能解识文义，哦或花蕊之宫词，谭多柳絮之故事。耳濡目染，遂视吟笺、韵本如菽粟、布帛，无顷刻离。将及笄，而吾姑始举子。子周晬，外舅即襁之怀中，教之读《释草》《释木》《士冠》《士昏》等篇，内子则亦从旁问故，讲求《礼》意，考辨《雅》疏。又其先世峻伯中丞所遗法书、名画极多，至外舅益喜搜罗别集、稗官，善征文献。是又内子之所“云烟惝恍，昕夕流连”者也。归予后，予母命之曰：“为妇宜在中馈，毋时弄翰墨，致怠事功。”内子谨受教，吟咏浸废，间为之，亦犹下九之嬉，岁不数日矣。顾予谓闺房之中，拈毫吮墨，事尚不甚于画眉，独处鲜欢，更复嬲之不置，藉为谈友。当夫挑灯拥髻，倦绣停针，诗事互征，嘲难间作。内子亦结习未忘，辄搦柔翰，并所紬绎睹记，综而录之，积有卷帙，自题曰《停红夜话》，殆谓未尝始终废女红也。予数试礼部，下第归，不名一钱，内子日事针黹，以资斗酒相慰劳。斯即欲更耽吟，苦无暇耳，予顾未之察。一夕，方论草衣道人诗之工。予不觉慕之，曰：“艺必名家，匪徒论说，姊但事裁量林下，月旦宫闱，曷弗日多课诗，俾成专集，庶足流传于后乎。”内子率对曰：“吾明眼如月，不妨偶任论诗；纳手知寒，不遑更任作诗。弟未之知乎？”予不禁自伤眊矂，惭负乡里，悲从中来，几欲索牛衣卧。内子遽起谢过曰：“吾戏言，忘其戆耳，弟安之命也。”自是更不复谈艺，益良习女红而已，遂仅得如干卷。予方序之，内子笑曰：“赵寒山为《槃芝》二集序，盛誉卿子，至自称曰朽婿，夫谦不可劳也，亲不可文也，卑而陋，殊不可以安也。朽婿也，凡夫哉！”予曰：“斯殆可为续话矣。”遂署其末曰“孝丰施应心大辰为内子玉华女史序其《停红夜话》”云。[1]（图三）

〔1〕[清]施应心：《停红夜话序》，《孝丰西圩施氏宗谱》卷三十五，民国重修本。

吴玉华比施应心大三四岁，故《序》以“姊”“弟”互称。[1]从《序》中对话可知，其兰心蕙质，才学不亚于施应心。她的启蒙源于吴应奎的苦吟，而后又得之于其父教育其弟时的耳濡目染，同时还得益于于良好的家庭氛围。作诗之外，吴玉华还有论诗之作。所谓“停红”，即女红之余也。吴应起（约1789—？）字环溪，嘉庆十三年（1808）戊辰科举人，官咸安宫教习，比吴玉华小近十五岁。其“淹博能文，少有神童之目。嘉定李鄦斋方伯有《吴神童诗》云：神童两载余，阿翁抱就案。《尔雅》读终篇，还能弄柔翰。”[2]李赓芸（1754—1817），字鄦斋，江苏嘉定（今属上海）人，乾隆五十六年（1791）任孝丰知县。钱大昕弟子。

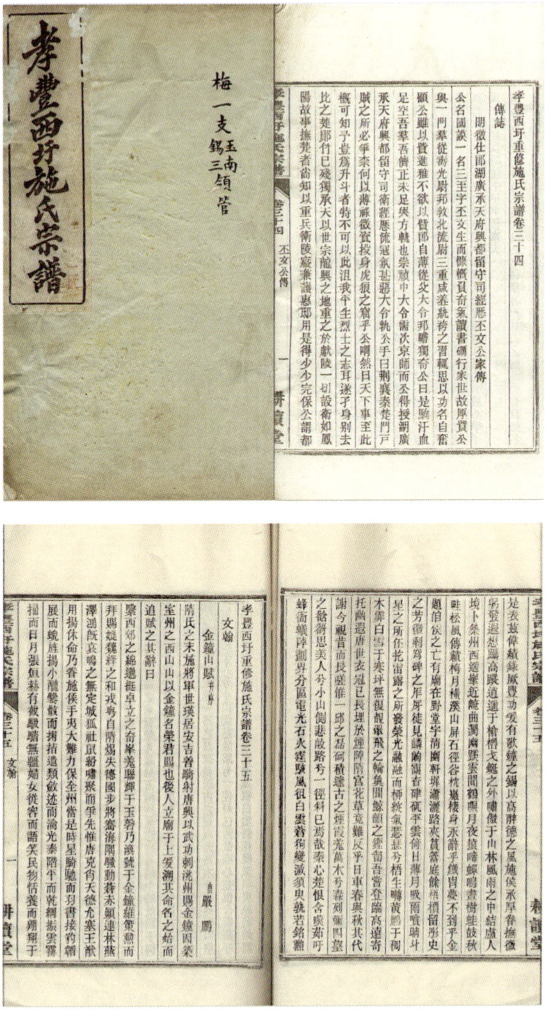

图三 《西圩施氏宗谱》选二

《序》中琴瑟和鸣之乐处处可见，由于吴玉华比施应心大，作为表姊的她还时时谦让着他。施应心师从吴五凤，幼年居住在姑母家，因此与吴玉凤可谓青梅竹马，情投意合。从吴玉华《秋夜寄怀辛萝秦中》诗题来看，在此之前施应心还有过陕西一带的谋生经历。深居在西圩家中的吴氏，以诗代简，将思念化作笺纸一页，遥寄远在“秦

〔1〕根据施应心《停红夜话序》可以推知吴玉华年长吴应起近十五岁，李赓芸作《吴神童诗》时吴应起才二岁余，时在乾隆五十六年（1791），由此前推16年，故吴玉华的生年约在乾隆四十年（1775）。

〔2〕[清]吴昌硕主修：《吴氏宗谱》卷八“吴应起”，光绪二十四年（1898）重修本。

中”的施氏，寓情于景，即所谓的“情景双清”是也。非常可惜的是，吴氏的两种著作均散佚无存，令后世无从掇拾其更多的兰心蕙质。

二、兄弟皆嘉树

由于受家学影响，施应心弟兄辈大多雅好诗文，擅长书画，所谓翩翩佳弟子是也。其中首推施应心的胞弟施惠心（生卒年不详）。

施惠心，字仲孚、问庄，号柳村，庠生，与兄施应心并有才子之目。施惠心虽然年少于施应心，但“所为经义文辞沉博绝丽，渊乎浩然，环瑰特异，乐府歌诗，缅缅数千百言，摇笔立就，老书生挢舌读，不能终一篇。”[1]可惜施惠心年仅二十二岁即早逝，但其所学却极为庞杂：

> 为学之志特锐，其于经疏、子史、天文、算数、地志、水经、典礼、掌故，限日程课，丹椠钞胥，研详考究；而又欲殚精艺术，凡六书、篆刻、丹青、写生、倚声、协律；以至于骑射、角抵，间及雕镂、髹锻，无不曲尽其技。[2]

由此可见，施惠心不但学问精深，而且文武双全，书画篆刻无一不精。其短短的一生，著有《经疏日纂》三十卷、《苕溪续志》一卷、《双梧桐馆诗集》四卷《文集》二卷、《柳村制义》二卷、《花南楼印谱》一卷、《和十国宫词》一卷，其余撰述未卒业者尚有十余种。施惠心擅长篆刻，很有可能是受到父亲施遇銮的影响，吴昌硕的父亲吴辛甲喜欢刻印，不知道有没有受到这些祖、父辈姻亲的影响。

施应心的从兄弟施锦心（施遇时子，生卒年不详），字组香，拔贡，工诗文，著述甚富，有《万松酬唱集》《北征少作》《西泠集》《蚊眉窝草》《客越吟》《蕊珠楼杂著》等，也是一位不可小觑的人物。施锦心有《以拙著〈绎

---

〔1〕[清]张迎煦：《柳村文学传》，《孝丰西圩施氏宗谱》卷三十四，民国重修本。
〔2〕[清]张迎煦：《柳村文学传》，《孝丰西圩施氏宗谱》卷三十四，民国重修本。

史录〉并〈数米巵言〉未刻稿寄呈御史王勿庵师江宁学署，兼示钱竹孙同年（师康）、姚凤裳公子（培广）》诗：

索莫惭家食，文章失故吾。题桥谁意气，仰屋此头颅。秋士剑三尺，冬心衣五铢。狸毛自怜惜，路鬼尚揶揄。

竹孙富家学（钱君为竹汀宫詹孙），姚子自超群。抱膝对千卷，中心悬二君。踏愧殊草草，落叶已纷纷。有约公超市，偏师张一军。

从诗题还知施锦心著有《绎史录》《数米巵言》二种未刻稿，并知其从王以衔（1761—1823）游。王以衔，字署冰，号勿庵，归安菱湖（今属湖州）人。乾隆六十年（1795）状元，官至礼部右侍郎。钱师康，字郑卿、筠生，号竹孙，钱大昕（1728—1804）的孙子。嘉庆十八年（1813）拔贡，选授安徽祁门教谕。施锦心与钱师康有同年之称，也是1813年的拔贡生。施锦心《红杏村居十景图诗序》中说："甲戌春，余将有都门之行。"施氏此行正是赴京参加考试，结果名列二等，授"直州判"，而钱师康名列三等，选授祁门教谕。施锦心北上时，施应心正在陈鸿寿幕中，而陈斌则在合肥知县任上。

施遇时《奥游草》卷后有戴敦元、许乃普（1787—1866）、杨炳堃（1787—1858）题跋，见于《孝丰县志》，其中戴敦元题跋中有："怪底清音呼小凤，诗篇冰雪本家传。"其小注云："先生仲子组兰，从予游，博雅以诗名于时。"[1]组兰，即施锦心。戴敦元，字金溪，号吉旋，浙江开化人。乾隆五十八年（1793）进士，官至刑部尚书。诗文之外，施锦心也雅好书画，曾请松阳孟小峄（生卒年不详）画了十景图，这十景分别是：双溪合流，雨郭观鱼，石山古松，溪寺晚钟，枫岭归樵，高河垂钓，松堤截涨，竹筏传桥，夹溪水碓，清远山房。

施应心的另一个从兄弟施丹心（施遇升子，生卒年不详），字斐孟，与施

〔1〕[清]刘濬主修：《孝丰县志》卷十《艺文志》，同治十二年（1873）重修本。

应心同科举人，拣选知县。工诗文，著有《红杏溪楼文集》《学古轩诗抄》，也是才子一个。

三、结语

施氏家族中除诗文之外，还有喜欢和擅长书法者，如施应心的从祖施玉章“善书，得米元章真迹，书益进，其擘窠题额屏帧，多称于时。”[1]擅书之外，施玉章还擅长书评，著有《研露斋书评》一书，王以衔有跋。[2]另外，施玉章还有收藏，除了前面提到的米元章真迹外，李放《皇清书史》还提道：“曾见一白寿山大方印，阴文‘研露斋’三字，刻手甚佳，当是拙安遗物。”[3]施应心的从叔施遇时也擅书，“书法绝似米海岳，见珍于时”[4]。施遇銮“书法古劲，尤工篆刻”[5]。因此，施应心与诗文、书法、篆刻兼善的阮元、陈鸿寿等人游，诗文之外，应该还有一定的艺术基础。西泠印社首任社长吴昌硕与施氏家族非常亲近，其书画、篆刻的爱好和启蒙除了来自家族影响之外，也或多或少、直接间接地受到施氏家族的影响，毕竟在偏僻的山区，相互影响只能在小范围内产生。

---

〔1〕[清]李放著:《皇清书史》(《丛书集成续编》第38册),上海书店,1994年,第21页。
〔2〕[清]刘濬主修:《孝丰县志》卷十《艺文志》,同治十二年(1873)重修本。
〔3〕[清]李放著:《皇清书史》(《丛书集成续编》第38册),上海书店,1994年,第21页。
〔4〕[清]李放著:《皇清书史》(《丛书集成续编》第38册),上海书店,1994年,第21页。
〔5〕[清]李放著:《皇清书史》(《丛书集成续编》第38册),上海书店,1994年,第21页。

严元照佚稿流传考略

——从吴昌硕题诗谈起

潘继斌

吴昌硕目睹杨岘所藏严修能文稿后，曾撰有《藐翁命题严修能先生自写文稿》[1]（图一）诗四首：

乾嘉老辈渐云徂，手稿清腴玉不如。苕上劫灰如可拨，榆楼尤重擘窠书(先生工书，“榆荫楼”额即其手笔)。

芦帘土铿移居日，卢(抱经)段(玉裁)钱(竹汀)梁(山舟)辨难时。一卷娱亲真性在，吴羌山色对舒眉。

著作空传子若孙，等闲难妥一诗魂。搜罗剩有潜园在(陆存斋观察刻先生遗书数种)，风雨孥舟石冢村。

文章骨相演群经，读罢浑如拥百城。眼福突过丁处士（来书谓丁月河处士屡欲假观是册而未果)，寓庸斋内老门生。[2]

严修能，即严元照。严元照（1773—1817），浙江归安石冢（今属湖州）人，字修能，又字九能，号悔庵，乾嘉时期知名学者，精小学、富藏书、喜校雠，受阮元、朱珪的器重。严元照交游广泛，与卢文弨、段玉裁、钱大昕、梁同书等学者订交，著有《娱亲雅言》《尔雅匡名》等，移居吴羌山所在地德清

[1] 吴长邺著《我的祖父吴昌硕》称《藐翁命题严修能先生自写文稿》写于1891年（上海书店出版社，1997年，第291页）。因无材料佐证，作诗时间尚存疑。

[2] [清]吴俊卿著:《缶庐集》卷二，民国十三年（1924）刊本。

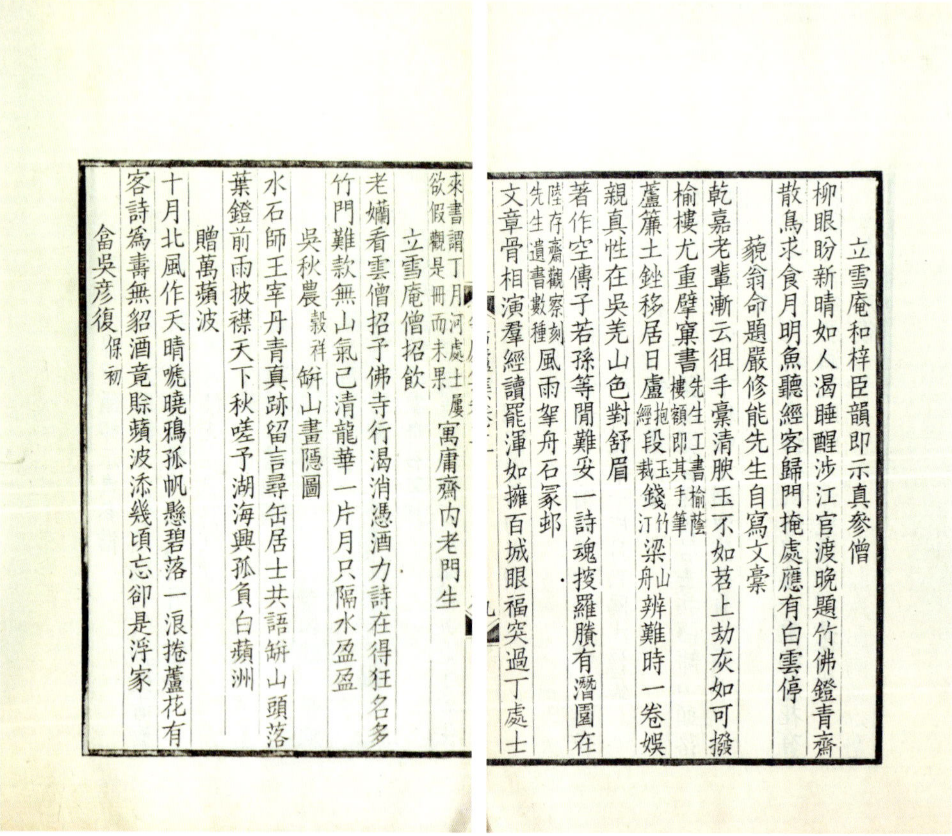
立雪庵和梓臣韻即示真參僧
柳眼盼新晴如人渴睡醒涉江官渡晚題竹佛鐙青齋
散鳥求食月明魚聽經客歸門掩處應有白雲停
藐翁命題嚴修能先生自寫文槀
乾嘉老輩漸云徂手槀清腴玉不如茗上劫灰如可撥
榆樓尤重璧窠書先生工書榆蔭樓額即其手筆
蘆簾土銼移居日盧經抱玉段裁錢汀竹梁山舟辨難時一卷娛
親真性在吳羌山色對舒眉
著作空傳子若孫等閒難妥一詩魂按羅臏有潛園在
陸存齋觀察刻先生遺書數種風雨挐舟石冢邨
文章骨相演羣經讀罷渾如擁百城眼福突過丁處士
來書謂丁月河處士屢欲假觀是冊而未果寓庸齋內老門生
立雪庵僧招飲
老孏看雲僧招予佛寺行渴消憑酒力詩在得狂名多
竹門難款無山氣已清龍華一片月只隔水盈盈
吳秋農穀祥餅山畫隱圖
水石師王宰丹青真跡留言尋缶居士共語餅山頭落
葉鐙前雨披襟天下秋嗟予湖海興孤負白蘋洲
贈萬蘋波
十月北風作天晴嘸曉鴉孤帆懸碧落一浪捲蘆花有
客詩爲壽無貂酒竟賒蘋波添幾頃忘卻是浮家
畲吳彥復保初

图一　吴昌硕《藐翁命题严修能先生自写文稿》诗

并逝葬于此。严元照工书法，四书皆能，尤精小楷。吴昌硕得观其稿本风采，有“手稿清腴玉不如”之句，可视为对严氏秀逸书体的肯定。

藐翁，即杨岘。杨岘（1819—1896），字庸斋，浙江归安（今属湖州）人，以经学见长，工书法，以八分书名噪一时，藐翁为其自号。杨岘因机缘得藏严元照的部分手稿，极为珍视。吴昌硕小注云：“丁月河处士屡欲假观是册而未果。”丁处士，即丁宝书（1821—？），名兆庆，一字葆书，国学生，居归安月河，与塘栖劳氏交，著有《月河居士文钞》《湖州金石略》《古今刊椠闻见录》等。丁宝书曾代陆心源修《归安县志》，对同郡名士严元照的遗著极为看重，深知手稿的珍贵，屡次来借观，为杨岘所拒。吴昌硕则问学于杨岘，以师礼待杨岘，以画、印才学受杨岘器重，二人交情匪浅，故吴昌硕得观前贤手泽。

杨岘所藏严修能自写文稿为散佚的《悔庵学文》手稿，作为补遗辑入《悔庵学文》八卷本，得以刊行。自乾嘉迄民国年间，《悔庵学文》手稿曾数易其主，在二百余年的流传过程中，稿本的流散、传钞、刊行、递藏，堪称一段佳话。

一、刘氏钞本与陆氏刊本

光绪五年（1879），刘履芬以严元照手稿底本录副《悔庵学文》。（图二）陆心源[1]以刘履芬钞本为底稿刊行《悔庵学文》，即湖城义塾刻《湖州丛书》十二种本。钞本与刊本皆补遗杨岘所藏严元照自写文稿《费君墓志铭》。《费君墓志铭》前有刘履芬题跋：“《悔庵学文》八卷稿本，今在仁和朱氏，光绪己卯三月既望假钞，至闰三月上浣七日竣事，江山刘履芬记。”[2]（此跋陆心源刊本未辑）刘履芬在《悔庵学文》钞本末页附记云：“杨庸斋岘藏悔庵手稿十余番，中有此篇，补录附后。”[3]刘履芬称《悔庵学文》部分手稿为杨岘所藏，根据“藏”字判断，杨岘所藏文稿与仁和朱氏所得不同。

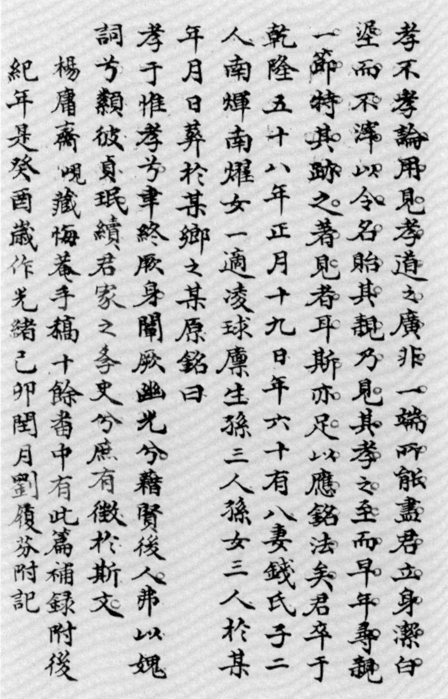
孝不孝論用見孝道之廣非一端所能盡君立身潔白
涅而不滓以令名貽其親乃見其孝之至而早年壽親
一節特其跡之著見者耳斯亦足以應銘法矣君卒于
乾隆五十八年正月十九日年六十有八妻錢氏子二
人南輝南燿女一適凌球廩生孫三人孫女三人於某
年月日葬於某鄉之某原銘曰
孝于惟孝兮聿終厥身闡厥幽光兮藉賢後人弗以媿
詞兮類彼貞珉續君家之秀史兮庶有徵於斯文
楊庸齋峴藏悔菴手稿十餘番中有此篇補録附後
紀年是癸酉歲作光緒己卯閏月劉履芬附記

图二　刘履芬题严元照《悔庵学文》钞本

刘履芬(1827—1879)，字彦清，一字泖生，号沤梦，祖籍浙江江山，客居苏州。工诗词，性嗜书籍，遇善本不惜重价全力购求，不能购者则手自抄录。

---

〔1〕陆心源(1834—1894)，字刚父，号存斋，晚号潜园老人，浙江归安(今属湖州)人，咸丰九年(1859)举人，有皕宋楼专藏宋元旧本。

〔2〕[清]严元照著，刘履芬钞:《悔庵学文》卷八，光绪五年(1879)钞本。

〔3〕[清]严元照著，刘履芬钞:《悔庵学文》补遗，光绪五年(1879)钞本。

刘履芬与闲居苏州的杨岘有交谊，故有辑佚严元照《悔庵学文》之举。光绪五年（1879）三月，刘履芬辑抄《悔庵学文》。此年，刘履芬代理嘉定知县，为民雪冤，含愤自尽。刘履芬殁后，藏书流散，《悔庵学文》钞本为长洲章钰四当斋所得，后为章氏家属捐藏北平图书馆，即今国家图书馆。

光绪十年(1884)前后，陆心源刊刻乾嘉时期湖州乡前辈徐养原、严元照、杨凤苞、施国祁四人遗著，辑为《湖州丛书》十二种，严元照生前所著《悔庵学文》即为其一。陆心源喜顾炎武书，非常推崇正统学人，他致缪荃孙书云："嘉道间，湖人学问当推许周生、严九能、张秋水、杨秋室、徐新田、沈落帆诸公"〔1〕。为表示对乡贤的敬意，光绪间陆心源在德清县北柯家山为严元照墓"立碑植树"〔2〕。

陆心源在辑《湖州丛书》前，竭力网罗乡前辈未刊稿。而杨岘与陆心源交好，同为"苕上七子"之一，关系颇洽，在陆氏收藏过程杨岘也曾充当顾问，尺牍往来，在金石藏书方面互相请益。陆心源借刘氏钞本刊《悔庵学文》，应有杨岘之功。

二、乾嘉遗老

吴昌硕《藐翁命题严修能先生自写文稿》称，"榆荫"楼匾额的大字为严元照题写，往事与掌故当为杨岘所告。依第一首诗"苕上劫灰"判断，榆荫楼毁于太平天国时期。吴昌硕在《缶庐集》中多次提到奚疑，如"鉴影碧浪俯，感旧榆楼仰"（《归老显亭图藐翁先生命写》）、"吾乡比风趣，老辈一榆楼"（《周莱仙买醉图》）。

程铭敬〔3〕与杨岘女婿汪煦交好，自汪煦处听闻严元照闱场逸事，曾云："老友无锡汪符生煦，闻其外舅杨藐翁岘之言曰：先生娶于嵇相国家，入学后文恭公迫令省试。先生无如何，草草入闱。三场题《满江红》词一于卷，被贴

〔1〕[清]陆心源撰，郑晓霞辑校：《仪顾堂集辑校》，广陵书社，2015年，第70页。

〔2〕[民国]吴翯皋修，程森纂：《德清县志》，成文出版社，1970年，第816页。

〔3〕程铭敬(1868—?)，字以庵，号忆云，江苏吴县(今属苏州)人，喜藏金石碑版及古籍，曾随父宦居德清，熟于严元照生平，辑有《画扇斋丛录》(稿本未刊)。

至公堂。”[1]又云：“此事不见记载。藐翁故吴兴有学者，尚得见乾嘉耆老。此说谅非虚也。”

杨岘在湖州时曾流连城南风光，与居城南的乾嘉老人奚疑有直接交往。奚疑（1771—1854），字子复，一字虚白，又字乐夫，号方屏山樵，别号榆楼，晚号酒奚，浙江归安（今属湖州）人，居榆荫楼，博雅多闻，善诗词，著有《榆荫楼诗稿》。奚疑《跋严修能九兄诗后》称：“修能严子小余一岁，自幼有神童之誉，与余交十余年，盖朋友犹昆弟也。”（图三）[2]严元照在弥留之际张目俟奚疑至，执手永别，可见二人交情之莫逆。

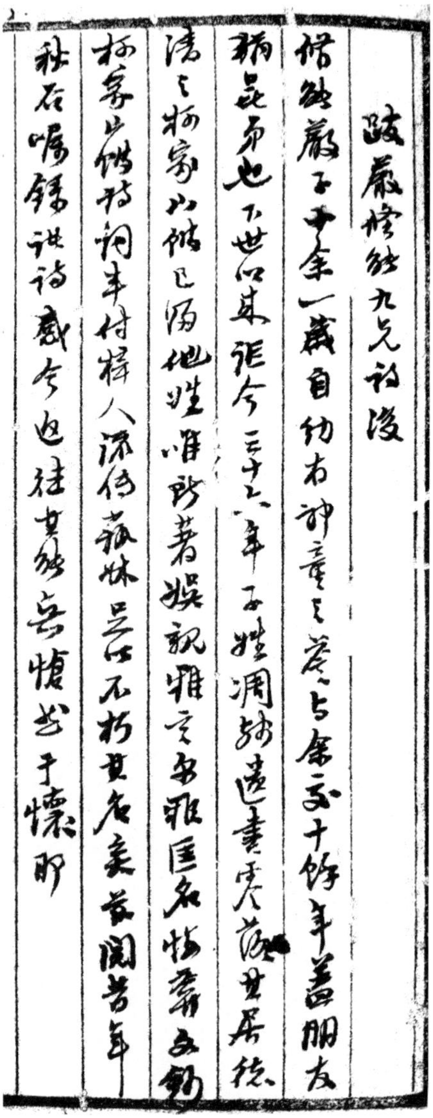

图三　奚疑题严元照诗后

杨岘撰有《奚疑别传》，补阙施补华所写《奚疑传》。作为写传人，杨岘对传主奚疑的生平十分熟悉。杨岘一直留心乾嘉名士的手稿，他在致吴昌硕的一通信札中提及吴子常钞本与奚疑手稿的状况，云：“吴子常《湖州诗录》十二册已借得，自乾隆中晚讫同治季年，共二百余人，藐所知者仅数十人。亦有藐所知而未入录者，恐不免遗珠之憾，然用心已苦矣。老弟如要看，可以寄上。看竟，早寄还。候示。又闻虚白先生全稿尚在，亦能借出。此等书苦无付梓之人，徒唤奈

〔1〕顾廷龙著：《顾廷龙全集·著作卷·吴愙斋年谱 严九能年谱》，上海辞书出版社，2016年，第452页。

〔2〕［清］奚疑撰：《榆楼题跋》，南京图书馆编：《南京图书馆藏稀见书目书志丛刊》第十九册，国家图书馆出版社，2017年，第105页。

何。即有其人，亦防师心删薙，转不如不梓之为妙也。”[1]信中提到的吴子常即吴钟奇，浙江乌程（今属湖州）人，与吴昌硕为同族。杨岘曾为吴昌硕访得吴钟奇稿本《国朝湖州诗录三编》，借其抄副。而奚疑稿本，杨岘叹无人为之刊行，转念又觉保持稿本原貌不付梓是好事。

奚疑为地方知名人物，文人都喜欢与他结交。奚疑不拘于俗，在80岁时折辈与18岁的施补华订交，对其赞赏有加，还为施补华的诗集题跋。奚疑与杨岘年龄差48岁，二人的关系也是忘年交。杨岘有榆荫楼题壁诗，说明榆荫楼主人认可这位乡后生的书法。奚疑也曾来拜访杨岘，杨岘《榆楼老人枉过》诗云："榆楼老诗伯，访我命高轩。白发能好客，青山同到门。"[2]杨岘对奚疑的最初印象要追溯到杨岘幼年时。幼年的杨岘登榆荫楼，曾睹奚疑手稿，他在《奚疑别传》中云："诗词稿积二三十卷，余幼时登楼窃发之，皆行书。自缮写书，野逸有致。乱后原稿不可得矣。"在致吴昌硕信中又说"全稿尚在"，可见此时文稿尚未散佚。而现存民国五年（1916）所刊《榆荫楼诗存》为集散稿所编，彼时奚疑稿本已零落。

三、兵燹之后

同治年间的太平军扰湖州，湖州门阀旧藏古籍、字画、吉金等散佚较多。吴昌硕的忘年交章绶衔[3]的藏书也散于此时。

章绶衔有书癖，曾自置数万卷，好收集散佚的乡贤稿，得善本与未梓行本皆经目。[4]章绶衔《自嘲》一诗云："拼命收书了无期，腐儒癖好最难医。黄金散尽寻常事，欲拨秦灰拾劫遗。"[5]根据"秦灰""劫遗"两词看，此诗为太平军乱后所作。章绶衔熟于掌故，同治间参与纂修《湖州府志》。章绶衔为严元照写过《严先生传》（文已佚），陆心源《三续疑年录》有引用，对严

〔1〕转引自梅松《（缶庐识小录08）宗亲吴钟奇》，2024年3月27日发布于"小曼陀罗龛"微信公众号。

〔2〕[清]杨岘著：《迟鸿轩诗弃》卷三，吴兴刘氏嘉业堂刊《吴兴丛书》本。

〔3〕章绶衔（1804—1875），字辛复，号紫伯，清恩贡，浙江归安荻溪（今属湖州）人，工书法，善绘事，富收藏，精鉴赏，著有《辛复庐笔记》《摩兜坚室诗草》等，又有《摩兜坚室藏书目录》存世。

〔4〕[清]章文熊等编纂：《吴兴荻溪章氏家乘》卷四，民国十三年（1924）四修。

〔5〕[清]章文熊等编纂：《荻溪章氏诗存》卷三，民国十七年（1928）刊本。

氏生卒年的认定是正确的。严元照下世时，章绶衔14岁，已然知事，同为藏书人，严元照次女又适荻溪章家，故章绶衔写严传应较他人之作翔实。

兵燹之后，客居苏州的归安人杨岘、吴云（1811—1883）自发购藏前贤所散骨董和善本，二人注重乡邦文献与文物。杨岘得严元照稿本。吴云在古肆购得乱世之中散出的姑苏曹氏、嘉禾张氏旧藏器物。而陆心源着力收书，他在同治《重修湖州府志序》中云："兵锋甫息，书籍焚如，文献将湮……湖有书船，夙善聚书。兵后，吾得于书船者尚不下数万卷。"石冢严氏芳椒堂的部分藏书及严元照的一些遗稿曾为陆心源购得。光绪三十三年（1907），陆氏后裔将藏书售与日本静嘉堂文库，最终流落异邦。严元照《娱亲雅言》稿本三卷也在《静嘉堂秘籍志》藏书目次中。

至于杨岘所藏严元照手稿来源，塘栖劳氏丹铅精舍散出的可能性较大。严元照曾将《尔雅匡名》手稿托付好友丹铅精舍主人劳经原保存，在严元照殁后的第三年，劳经原为之校订梓行。兵燹后，丹铅精舍藏书损毁严重。劳氏丹铅精舍藏书之散，部分归于塘栖朱氏结一庐，即刘履芬所称的八卷稿本主人"仁和朱氏"。据塘栖名士虞铭先生闻，1966年前劳氏后裔仍存祖辈的少量遗书，见不少古书之上钤有严元照"香修"私印，可见严元照的部分藏书曾在劳氏丹铅精舍保存。

杨岘精经学，推崇校雠，学术继承乾嘉。太平天国中，杨岘遭遇妻离子散的家庭变故，校订的书籍和研究经史的手稿遗失，失意之下无心学术著述，所传诗文集皆为杨岘眼中不得意的作品，自谓"小道不足观，盖所志不在此也"。后世觉杨岘生平神秘，究其原因，还是在于存世著作不多。杨岘有自辑《藐叟年谱》，但未辑录购藏严元照手稿等琐事。至于手稿如何散，递藏于谁，现归何处，皆是谜团。在杨岘写给吴昌硕的一通信札中，可以找到杨岘藏书散出的一点线索。1887年后，吴昌硕已寓居沪上，杨岘曾写信托吴昌硕代售藏书（均由杨标定价目），后由凌霞为介，将所藏的一些善本流出。

四、民国遗响

民国时期，王国维亦得严元照文稿，来源不详，传承脉络为：王国维—罗振玉—罗继祖。1919年2月，王国维"购得唐栖劳氏丹铅精舍藏严元照（悔

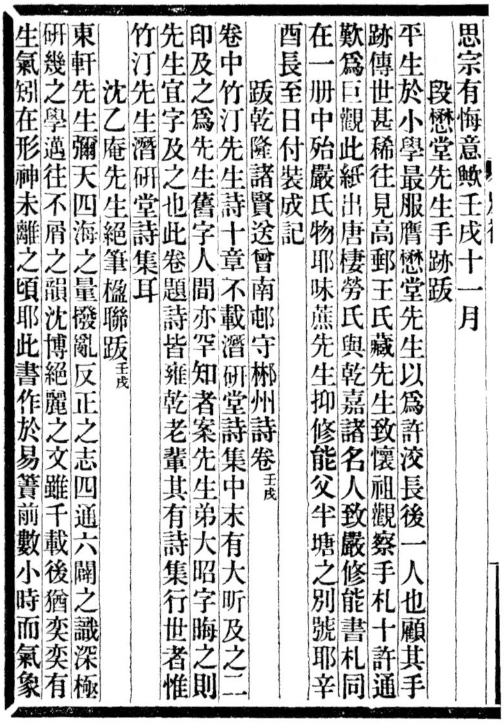

思宗有悔意歟壬戌十一月
段懋堂先生手跡跋
平生於小學最服膺懋堂先生以爲許洨長後一人也顧其手
跡傳世甚稀往見高郵王氏藏先生致懷祖觀察手札十許通
歎爲巨觀此紙出唐棲勞氏與乾嘉諸名人致嚴修能書札同
在一冊中殆嚴氏物耶味蕉先生抑修能父半塘之別號耶辛
酉長至日付裝成記
跋乾隆諸賢送曾南邨守郴州詩卷壬戌
卷中竹汀先生詩十章不載潛研堂詩集中末有大昕及之二
印及之爲先生舊字人間亦罕知者案先生弟大昭字晦之則
先生宜字及之也此卷題詩皆雍乾老輩其有詩集行世者惟
竹汀先生潛研堂詩集耳
沈乙庵先生絕筆楹聯跋壬戌
東軒先生彌天四海之量撥亂反正之志四通六闢之識深極
研幾之學邁往不屑之韻沈博絕麗之文雖千載後猶奕奕有
生氣矧在形神未離之頃耶此書作於易簀前數小時而氣象

图四　王国维《段懋堂先生手迹跋》

庵）诗文稿若干纸，即据此校刻本，颇有异同，想是刊刻印时又有改订”。[1]同年6月12日，王国维想以严九能文稿及信件交换兮田盘，致罗振玉札云：“公在沪所得金文拓本中有兮田盘，此拓公是否为第三份？如已有二份，则愿以严九能文稿及信件等与公易之。因狎犺三器，永有其二，而此盘最难得故也。”[2]同年6月21日，邮寄严九能文稿及信件并致罗振玉札云：“严修能手写文稿八篇、诗一首奉呈左右，请察收。内《题汉弩机摹本后》与《秋堂延桂图记》二篇未入集中，永已校出矣。”[3]又《段懋堂先生手迹跋》云：“此纸出唐栖劳氏，与乾嘉诸名人致严修能书札同在一册中，殆严氏物耶？”[4]（图四）据此判断，塘栖劳氏除保存严元照部分手稿和藏书外，还得到了严元照与乾嘉名士往来的珍贵手札。罗继祖在《罗振玉王国维往来书信》中加有按语，云：“严九能，名元照，清嘉道间（实为乾嘉）浙中学者。王先生得其未见著录之文，与公（罗振玉）易兮甲盘拓本，此稿本在我手，后失去。严工书，小楷类文衡山。”[5]

综上，仁和朱氏、归安杨岘、海宁王国维所得严氏稿本皆不是同一种，或均源于塘栖劳氏丹铅精舍。

〔1〕袁英光、刘寅生著：《王国维年谱长编》，天津人民出版社，1996年，第273页。
〔2〕袁英光、刘寅生著：《王国维年谱长编》，天津人民出版社，1996年，第278页。
〔3〕袁英光、刘寅生著：《王国维年谱长编》，天津人民出版社，1996年，第278页。
〔4〕[民国]王国维著，海宁王氏校印：《观堂别集》，民国十六年（1927）《海宁王忠悫公遗书》本。
〔5〕王庆祥、萧文立校注，罗继祖审订：《罗振玉王国维往来书信》，东方出版社，2000年，第459页。

五、结语

道咸中兴，湖州收藏一脉，民间自有传承。陆心源、杨岘、吴云、章绶衔等前辈，风雅好古，重视收集乡贤遗著与金石文物，组成晚清湖州归安名士收藏圈。吴昌硕艺术风格的逐步成熟离不开道咸时期乡邦文化的熏染。

道咸以降，学者尚承乾嘉遗风。乾嘉乡贤遗著在兵乱中散佚，有识之士齐力购藏，有刊行之举，有保存之功，有记录传播之劳，使文脉延续不断。吴昌硕是此过程的亲历者，见证师友们对乡前辈遗稿与旧藏的传承，其收藏理念亦受到潜移默化的影响。

诸宗元致夏敬观札漫考

张武装

吴昌硕诗友、南社诗人诸宗元（1876—1932），字贞壮，一字贞长，又作真壮、真长，浙江山阴（今属绍兴）人。诸氏有《大至阁诗》，叶恭绰所作序谓其少作“骨格腾健，望之莫及”，中年“则益转为苍浑，骎骎与散原、吷庵诸公并驰”。以诸氏比肩“同光体”代表诗人陈三立，评价可谓高矣。“吷庵”为缶翁另一位诗友，近代词坛名家夏敬观，与诸氏交“逾三十年”。夏氏序《大至阁诗》云：“所赋诗多随兴所至，振笔书之，未尝刻意锻炼，求胜于人。”又谓诸氏“才逸言雅，固不在近顷诸能诗者后”[1]。

除了以缶翁晚年诗文代笔人的身份进入某些吴昌硕研究者的视线，诸氏最为常人所津津乐道的，恐怕还是同为南社中人的吕碧城说他“须发皆白”那事了。这也难怪，所谓好奇之心人皆有之，有趣的掌故总是能吸引人。但有趣和信实往往不能兼得，有的时候就连掌故家笔下的记载也未必可信。如“补白大王”郑逸梅说，诸氏姊丈、也是缶翁之友的商言志，“其夫人，南社诸贞壮女弟也”[2]，“女弟”即“女兄”之误。此事不用去做乏味的考据，只要看一看诸氏所作的《商氏姊传》[3]便可明白。掌故家自是不免，甚至也不妨如此，就是缶翁与诸氏后人的文字，有时也须仔细甄别。吴长邺的《诗词契友诸贞壮》中说，1927年冬缶翁辞世后，“贞壮悲痛万分，几次想作诗表达哀思而不果，第10天方成五古一首，不久贞壮也因哀伤过度而与世长辞”[4]。“不久”云

〔1〕[清诸宗元撰:《大至阁诗》,民国二十三年(1934)刊《爰居阁丛书》本。
〔2〕郑逸梅著:《郑逸梅选集》第五卷,黑龙江人民出版社,2001年,第237页。
〔3〕[清]诸贞壮撰:《商氏姊传》(上),《申报》1928年9月7日第22版。该文下篇见次日第22版。
〔4〕吴长邺著:《我的祖父吴昌硕》,上海书店出版社,1997年,第152页。

云就未免夸张，所述诸氏死因又太过牵强。诸氏后人所作的《诸宗元生平事略》[1]，也不无可商之处。而专门的研究文章，如朱关田的《诗画之缘，忘年之交——记吴昌硕与诸贞壮交游》[2]、张开心的《诸宗元〈大至阁诗〉初探》[3]，也难免失实、含混。

作为《近代名人尺牍汇刊》初辑之一种，《夏敬观友朋书札》一书收诸氏致夏氏札十五通，内信札三通，余为诗札。[4]下文于释读之外，略考其写作时间、人事，借以掇补诸氏事实空白并厘清若干问题。

一、诸氏之生卒日期

一般资料所注诸氏生卒年，均作“诸宗元（1875—1932）”。诸氏之生年，郑逸梅在《南社丛谈》的《南社社友事略》中谓“一八七五年生”[5]，《初探》亦云“1875年生于庐陵（今江西吉安）”，年份略有小误，但不妨先从其卒年说起。

《事略》谓诸氏“于1932年2月21日病逝于上海蒲石路庆福里”，未知是否受《南社社友事略》影响。郑氏云：“民国二十一年二月十一日病逝于沪寓蒲石路庆福里。无以为殓，柳亚子、梅兰芳各致唁二百元，于伯循致三百元，梁爰居致二百元，且为刊《大至阁集》。”《初探》从《申报》知其“于民国二十一年（1932年）4月26日病逝于沪寓蒲石路庆福里”，又说：“身后亦颇萧条，甚至都没钱办丧事，生前好友柳亚子、梅兰芳和梁爰居，各致奠仪二百元，于右任致三百元，送殡后又为他印行《大至阁诗》传世。”颇使人疑此亦系郑氏影响。虽以赙金数目作归整，又将冷僻之于伯循换作于右任，却混淆了

〔1〕窦兆莲、王朝晖撰：《诸宗元生平事略》，见“南社与辛亥研究”微信公众号，网址https：//mp.weixin.qq.com/s/jQLR2UteHYwyHkmaVcC1vQ。下文简称《事略》。

〔2〕朱关田撰：《诗画之缘，忘年之交——记吴昌硕与诸贞壮交游》，《中国书画》，2004年第5期。下文简称《交游》。

〔3〕张开心撰：《诸宗元〈大至阁诗〉初探》，山东大学硕士学位论文，2021年5月26日。下文简称《初探》。

〔4〕虞思徵编：《夏敬观友朋书札》第一册，复旦大学出版社，2021年，第104—131页。

〔5〕郑逸梅著：《郑逸梅选集》第一卷，黑龙江人民出版社，1991年，第262页。

《大至阁诗》的印行情形。

《初探》所据，即《申报》1932年4月28日第7版《名人诸贞壮逝世》一文：

山阴诸贞壮（宗元），工诗能文，兼讲经世之学。历任浙江电政监督、国务院秘书、教育部秘书及商务印书馆编辑等职，著作甚富。久病不愈，已于四月廿六日逝世，卜葬于虹桥路工部局公墓。闻其家况艰难，子女失恃，知交好友尚拟为之集款佽助云。[1]

柳亚子在《虎丘雅集前后的南社》中说："公元一九三二年（民国廿一年）四月二十八日，殁于上海。"[2]恐怕是误以《申报》刊载之日为诸氏辞世之时。诸氏好友朱炎午的《哀贞壮》诗序则更详细："夏政三月二十一丁巳日丑时，殁于上海蒲石路庆福里寓庐。起病于客腊初三日晚八时，展转翻复凡一百七日。"诗注则云："夏政三月二十四日申刻，葬于上海虹桥外国公墓，均李君拔可主持，亲友冒雨送葬。"[3]

朱氏这首诗附于诸氏诗文稿中，即《初探》所谓的"在上海图书馆觅得诸贞壮诗钞不分卷，附哀挽不分卷、诗钞补编不分卷、文钞不分卷稿本"。前有王蘧题识：

山阴诸贞壮诗钞七册，生前由其挚友滦州朱钵文董理。甲戌，长乐梁众异钞得三百十二编，刊行为《大至阁诗》。嗣李墨巢再选，商诸钵文欲重印，未举。会今冬钵文又去世，遗书散佚，诸稿尚留箧中。予商诸叶遐庵暨墨巢送置图书馆，两公均赞助其事。继予又搜得其文钞及早岁诗稿各一帙，并诗钞共九册，汇交遐庵处代致合众图书馆保存，俾供众览，庶几亡友锦囊心血不致淹没于尘露云。民国卅二年癸未嘉平，王蘧识于海上摄堂。

〔1〕《申报》1932年4月28日第7版。

〔2〕柳亚子著：《首版〈南社纪略〉》，上海大学出版社，2017年，第14页。

〔3〕[清]诸宗元撰，王蘧题跋：诸贞壮诗钞不分卷，附哀挽不分卷、诗钞补编不分卷、文钞不分卷，稿本。上海图书馆藏，索书号：T27055-62。下文简称"稿本"。

李墨巢即“李君拔可”李宣龚，叶遐庵为叶恭绰。

《夏敬观年谱》1932年载：“3月，诸宗元卒。先生以诗哭之（以上《忍古楼诗》卷十四）。”所谓“以上”，是还包括了上一条：“3月10日始，先生与林葆恒、梁鸿志及子承诗往游华山，3月14日，宿华山下玉泉寺。3月15日，自西谷入山。返途过洛阳，游伊阙佛龛。”[1]“玉泉寺”并非佛寺，而是道教宫观玉泉院，夏氏诗题本作《三月十四日宿玉泉院，赋示同游林讱庵、梁众异、李次贡诸君》。更为重要的是，《忍古楼诗》以干支系年，夏氏所书均为旧历月日，而非公历。梁氏序《大至阁诗》有云：“壬申三月游华山归，贞长已前死三日。”则其归沪似在三月廿四，即4月29日，不知是否赶及送诸氏最后一程。

“稿本”所录诸氏诗文甚有价值，从中可检得若干事实。其中就有诸氏乙卯（1915）所作的《十二月五日初度》，以及作于戊辰（1928）的《十二月五日五十四岁生日感书》，可知其生日为光绪元年（1875）十二月五日，即1976年1月11日。如此则详细的生卒标注应为：诸宗元（1876年1月1日—1932年4月26日）。

二、辛亥前夜在武汉

《夏敬观友朋书札》中，诸氏致夏氏第一通作于清廷大厦将倾、风雨飘摇的1910年。其文曰：

> 吷庵吾兄左右：
>
> 奉沪书，慰慰。
>
> 诗有色泽，琢句颇费力，公自评极当。弟是日适有婴武洲之游，依韵成篇，写奉一笑。病中亦成数篇，附请正之。某生事，俟其家属牒到，如可为力，自当力出湘累也。伯严诗第二册印成，祈速寄数册。笙伯尚在苏，或交其携下亦好。弟到鄂月余，病足迄未大全。痰湿之症，困苦兼旬。食啖几废，它可知矣。文书堆几，尚勤笔札，其

〔1〕陈谊著：《夏敬观年谱》，黄山书社，2007年，第142页。

苦尤不可言。拔可时来，兼领署职，此尚可与枚髯及弟谭者。报载公又兼领农工商科参事，筹画亦必大烦。柳集题词盍抽暇为之？蘯村先生所允亦幸促之，以必得为请，可乎？

慎暑，惟葆练

千万

弟期诸宗元顿首

六月廿八日

枚生、拔可诸公附候。

前书写就，因录诗颇费事，至七夕始发，可笑也。致拔可书，并得见矣。公去吴就沪，为计甚得，弟极赞成。所论近事，语语中节，佩佩。弟廿后同恕公入都，返鄂后必一归吴下，容再面罄。

弟再顿首

七夕

先理札中人物。伯严即陈三立，笙伯为诸氏二姐夫商言志，拔可为李宣龚，枚髯、枚生系王潜刚。蘯村先生似指朱祖谋，但“蘯”与“彊”并不相通，如此写法实属罕见。恕公则指瑞澂，字莘儒，又作莘如。瑞澂时任湖广总督，诸氏正在其幕中。

札中事实可考者，首为陈三立《散原精舍诗》之出版。李开军《商务印书馆〈散原精舍诗〉的编选、刊行和版本》[1]一文，排除了所谓“宣统元年本”的存在，谓“宣统二年初，《初集》正式铅印出版”。然以札中“到鄂月余”揣之，似乎“年初”尚未完全出版。起码诸氏赴鄂前第二册尚未印成赠友，才有“速寄数册”之请。李文提及的广智书局和有正书局寄售《初集》，“二家书局联合于宣统二年七月二十八日开始在狄葆贤主持的《时报》上为《初集》发布广告”，可为旁证。郑文焯在本年七月十日致夏敬观的札中云：“奉颁《散原精舍诗集》卷下，亟当珍庋，惟前集已为张幼莼太守索去未归。”[2]亦

〔1〕李开军撰：《商务印书馆〈散原精舍诗〉的编选、刊行和版本》，《文艺研究》2023年第9期。

〔2〕虞思徵编：《夏敬观友朋书札》，复旦大学出版社，2021年，第199页。

是一证。《夏敬观年谱》[1]中，本年从未经整理出版的《夏剑丞友朋书札》中录出郑札多通，七月十日这一通和诸氏一札均未见，或因未能考得时间之故。吴建伟《陈三立致李宣龚、曹经沅函札简释》[2]一文中，致李宣龚之第一通考为作于本年五月十三，其中有"闻领榷鹦鹉洲""于文书填委中，尚能与贞壮稍事唱酬耶"等语，也可参看。

"笙伯尚在苏"，再过几天就偕缶翁赴鄂。《交游》云："缶翁与贞壮结交，始于宣统元年（1909）客居苏州之时，贞壮在江苏巡抚、湖广总督瑞澂（恕斋）幕下，正协助柳亚子创建南社。""协助"云云，恐怕还是夸张的成分居多。又谓：

> 武昌北征，时在其明年即宣统二年（1910），缶翁自吴下历金陵沿江上湖，七月至武昌，八月赴京师，宿在张弁群（查客）寓所，翌年秋日返沪，先后数月，有《话旧图》志其事，有称"极文酒之雅，诙谐之乐"，此或可为贞壮诗"旧为开广筵""杂宾纵满座"云者注脚。当年贞壮偕缶翁同行北上且同客于张查客寓所是甚见惬意的。

"翌年秋日返沪"，"翌年"不确，朱氏所编《吴昌硕年谱长编》本年就有"秋杪，归自鄂渚"[3]之记。"有《话旧图》志其事"，宜于"志"前加一"诗"字，庶免引起误解。缶翁《话旧图》[4]诗前有小序，可为此札时间作一旁注：

> 查客供职京师，缶曾客其寓庐，极文酒之雅、诙谐之乐。其时在庚戌，而辛亥之秋即丁大变，迄今未及十载，前尘回首，如在梦中。此查客话旧图之所由作也，题四绝句。

〔1〕陈谊著：《夏敬观年谱》，黄山书社，2007年，第48—53页。
〔2〕吴建伟撰：《陈三立致李宣龚、曹经沅函札简释》，《文献》，2018年第3期。
〔3〕朱关田编：《吴昌硕年谱长编》，浙江古籍出版社，2014年，第269页。
〔4〕［清］吴昌硕著，童音点校：《吴昌硕诗集》，华东师范大学出版社，2009年，第232页。

很显然是题画诗，朱氏校辑《吴昌硕题画诗》就收入“题他人画”下。[1]所引“贞壮诗”，出自《哀缶翁四十韵》，“旧为开广筵”系“日为开广筵”之误。诗中又云：“思君武昌时，远来将北征。同车乐旦夕，遂作京师行。”“同车”似指黄鹤楼、抱冰堂之游，至于是否“同行北上”，则不得而知。缶翁在京宿于张寓不假，而“同客”之“客”恐怕是不能解作“宿”的。

若据缶翁《七月廿二夜半过黄河铁桥》[2]诗来看，“八月赴京师”亦属不确。此亦可从《郑孝胥日记》检缶翁“北征”前后之事。七月初五，“坐电车至海藏楼。吴仓硕及其子东迈来，赠余《访海藏楼》诗一首，且云《海藏楼图》已画就，交诸贞壮转致矣”。十一日“上新丰轮船”，十五日“抵大沽”，中间又至山海关、奉天等处，于廿三日“晚七点到京，入贤良寺。闻瑞莘如已到，亦居寺之西院”。第二天，“瑞莘如移归其宅，清帅移入西院。诸贞壮来，谈久之乃去，还余吴仓硕所画《海藏楼图》，以《借债造路策》使携示瑞莘如。亦移西院”。清帅指锡良，时任东三省总督兼署奉天巡抚，郑氏此次由奉天随其进京。此后，廿六日、廿八日、廿九日以及次月初四、初五，诸氏曾到郑处，似与“借债造路”有关。[3]以郑氏与锡良居于一处推之，诸氏所居总不会离瑞澂太远，甚而要与缶翁“同客于张查客寓所”。而诸氏就算是廿三日到的北京，以缶翁廿二夜尚在黄河铁桥论，也可证确非“同行”至京了。

抛开枝蔓，第一通的写作时间可定为宣统二年六月廿八日、七月七日，即1910年8月3日与11日。

三、并非东海关监督

诸氏辛亥前后行踪，《初探》正文独于1912年付之阙如。所附《诸宗元年表》记载该年：“4月28日补填入社书，入社书编号265。以官府幕友身份为南社活动做掩护。”进入民国，南社还需掩护，颇令人费解。次年所记则云“由张謇聘为秘书，不久调佐山东海关监督”，正文稍详于此。然既谓“佐”，则

[1] 朱关田校辑：《吴昌硕题画诗》，西泠印社出版社，2016年，第175页。
[2] [清]吴昌硕著，童音点校：《吴昌硕诗集》，华东师范大学出版社，2009年，第115页。
[3] [清]郑孝胥著，劳祖德整理：《郑孝胥日记》，中华书局，1993年，第1268—1275页。

“调”就不那么准确了。其所谓武昌起义后，“宗元只好返回浙江故里”，也与诸氏早寓吴下的实际不符。《事略》云，“民国成立后，1913年张謇任全国水利局总裁，聘请他出任秘书，不久调他任山东海关监督”，已把“佐”字去掉，俨然以诸氏为“山东海关监督”了。至于“秘书”云云，则时间、职衔均不确。《张謇日记》1913年12月22日记：“被全国水利局总裁之命。”1914年1月29日：“到部，发表佥事、司长。”[1]而《申报》则早在1月20日已登出，诸宗元为佥事。[2]

第二通即写于东海关，虽在烟台，其名却非“山东海关”；“监督”则另有其人，就是第一通及本札均提及的饶生王潜刚：

> 吷庵吾兄左右：
>
> 镇江寄诗，一一得诵。《海月》一篇为胜，“独夜”原句胜于后所改者。依韵和上。寿散原翁一首似非杰作。今得七日书，近咏二律意何恻楚！吾曹天赋以忧，尚愿强自广也。缀芬夫人词序草上，乞削定。久不为文，机杼不熟，惟兄见知，故敢塞责。弟达此兼旬，日与拔可谈艺而已，惜兄远别，不能来同此乐。饶生榷事不烦，今乃复受民政、外交兼管职务，故弟与拔可急切不能南归，奈何。寓中承往问，至感。兄于啬翁一节如何解决，念念。以鄙意测之，恐求去不得矣。附诗希教。如散原、海藏见询，乞并以诗奉之。愿时通讯，以开寂憀。
>
> 手颂
>
> 侍安
>
> 弟元状
>
> 十一月十一日
>
> 饶生、拔可附候。拔可明后日行，寄讯景叔又须返沪，以免负

〔1〕李明勋、尤世玮主编：《张謇日记》，上海辞书出版社，2017年，第764、766页。

〔2〕《申报》1914年1月20日第2版。

兄，弟同引歉。

“引歉”之“引”颇疑未是，暂释如此。

《夏敬观年谱》误将此札系于1913年12月8日，或因《缀芬阁词》刊于该年。实则诸氏序末之款为“壬子九月”[1]，在1912年。夏氏“《海月》一篇”，其末句正是“要遣愁人独夜看”[2]。诸氏和诗，似不见于《大至阁诗》。“寿散原翁一首”，《忍古楼诗》卷四未收，以《寿散原翁六十》为题，载于《小说月报》第五卷第四号之“文苑”中，而作诗之年陈三立正是虚岁六十。

《郑孝胥日记》本年四月廿六日记：“诸贞壮、夏剑丞、王饶生来。王名潜刚，即前办湖北呢厂者，安徽霍邱人。”九月十二日则有：“拔可来，言将往烟台，王饶生邀之也。”[3]而本年的《政府公报》，有《东海关监督王潜刚呈国务总理报明就职日期文》，载明“十月二十七日就任东海关监督之职”。此处“十月二十七日”系公历日期，以“达此兼旬”推之，此札作于1912年11月11日。夏氏有《十月朔日甫立冬，风雪大作，适得真长烟台雪晴见寄诗，因次其韵》[4]，本年立冬在九月卅日，即11月8日。诸氏所寄，即《大至阁诗》中《雪晴后赋寄映庵》。“拔可明后日行”，至沪于12月3日过访郑孝胥，郑氏记：“李拔可来，诵烟台新作十余首。”[5]

第八、九两通亦作于本年，均为“九华制”角花笺。第八通为：

吟苦诗寒谢俗纷，未应好事独输君。客闲自喻寥天鹤，楼迥惟看度海云。能与狂歌送昏晓，非关禅意断知闻。寒宵跂脚吾何语，细数归鸿正作群。

拔可有夜坐见示并寄映庵诗，大至和韵。

---

〔1〕[清]左又宜撰：《缀芬阁词》，徐燕婷、吴平编著：《民国闺秀集》第2册，上海古籍出版社，2019年，第13页。

〔2〕[清]夏敬观撰：《忍古楼诗》，中华书局，1937年，卷四第八叶下。

〔3〕[清]郑孝胥著，劳祖德整理：《郑孝胥日记》，中华书局，1993年，第1427、1439页。

〔4〕[清]夏敬观撰：《忍古楼诗》，中华书局，1937年，卷四第九叶上。

〔5〕[清]郑孝胥著，劳祖德整理：《郑孝胥日记》，中华书局，1993年，第1444页。

这一首在《大至阁诗》中题作《和拔可韵示度公》，度公是王潜刚的号。李宣龚诗题作《夜坐示贞壮，并寄吷庵江南》[1]，系于本年。夏氏和李诗之《次韵答拔可烟台见寄诗》，《忍古楼诗》中列于前揭“十月朔日”诗后。

第九通则有系年：

海滨风物拔可既为诗纪之，
摭拾所得，亦成八篇，写寄吷庵。大至壬子之诗

有山不敢青，海水转苍碧。心知秦皇前，定复断人迹。求仙筑驰道，一日万夫役。步屧日往来，何如两羁客。

九月雪三日，人言岁所无。岂客方苦寒，天亦聊相娱。邻柯有石榴，粲若玛瑙珠。雪寒我不出，临牖还踟蹰。

风从粤峤来，三日方达此。但闻蛟龙潜，不见鲲鹏徙。大块畜噫气，盘空终有止。扁舟看乘潮，近岛如箭驶。

结屋多俯海，出门辄登山。不惜路易尽，惟此开客颜。车声入暝黑，远堕阛阓间。市荒早断人，复见空辕还。

海隅水为雄，白浪大如屋。回旋久不去，激响堕岩腹。江南三月春，浅溆狎凫鹜。傥能分寸波，定可骇飞瀑。

李侯嗜茗荈，日饮必二升。自苦水味劣，浅盏不敢倾。譬诸臧否人，片词析浊清。一朝得甘饮，有梦宵难成。

抗喉扬妙歌，缚绔作急装。燕赵数姝丽，但诩身手强。越女无先施，誉者惟姬姜。风流不代见，蕉萃诚何伤。

西南障万山，径狭仅通骑。涧壑谁最奇，中有竹林寺。画图昨在眼，松篁想交翠。言游犹未能，作诗补方志。

所云“海滨风物拔可既为诗纪之”，即《夜坐示贞壮，并寄吷庵江南》之前，系于“壬子”之首的《芝罘杂诗》一题八首，或即在前所“诵烟台新作”之

〔1〕[清]李宣龚著，黄曙辉点校：《李宣龚诗文集》，华东师范大学出版社，2009年，第32页。

内。则第八、九两通当均作于烟台东海关期间。诸氏的正式职务暂不得而知，恐怕还是如《初探》所言，以“佐”王潜刚为主。

四、惠兴里二号被火

诸氏在杭有两处宅第，惠兴里二号与王庵即红柏山庄，后人常将两者混为一谈。

《事略》云：

> 1929年南社老友马叙伦任中华民国教育部部长，聘诸宗元为秘书。刘大白任常务次长后，他便辞职而归。诸宗元曾在杭州里西湖从溥姓旗人处购得惠兴里2号，为四进中式建筑，诸题为红柏山庄，有带竹院的花园假山，有内外书房和大量藏书。诸宗元自青年时代起就嗜购书藏书，先后藏书15000卷，更富古今名人字画，每到书肆，必有购书而归；书商凡有好书，也常送至府上。故所藏古籍和现代书甚丰。藏书处有“大至阁”“吾暇堂”等。吴昌硕凡抵杭州，必入住红柏山庄外书房。1929年红柏山庄所处街区大火，家人开门容留难民，回禄趁虚而入，山庄遂被焚毁。

惠兴里二号并非红柏山庄，下一节将解说，而1929年被火则为事实，惟“开门容留难民”云云似仅见于此。马氏之职实为教育部政务次长，任职时间则为1928年。《申报》所载，教育部1929年7月4日之“第五次部务会议”，诸氏列于“科长以上各部员出席者”中。[1]同年9月16日，“教部三要员宣誓就职”，其中就有“秘书诸宗元”。[2]

《交游》则谓：“贞壮自民国五年（1916）迁居杭州，时住惠兴里柏红山庄，所藏图书（万五千卷）及古今名人书画当时尚存（被焚于1929年）。”迁

〔1〕《申报》1929年7月7日第17版。
〔2〕《申报》1929年9月18日第10版。

居与被火时间无误，却将所谓的“柏红山庄”搬到了惠兴里。

《初探》中所云，“民国十八年（1929），宗元的藏书处杭州西湖红柏山庄失火，当时只有诸宗元的妾在，惊吓得不知所措，幸亏胡栗长的公子胡长风住处相距不远，闻警前来……所藏书籍万五千卷并诸多古今名人书画悉化为灰烬”，则完全袭自郑逸梅之说，仅把“姬人”换作“妾”“哲嗣”改称“公子”而已，且将郑氏已误之“柏红山庄”别误作“红柏山庄”。所附《诸宗元年表》本年记作：“3月，由教育部次长马夷初聘为秘书。杭州御宅大火，所藏五千卷书籍几乎焚烧殆尽。”与正文相较，不止“万五千卷”与“五千卷”数目之别，还有“悉”与“几乎”的程度之别，更有“御宅”这样令人不明所以的突兀之词。

诸氏本人的说法，《大至阁诗》有《丙辰三月移家返杭，而心白卜居海上，心白索诗，写五言一篇寄之》。“稿本”则有《书重得查初白先生〈苏诗补注〉后》一篇：“丙辰以后，居杭州者且十年。既卜宅于惠兴里，屋止十四楹，而积书充架居其七八。己巳为火延烧，不及一炊顷，荡为灰烬。”《大至阁诗》中，《杭居被焚，归视感赋》下小字注云“三月二十六日”，则被火在此稍前。第二首末句“曾居十二年”，年数似为格律所囿。

夏氏《忍古楼诗话》涉及诸氏一条云：“贞长杭州宅在惠兴里，毁于火。”[1]该条还提到第十通之诗及王庵，下文分别再引。

第六、十三两通亦自带系年为丙辰，即1916年。虽前者六行、后者八行，但两者均系仿蔡中郎竹册笺。第六通为：

> 昨雪今无雨，湖流翠柏天。停觞日当午，载客艇争前。梅尽将生叶，山明不碍烟。吾诗懒收拾，慎遣榜人传。
>
> 花朝觞客于湖上，遂呼艇泛湖，民甫有诗，予亦继和。写上剑丞五兄正。宗元丙辰之诗。

若以二月十二为花朝，则诗作于1916年3月15日或稍后。第十三通为：

〔1〕[清]夏敬观撰，张寅彭校点：《忍古楼诗话》，张寅彭主编：《民国诗话丛编》第3册，上海书店出版社，2002年，第9页。

归来乡弄阅冬春，夏五今过扫榻尘。暑后扬汤难止沸，平时蓄艾岂随人。酒香未足劳奴媪，俗敝犹闻眩鬼神。佳节卌年还语昔，悉教儿辈累闲身。

重五。忆己酉居吴下用“春”字韵赋诗，近七年岁辄为之，今岁岂可阙耶？遂用旧韵赋示家人。

今日哦诗胜好春，湖云照槛雨无尘。狂吟忽累君酬我，多难惟期国有人。白马清流忧未已，祖龙山鬼语何神。辨亡一论吾藏箧，山泽能安是此身。

小阁坐雨，志渔以和重五诗来，推许过当，杂书是日所感为报，依前韵。观槿视此二诗如何？幸有以箴贬。长公，丙辰五月。

第一首作于“重五”，在1916年6月5日或稍后，第二首则在此之后至29日。观槿是李宣龚之号，而诸氏所坐小阁，不知是大至阁否？

之所以有此一问，是因为诸氏有《移居惠兴里，自春徂夏，杂书所感，得诗六篇，不复诠次，漫录存之》，发表于《浙江兵事杂志》第六十三期，而该期是“民国八年七月出版”的，就在1919年。所载诗文均系新作，尤其诗思敏捷之诸氏，似更不会以旧作发表。“稿本”除个别字词稍异，诗题亦无后十二字。其前两首题为《贺昌硕重游泮宫》，而缶翁“重游泮水”恰在本年，并刻有此四字朱文印一方[1]。正如第四首末句“此是居杭第四年”所言，诸氏始居杭在1916年，而真正移居惠兴里二号在1919年春天。至于“曾居十二年”云云，或所谓诗语，取其约数而已。

前些年拍场曾有一件实寄封[2]，系缶翁由“上海北山西路”寄往“杭州新市场惠兴街惠兴里二号”诸氏的，可惜邮戳不全且模糊。信封印有红色字纹，上端为“苍圣万年”四字隶书，其下为：“上元己未三月，爱俪园第三次耆老会纪念，集汉《仓圣庙碑》字制。”下钤“罗”字朱文印，显然是以爱俪园女主人罗迦陵的名义制作的。以己未而言，应该是1919年或稍后所寄。

---

〔1〕邹涛主编，沈乐平分卷主编：《吴昌硕全集》（篆刻卷一），上海书画出版社，2017年，第242页。

〔2〕泰和嘉成2010秋季艺术品拍卖会，琅嬛墨缘——西泠林氏·蜀中徐氏旧藏专场，第0804号，吴昌硕致诸贞壮实寄封（一封）。见雅昌艺术网https://auction.artron.net/paimai-art97310804。

《初探》之《报刊发表作品一览表》，有《归视王庵竹树尚无恙赋示家人》一题，颇能惑人眼目，然系1926年9月5日先发表于天津《大公报》，1927年2月4日又载于《新世界》，远早于被火时间。

五、红柏山庄即王庵

第十二通与王庵有关：

王庵暂为我有，漫纪以诗

拓地何期卌亩宽，避人岂冀一身安。移栽丛柳村前见，留取方塘屋后看。随分老当资佛力，不耕久已愧儒冠。半山空负争墩累，始信求田问舍难。大至。

从诗题看，似乎作于购得王庵后不久。《忍古楼诗话》所引“空负”作“空有”。

《大至阁诗》中，《王庵种花树诗》恰在《杭居被焚，归视感赋》之后，或许也是使人误以为王庵被火的缘故。然细读小序与诗句，并无丝毫王庵被焚消息。紧随其后的《王庵杂诗》八首，也是如此。第三首有注云：“王仲瞿与其妻金云门昔曾居此，故今名王庵。”道出王庵得名之由来。

诸氏购王庵之时间，可从缶翁的两副对联推之。一是行书十四言联：“室中有碧水丹山，妻太聪明夫太怪；门外尽青磷白骨，人何寥落鬼何多。秀水王仲瞿先生昔居西马塍，今其地为王庵，大至重为修葺，并祠先生于龛，遂为书先生旧撰之联贻之。安吉吴昌硕，时年八十一。”一是隶书五言联：“村里谢安石，家中白侍郎。大至既重修王庵，戏集石曼卿自嘲语及黄山谷词为屏帖。江左夷吾，乃甘寂莫，宜其与醉吟先生为同趣也。安吉吴昌硕，年八十一。”[1]两联均作于1924年，以诸氏与缶翁之交密，购地或在此前

〔1〕邹涛主编，陈大中分卷主编：《吴昌硕全集》（书法卷三），上海书画出版社，2017年，第81—82页。

不久。缶翁本年又有“无谖净处”四字榜，款作“此四字译梵言为兰若，为大至书榜。甲子孟春，吴昌硕老缶年八十一”[1]。《王庵杂诗》第五首注云“庵有彭二林为清宁寺作《放生池碑》”，或可作此榜的注脚，款中之“孟春”则可将购置时间更推进一步。

《上海图书馆藏叶恭绰友朋尺牍》收有诸氏致鹜广札两通，作于“六月廿二日”之一通，系答复鹜广，陈三立寓于杭州白傅路。稍后几天的“六月廿六日”一通，其中有云：“至红柏山庄后改为王庵，颓圮殆尽。弟于去腊偶然有此机缘，今春已略修葺，仍供佛，隙地则以种稻莳桑竹，曾为赋诗。”[2]《陈三立年谱长编》1924年记载，“正月，居杭州西湖”，“夏，赁居白傅路”，“八月，以避战乱移居沪上塘山路俞宅”。[3]则此两札作于该年，而王庵“暂为我有”之“去腊”即癸亥十二月，不在1923年，已是1924年1月6日至2月4日了。

“稿本”有《视王庵，得诗五首》，大致作于1928年底或稍后，因其前之诗作于“戊辰十一月”。第二首有注云“新制，今岁田租比往年减十之六”，或许是指“三七五减租”，即1929年8月颁行的《浙江省佃农二五减租暂行办法》。[4]那么，这五首诗是作于本年此际稍后了。从第一首之首联“一庵马塍外，营此六年前”，也可推出诸氏于癸亥得了王庵。第三首末联云：“他日吾居此，家人或可从。”《病起楼诗》第二十二首末两句“西塍荒尽园畦地，尚办青鞋日往还”，其下有注：“谓红柏山庄。”[5]以此推之，似乎诸氏未曾长居王庵。再以“盗笋墙为圮，租桑地半荒”“园隅富桑竹，塘上植芙蓉。岁入仍多减”等句，结合《杭居杂咏》第四首首句“王庵桑竹惭求利”来看，又似乎王庵有部分用于出租。

其中缘由，《忍古楼诗话》中似有端倪。前引一条，于录此诗之前有云：

---

〔1〕上海嘉泰2013金秋艺术品拍卖会“木石索缘”专场，第1625号，“无谖净处”楠木镶红木匾。见雅昌艺术网https://auction.artron.net/paimai—art5039731625/。

〔2〕丁小明、梁颖编：《上海图书馆藏叶恭绰友朋尺牍》第7册，上海辞书出版社，2022年，第218—222页。

〔3〕李开军撰：《陈三立年谱长编》，中华书局，2014年，第1284页。

〔4〕中国国民党浙江省执行委员会编：《二五减租法规及其他》，中国国民党浙江省执行委员会，1932年，第88页。

〔5〕［民国］诸宗元撰：《病起楼诗》第三叶右，民国十九年（1930）刊本。

“其所置王庵，在湖墅，为王仲瞿故宅。其得王庵，颇为乡人所嫉视，亦犹昀谷之买朱霞也。”昀谷系夏氏新建同乡杨增荦之字，诗话谓：“昀谷通籍后，愤于朝政日非，欲投劾归隐，于故乡西山购朱霞寺，将居之。朱霞，一废寺也，久无僧居住，为乡里土豪聚而营私之窟穴。竟横出阻挠，聚众殴之，伤其公子。”[1]具体情状，只可付诸各人想象了。

六、谋食上海招商局

在担任教育部秘书前一年，诸氏的生活似乎颇为拮据。第三通就是向夏氏挪借钱款：

> 一病旬余，乃疏握手。汉市经济断交，兄能不受影响否？至以为念。弟尚有不得已之请于兄。弟于昨移居南成都路二百〇四号，即甲子冬所居之地，百孔千疮，又须罗掘。又有去春所贷之款到期应付。特以奉商，拟请暂挪壹百伍拾元，以副所乏。并乞日内筹下，是为切恳。弟近又得招商局一事，亦可谓破船多揽载矣。救贫恃此，想为一慨。
>
> 即颂
>
> 吷兄侍安
>
> 弟元顿首
>
> 四月廿四日，即三月廿三日

此札写作时间较易索解，《夏敬观年谱》亦未收。诸氏所历甲子只能是1924年，而1927年4月24日阴历正为三月廿三，应写于此日。诸氏此时在招商局做什么事，也是不得而知。至于“甲子冬”为何居沪，或许是为了避江浙战争之乱。《大至阁诗》中，《将挈家去杭感赋》一诗也有“甲子秋余避地时”之注。

〔1〕[清]夏敬观撰，张寅彭校点：《忍古楼诗话》，张寅彭主编：《民国诗话丛编》第3册，上海书店出版社，2002年，第8页。

此前之三月廿一日，诸氏曾访郑孝胥，显系病愈出行。郑氏于廿四日回访，其日记云："袁伯夔、夏剑丞约至同兴楼午饭，晤冒鹤亭、诸贞壮。访秦子质、诸贞壮、蒋雅初。"[1]则写信之明天，夏、诸两人已晤面，借钱或许就在此日交付。

《初探》之《诸宗元年表》本年记，"12月为顾燮光《译书经眼录》作序"，确凿无误。而谓诸氏1904年"与顾燮光合编出版了《译书经眼录》"，却是错上加错。首先，正如《〈吴昌硕全集〉校议》所说："诸氏仅为此书作序，并非合编，诸序云'顾兄鼎梅近以〈译书经眼录〉见示，盖其前二十年之述著'可证。"[2]其次，该书之出版，以顾氏自序作于"乙亥正月"，最早也在1935年。谓1904年"出版了"之误，或由顾序中"迄光绪三十年止，又读译籍约千余种，仍踵徐书前例，著为《译书经眼录》一书"等语而来。[3]

第四通与自署系年的第五通笺纸相同且内容相关。第四通云：

篝车谁见祝豚蹄，燧燧纷传到浙西。久已市惊同说虎，近知村午不闻鸡。故乡桑土留残劫，佳节桃符换旧题。呵壁问天迂愿在，南中长得免征鼙。

穌"西"字韵。大至。

第五通云：

万众喧豗避马蹄，岂真车骑有征西。国殇未信皆猿鹤，兵解何堪到犬鸡。哀郢行吟孤愤在，徙戎持论昔贤题。儿时了了闻边警，白头无端见戍鼙。

再和"西"字韵。大至，丁卯。

---

〔1〕[清]郑孝胥著，劳祖德整理：《郑孝胥日记》，中华书局，1993年，第2141—2142页。

〔2〕张序壮撰：《〈吴昌硕全集〉校议》，台北万卷楼图书股份有限公司，2021年，第47—48页。

〔3〕熊月之编：《晚清新学书目提要》，上海书店出版社，2007年，第219—220页。《〈吴昌硕全集〉校议》所据即此书，出版年份误作2014年。

第十通写在书稿纸上，共两叶，末半叶空白：

过映庵所居，归为赋诗，并以广其近忧

君昔僦人居，往过辄赋诗。君屋成四年，何能无一词。高楼俯林薄，榱桷皆自为。夸人以水胜，门外临清漪。种柳虽未长，照水先有枝。种蔬虽苦潦，租地先安篱。裹足日不出，奉母娱妻儿。万金已挥斥，畚锸不告疲。缚茅得两亭，更辟东西池。岂独资灌溉，潦湿亦有归。我来数易观，君笑力独施。自言谢交游，野居今所宜。车骑不到门，地僻拒喧驰。名山隔散原，故廨忘都司。君有不得已，先业难存遗。昨为述噩梦，陆沈疑有期。全家据片土，追述且累唏。此语非不祥，成毁无端倪。天地即崩坼，君屋能守之？我有屋在杭，门巷君所知。旦晚可归视，荼苦甘如饴。万物本天赋，众庸能自私。沧海方横流，慰君某在斯。

此札有改动痕迹，最重要的一处是“散原”原作“云居”。

前引《忍古楼诗话》一条引及此诗，兹抄于此，诗则仅录其字词不同者：

予生平得凶梦者二，予妇陈恭人殁，及予弟敬鉴溺死鄱湖，皆已前验。痛定思痛，所不忍言。壬子元日，又得异梦：挈全家昨块土上，地崩坼，四面皆水。甲子，予康桥宅成，邻地忽掘土深数丈，广十余亩，辇土卖于海关填洼地。予门外遂成泽国矣。窃以为验。然念世变之亟，心忧陆沈，仍恐不免也。一日，诸贞长至，予为诵梅宛陵诗：“波波入杞国，悄悄谁忧天？”贞长遂为诗纪之，以广予近忧。诗云：“……榱栋皆自为……橐金已挥斥……名山隔云堂……”云堂，予兄所购寺也。予家壶园，邻都司署，辛亥后已易主矣。故诗中及之。[1]

---

〔1〕[清]夏敬观撰，张寅彭校点：《忍古楼诗话》，张寅彭主编：《民国诗话丛编》第3册，上海书店出版社，2002年，第9页。

前引杨增荦一条亦提及云堂寺，可知“云居”为误，诸氏索性将其改为“散原”。夏氏“康桥宅成”在癸亥十二月，虽已是1924年1、2月间，但尚未到甲子。甲子或系夏氏误记，是“掘土”之年。以“君屋成四年”推之，似在丁卯。诸氏有《人日挈家至上海，是日映庵、秋岳有倡和诗，依韵自述》，其“依韵”者即《忍古楼诗》中丁卯第二诗《人日园馆夜集，次均答伯严》。[1]陈三立之诗题，正是《人日映庵园馆夜集》。[2]诸氏此札，似可系于本年。

第十四、十五两通亦自书甲子。第十四通云：

丁卯重五感书

世皆讥毒月，俗尚守吾乡。雄佩儿求艾，虚庭妇炷香。客谁留未去，阅岁事难忘。生聚谋难用，今闻作战场。（去年度节于清江浦，今闻其地正被兵）

不信逢重午，真令吊屈原。榱崩侨久压，玉折士何冤。止水追贤躅，埋幽在掖园。公卿应愧死，终许布衣尊。（是日闻海宁王静庵国维自沉于颐和园湖）

第十五通所用笺纸，左下角有小篆“招商局”三字，正第三通所云“得招商局一事”之时：

丁卯重五过映庵，语及己酉同居吴下，曾赋“春”字韵诗。其后数年，亦曾叠和。遂发兴再用前韵赋示映庵，并邀继和

我感携家迫早春，君今望远念兵尘。麦风失忆天中记，蒜发争怜眼底人。（君与余齐年，发俱早白）贫到鬻书仍结客，兴来得句自通神。杜陵岂合长镵老，稷契犹堪自许身。

---

〔1〕[清]夏敬观撰：《忍古楼诗》，中华书局，1937年，卷十一第八叶。

〔2〕[清]陈三立著，李开军校点：《散原精舍诗文集》，上海古籍出版社，2003年，第664页。

眼病初平夏胜春，强能障扇谢庾尘。独嗟十九能来事，谁慰千秋辈后人。蕃部彻宵闻奏乐，汉家不腊罢祠神。平生举目河山感，岂独欢场早敛身。

夏氏有《真长追和庚戌重五韵，次韵赋答》[1]一首“继和”。

七、病目原因草驳议

诸氏诗中屡屡提及病目，如《十二月二十日雪后，车行竟日达都，忾往抚今，杂述以诗》就有“吾目本久病”之句，《人日挈家至上海，是日映庵、秋岳有倡和诗，依韵自述》则谓“独憎眼疾多蝉翳”。第十一通提到病目之因：

病目枯坐，以诗遣兴

眼无花事倦凭阑，檐幔幡铃久未安。一半东风夸烂漫，更谁桃李问春寒。

海内曾思绝毒痡，宵深驳议写馍胡。前贤愧有林（则徐）黄（爵滋）在，二十年前眼为枯。（生平病目，始于己酉之春。其时禁烟方行，而某以鸦片公卖之说进。余草驳议，三昼夜不得卧。事幸得寝，而余病目矣）

忧能损目世谁知，肘后多方尚乞医。太息中风狂走辈，自言垂死可刀圭。

经春近酒难豪饮，入夜无灯戒早眠。不醉犹能得酣吃，梦中仍纪太平年。

朝看雨气入黄昏，檐溜声中不出门。便办牛衣守寒饿，蓬头椎髻各五言。

己酉即宣统元年（1909），正月十一在上海有“万国禁烟会”。诸氏所云“鸦

〔1〕[清]夏敬观撰：《忍古楼诗》，中华书局，1937年，卷十一第十三叶。

片公卖”，或即“中国代表大臣”两江总督端方于会上演说时提出的“专卖”。然而使人不由寻味的是，诸氏之幕主江苏布政使瑞澂，名在“专员”之列，[1]不知其态度与诸氏同否。论者云：“江苏鸦片专卖在全国的呼声最高，最终未能按照既定方案实行。度支部、外务部的阻拦是专卖流产的要因，英国政府刻意保护印度鸦片利益则是关键。”[2]或者，诸氏谓其驳议使“事幸得寝”，只是文人之自许罢了。

“二十年前”当然也是诗语，大略计之，则第十一通当作于1929年前后。

八、君默是谁费迟疑

第七通书于粗框细线六行笺之上，左下角为“有美堂制笺”仿宋体五字：

> 大月能同静地看，何憎巾袂袭余寒。渚荷渐长仍依水，园柳新移为植栏。年载后休忘畚锸（座客言，君园异于新成者，语颇有致），歌呼聊复对杯盘（是夕君默觞客）。纤云散尽高天在，胸次从容尔许宽。
>
> 呋庵寓园月下作，元。

此诗“稿本”题作《君默约集呋庵园亭，月出始散》，既已点出“觞客”之主人及地点，是以只第一处有小注：“座客有言，园中花树非新成之园可得，此语殊有致。”不过，诗中夏氏“园亭”也好，“寓园”也罢，一时难以遽定位于何处，更不要说是何年之事。

君默其人，亦似不见于诸、夏两氏诗文。检得《心声》月刊1930年第1期，有署名“君默”之《柬黄淮生新都，并怀诸贞壮》两首：

> 我思叔度情无已，千顷波涵气量深。古道低徊余忾慕，旧游零落怕追寻。久知棠爱传碑口，岂有桐听识爨音。庭鹤多君鸣和乐，莫因

〔1〕《万国禁烟会中国代表端午帅演说词》，《申报》1909年2月2日第一张第2、3版。

〔2〕刘增合撰：《清末地方省份的鸦片专卖》，《历史档案》，2006年第4期。

华发感升沈。（来书有“白首为郎，冯唐同慨”之语）

贞公淹贯通今古，书法平原世所尊。旧忆深谭曾歇浦，老从大隐又金门。琳琅一炬终何惜（君杭寓不戒于火，收藏尽焚），卷帙千秋已定论。坐对钟山抒郁勃，新诗饷远肯相存。

此诗之前为《大雪沪杭道中》一首，亦署“君默”；后面几首则系“迈士”所作，使人恍然以为“君默”是沈尹默。沈氏以诗词、书法名，且与夏氏有文字来往，然此际正在河北省教育厅厅长任上，似非其人。以诗中“坐对钟山”而言，“新都”当指南京。“老从大隐又金门”，说的正是诸氏在教育部任秘书之事。同期还有《十九年元旦浙江省政府秘书处同人联欢会记》一文，署名“万君默”，劈头就是：“吴兴沈士远先生，长浙省府秘书。”沈士远系沈尹默长兄，而此处之“迈士”是否姓沈，倒毋庸计较了，因为诗的作者显然是万君默。同年第2期有《偕江眉仲游黄龙洞》一首，亦署“君默”之名。第一句为“自我来杭今三月”，第四句“簿书终日穷兀兀”则是秘书工作之写照。第1期署“万君默”之《生活与兴趣》一文中，就有“我们本处同人”之语。从诗中“吾乡亦有香炉瀑”一句，可知其为江西南昌人。

万氏与沈士远之关系似较为密切。1932年，沈氏任湖北省教育厅长，“因公晋京，厅务派秘书万君默代拆代行”[1]，万氏当系随沈氏至鄂任职者。1931年7月在南京举行的第一届高等考试，据黄寿慈《第一届高等考试锁闱日记》，沈士远是襄试处秘书长，黄氏也就是万君默诗题中的黄淮生系秘书处一科科长。而沈士远的弟弟沈兼士参加考试，名列中等第三十八名。[2]

若要对万君默觞客之所略作推测，以其诗中“旧忆深谭曾歇浦”云云，两人在上海似有相当之交往，诸诗所述极有可能就在沪上。前文已及，夏氏“康桥宅成”在1924年1、2月间，而“园柳新移”不必定在此前，也可以在园成之

---

〔1〕湖北省政府委员会议记录摘要：“第一次谈话会议（八月十九日）：教育厅长沈士远呈为因公晋京厅务派秘书万君默代拆代行请鉴核由。”《湖北教育厅公报》，1932年第3卷第10期。

〔2〕《第一届高等考试锁闱日记》，印水心著，闵定庆整理：《高等考试锁闱日录》，凤凰出版社，2018年，第4页。参看齐在莒：《〈第一届高等考试锁闱日记〉作者并不是印水心》，“上海书评”微信公众号，2020年3月7日，网址https://mp.weixin.qq.com/s/WzkUATOOVjfD2qq-pyyROA。

后。又以诸诗“年载”“君园异于新成者”“非新成之园”云云，则万氏借夏氏园亭月下觞客之时，最早也在1925年的暮春“余寒”“渚荷渐长”时节。

余　论

以目下资料之缺乏、研究之浮泛，要想搞清楚诸氏之生平，还有很长的路要走。就是一些具体的事件，恐怕也难以揭开其面纱。如第十一通“鸦片公卖”之驳议，尚不能知其真面。而《大至阁诗》的印成时间，也并非序中所署之“甲戌”，已是诸氏身后四年。《爰居阁诗注》卷九第十四叶，有《闰三月二十七日，同李拔可至诸贞长墓下，时〈大至阁诗〉初印成也》一首，系于丙子，这一天为1936年5月17日。

除了朱钵文、王蘧，樊镇也曾搜辑诸氏诗文。马一浮之《漱圃辑录亡友诸真长诗文见示，感赋一律追怀真长，兼答漱圃》诗，有注云：“真长买王仲瞿故宅，仍其名曰王庵，在杭州西马塍。一时友朋多为题咏，今没虏中。”[2]漱圃即樊镇，如马氏诗题所云，他曾以所辑诸氏诗文寄示马一浮，马氏阅后将“辑稿二册，挂号寄还”[3]，不知而今尚存天壤间否？

行文至此，早已远超博士三纸。诸氏致夏敬观十五札写作时间虽基本解决，而未解之谜仍复不少，又何止第十一通有之。如第一通“某生事”，若无夏氏相应信札等资料，恐不易知晓；夏氏“兼领农工商科参事”，也暂未查得；请夏氏“题词”之“柳集”，是否指柳永《乐章集》；“薑村先生”为谁，其“所允”是否亦为“柳集”“题词”，或另有他事；这些问题，甚至永远无法探知。又不知这篇幅既长、成果又少之文，相较于对资料不加辨别、人云亦云之作，尚能有所区别否？

---

〔1〕马一浮著，吴光主编：《马一浮全集》第三册（上），浙江古籍出版社，2013年，第112页。

〔2〕马一浮著，吴光主编：《马一浮全集》第二册（下），浙江古籍出版社，2013年，第992页。

荻港章绶衔事辑
——以《穰梨馆过眼录》为中心

章兴荣

图一　费丹旭画章绶衔小像

章绶衔（1804—1875），字庸笙，号紫伯，斋号辛复庐、磨兜坚室等。浙江归安荻港（今属湖州）人。精鉴赏、工书画，富收藏。“章绶衔由于长期偏居一隅，所以名声不显，但在当时的湖州一带，他的社会地位是很高的，被认为是乡贤之冠。他的书法、绘画功力之深，本应在清中晚期的画坛有一席之地，但由于流传作品太少，所以没有引起世人的关注。”[1]本文试就章绶衔（图一）的生平、交往与影响作一浅述。

一、生平

荻冈，或作荻港、荻堽，主要有章、朱、吴、沈等家族在此生活，而章氏尤为突出，共有二十堂，皆分堂而居。有清一朝，章家取进士者11人、中举人者16人、贡生100余人，且出现过章族子弟同榜中举人6次、同榜取进士1次。聿新堂属于荻溪章氏五世祖良荣公第三子嘉闻一支，章绶衔是第十一世，其高

〔1〕梁秀华：《清代鉴藏家章绶衔及其收藏款印略考》，《收藏家》，2007年第4期，第86页。

祖章廷谟候选州同知，曾祖章元诚庠生，祖父章为瑛太学生，父亲章谔候选从九品。相比于章氏其他几支的辉煌科举成绩，章绶衔所在的这一支虽然家境殷实，但功名情况却略显平常，从高祖至父亲，都没有中举人、取进士者，仅是庠生、太学生等。

关于章绶衔，《吴兴荻溪章氏三修家乘》有传：

> 衔，字庸笙，号紫伯，母沈氏，嘉庆甲子十一月初一日生，廪生，咸丰壬子恩贡，候选直州判加州同知衔。光绪乙亥七月初二日寿终。著有《辛复庐笔记》《书画录》《磨兜坚室诗草》，县志列传，诗入《輶轩续录》。聿新堂。[1]

章绶衔仅获得恩贡生的功名，所谓“候选直州判加州同知衔”，很有可能是捐纳所得。太平军战争期间，章绶衔为保护乡里做出很大的贡献。据《紫伯公事略》记载，章绶衔“募民兵数百人为乡团”，护卫家乡荻港不受盗匪侵扰，使盗匪“独不敢一窥吾里”，“市肆为之大兴”。[2]清军收复湖城之后，面对战争留下的百孔千疮与断垣残壁，章绶衔又以里中善后为己任，毅然担起家乡的复建重任，参与了演教寺、南苕胜境等建筑的重建。吴昌硕《重建风水墩记》中也提及此事：“咸同间，洪杨煽虐，锋镝娄经，繁盛之区，鞠为茂草。同治季年，里人章紫伯先生鉴于市镇之盛衰，毅然以兴废为己任，募资重建，得复旧观。独惜修葺之费当时未经预筹，紫伯先生故后管理乏人。三十年来废圮垂尽，莫为之后，虽盛弗传，良足慨焉！”[3]

光绪《归安县志》亦有其小传：

> 章绶衔，字紫伯，恩贡生，好聚书，熟于掌故，与之谈乡邦文献，原原本本，如数家珍。同治间延修《府志》，订讹补阙，矻矻不倦，时年七十余，神明不衰，犹能作蝇头小字。诗宗唐人，画法山

---

〔1〕[清]章文熊等编纂：《吴兴荻溪章氏三修家乘》卷七《谱牒四》，光绪十九年（1893）刊本。
〔2〕[清]章文熊等编纂：《吴兴荻溪章氏三修家乘》卷十一《事略三》，光绪十九年（1893）刊本。
〔3〕[清]吴昌硕撰：《重建风水墩记》，原碑已佚，有拓本存世。

樵，皆能具体。精于鉴别，收藏明以后书画颇富。著有《磨兜坚室书画录》若干卷，《诗集》若干卷，《笔记》若干卷。[1]

章绶衔工诗，擅书画，家富藏书，熟于地方文献。同治年间，湖州知府宗源瀚主持纂修《湖州府志》，章绶衔和陆心源均参与其事，陆为编纂，章为协纂。《湖州府志》始纂于同治九年（1870），竣工于十三年（1874），即章绶衔67岁至71岁。章绶衔《磨兜坚室诗草》已佚，幸《荻溪章氏诗存》留存三十六首。其诗风质朴，语言平实，具有一定文献价值。如章绶衔《车水诗》注云："吾乡圩田自经浩劫，荒废弥甚，乙丑至己巳又连年患涝，车救无功，诗以悯之。"同治年间，太平天国运动刚刚过去，圩堤多年得不到修整，自然是"荒废弥甚"，又逢连年洪涝，乡民苦不堪言。章绶衔用十二首诗完整记录了"车大水"的全过程，为我们留下了一段珍贵的历史画面。

章绶衔的书法从颜真卿的《多宝塔》入手，七十多岁犹能作小楷。其画则学王蒙。《紫伯公事略》中云："兼善绘事，尺幅中具千岩万壑之势，烟云变幻，具体山樵。"[2]如湖州博物馆所藏《法华饯别图》便是其代表作之一，此画作于同治八年（1870）。另外《清山水画家章绶衔作品鉴赏》一文载有章绶衔作品三幅《山静日长图》，水墨纸本折扇页，横53厘米，纵19.5厘米；《秋林书屋图》，绢本设色团扇，横26厘米，纵24厘米；《溪山幽居图》，泥金水墨纸本，横53厘米，纵18厘米。章绶衔传世作品不多，在各类上拍作品中偶有一见。

二、交游

章绶衔一生主要生活于荻港，同治间因太平天国战争曾避居上海，与赴沪的当地乡贤、名流频有来往，如僧六舟、俞樾、陆心源、吴昌硕等人。

1.僧六舟：竿木逢场，殆无虚日

僧六舟（1791—1858），是清代著名的金石僧。严保庸称其"商彝周鼎，

〔1〕[清]陆心源等修，丁宝书等纂：《归安县志》卷三十七《文苑二十七》，光绪八年（1882）刊本。
〔2〕[清]章文熊等编纂：《吴兴荻溪章氏三修家乘》卷十一《事略三》，光绪十九年（1893）刊本。

汉印唐碑，上下三千年，公自有情天得度；酒胆诗肠，文心画手，纵横一万里，我于无佛处称尊。”[1]六舟曾任荻港演教寺住持，其云“余于五年春奉嗣法老人命，主持荻堽镇之演教寺，得与本镇乡宦章氏等辈相知，竿木逢场，殆无虚日。至七年秋，因……即行告辞。”[2]所谓“本镇乡宦章氏等辈”，是指章耀曾（1759—1831）、章庆曾（1768—1832）、章高（1765—1832）、章钧沐（1765—1842）、章初（1773—1831）、章超文（1779—1841）、章煜文（1784—1829）、章逢辰（1798—1830）、章寅（1805—1850）、章绶衔等章氏家族中的举人、贡生、廪生、庠生之类的子弟。其时章绶衔尚年轻，仅二十岁出头。章绶衔后来对古砖感兴趣，显然与六舟有关。

2. 俞樾：馈赠永嘉俞家砖

俞樾（1821—1907），字荫甫，号曲园居士，浙江德清（今属湖州）人。清代著名经学家。俞樾《吴康甫慕陶轩古砖图录序》中云：“好古之士搜求于瓴甋之间，钩摹点画，考订文字，岂得以玩物丧志讥之哉？吾湖为古砖渊薮，砖之出其土者甚众，余奔走四方，不获措意于此。道光癸卯，余馆于荻港吴氏，获交于章子紫伯，紫伯有砖癖，收藏颇富，尝以一砖赠余。”[3]道光二十三年（1843），俞樾在荻港吴氏授馆，并得以“获交于章子紫伯”。章绶衔以“永嘉俞氏砖”一枚赠给俞樾。章绶衔有《余以旧藏永嘉砖赠德清俞荫甫，闻荫甫作长律纪之，欣然赋此》诗：“物情聚散本前缘，割爱与人总挂牵。一物堪称真得所，俞家兄弟永嘉砖。”注云：“砖四面有字，其文曰：吴兴乌程俞道由俞道初兄弟治作之永嘉元年八月十日立功。”[4]章绶衔以此砖赠送给俞樾，显然是同为俞姓之故。

3. 陆心源：规我之言为药石

陆心源（1834—1894），字刚甫、刚父，号存斋、潜园老人等，浙江归安（今属湖州）人。陆心源的字画收藏，与章绶衔略有关系。陆心源光绪十八年

---

〔1〕[清]僧六舟著，桑椹整理：《六舟集》，浙江古籍出版社，2015年，前言第1页。

〔2〕[清]僧六舟著，桑椹整理：《六舟集》，浙江古籍出版社，2015年，第242页。

〔3〕[清]俞樾撰：《吴康甫慕陶轩古砖图录序》，[清]俞樾著：《春在堂全书》第四册，《春在堂杂文》续二，凤凰出版社，2010年，第76页。

〔4〕[民国]章奎编：《荻溪章氏诗存》（三），民国十七年（1938）刊本。

（1892）所撰《穰梨馆过眼录·叙》中云：

> 余性不善书，更不知画。同治甲戌由闽鹾内召，乞养陈情，栖息家巷，日与文人逸士游，而章紫伯明经为尤习。明经收藏书画极富，朝夕过从，时时出以相赏。时余方著《罪言》一书，其末章言："士大夫无论在朝在野，皆当讲求当世利害、民生疾苦，出可安内攘外，处可守先待后，以无负天生先觉先知之意。声色狗马，在所当远，即文房清玩，亦不宜酷好深嗜。昔秦桧之一德格天阁、贾似道之悦生堂、严嵩之钤山堂，非不古物充牣，终为下流之归，君子不为也。"明经见而非之，以书规余曰："子之论诚高矣，在乘时得位者好之，行且计取，行且豪夺，无异乎元载之胡椒、童贯之理中圆也。若退而在野，模山范水，赏玩流连，可以娱情，可以养年，玩物而不滞于物，夫何伤？今子欲以管商之术，强国庇民。无论无其时无其遇也，即以逢时际动者言之，长沙谠言而斥外，士安足食而终流，平泉尊主，垂老投荒，江陵振明，谤流身后，错父有言，可为深愿。且子亦尝受特达之知矣，小试之而小危，大行之而大危，役役半生，再起再蹶。何不幡然变计，从容乎翰墨之林，逍遥乎图书之府，与古为徒，悔吝不生。视夫位卑言高，丛忌招尤，其劳逸安危，不相倍蓰哉？"余闻而抚然，遂焚《罪言》不作。稍稍借观明经所藏，间亦从而收蓄，摩挲日久，颇得乐趣，乃信欧阳子"真有益"三字为不妄，明经规我之言，为药石也。[1]

在《叙》中，陆心源说自己不懂书画，辞职返乡后，闲暇之余与章绶衔等"朝夕过从"。由于章绶衔收藏书画甚多，时出欣赏。当时陆心源正在写《罪言》一书，执着于"修齐治平"的传统观念，对于收藏之事，认为"声色狗马，在所当远，即文房清玩，亦不宜酷好深嗜"，"终为下流之归，君子不为也"。章绶衔则提出了不同的观点，并复书规劝陆氏云："何不幡然变计，

〔1〕[清]陆心源等纂，陈小林点校：《穰梨馆过眼录》，上海书画出版社，2018年，第13—14页。

从容乎翰墨之林，逍遥乎图书之府，与古为徒，悔吝不生。”陆心源大悟，“遂焚《罪言》不作”，并开始书画收藏，从中感受到“‘真有益’三字为不妄”。陆心源最后说：“明经规我之言，为药石也。”由此可见，陆氏的书画收藏，是受到章绶衔的影响。

4. 吴昌硕：精进不懈，未可易量

吴昌硕（1844—1927），初名俊，又名俊卿，字昌硕。浙江安吉人。吴昌硕在《石交录》中说自己早年曾向章绶衔求教，其嘉许云：“今人作印但学陈、邓，貌合神离；如君所作，力运字中，气充腕下，精进不懈，未可易量。”[1]章绶衔对吴氏的评价十分恰当，吴昌硕后来的艺术成就，也正如其所言，可谓有知人之见。吴昌硕与章绶衔订交，很有可能是源于娶妻菱湖施氏这一因缘。

三、收藏

章绶衔精鉴别，富收藏，非常可惜的是所著《磨兜坚室书画录》散佚，幸运的是其藏品后被陆心源等人递藏。笔者通过对陆心源《穰梨馆过眼录》中的章绶衔旧藏书画进行统计，略窥大略：

《穰梨馆过眼录》中的章绶衔旧藏书画

序号	卷次	藏品名称	质地	规格	收藏章
1	十	阎仲彬山水卷	纸本	高九，长二丈三尺三寸四分	“章氏真赏”白文印，“苕上章紫伯长物”朱文印，“归安章绶衔字紫伯印”白文印
2	十二	徐兴公集明初六家字册	纸本	六页，第一页高七寸七分，长一尺八寸四分。第二页至第六页规格不一。跋纸一页	“读汉书楼”朱文印（盖于跋纸最后）
3	十六	祝枝山自书诗卷	纸本	六接，高九寸半，长二丈五尺四寸一分	“归安章紫伯鉴藏书画”朱文印

〔1〕沙匡世校注：《吴昌硕石交集校补》，上海书画出版社，1992年，第32页。

续表

序号	卷次	藏品名称	质地	规格	收藏章
4	十七	文衡山设色玉兰轴	纸本	长四尺五寸八分，广一尺零六分	“获溪章紫伯珍赏”朱文印
5	十七	文衡山行书轴	纸本乌丝栏六行	高三尺八寸一分，广一尺二分	“苕上章紫伯流览所及”朱文印
6	二十五	蒋羽灵书前后赤壁赋册	纸本	十页，每页高九寸一分，长一尺零六分	“笛江”白文印，“章绶衔印”白文印，“紫伯”朱文印，“辛复老屋”朱文印，“瓜纾外史”白文印
7	二十五	董浔阳诗翰册	纸本	共十六页，每页高八寸五分，广一尺二分	“章紫伯鉴藏”朱文印
8	二十六	李日华书画卷	纸本	六接，高七寸八分，长一丈六尺	“瓜纾外史”白文印，“绶衔之印”白文印，“获溪章紫伯珍赏”朱文印
9	二十七	许灵长书千字文卷	绫本	高七寸二分，长五接三尺七寸三分。第二接纸，高六寸六分，长四寸三分	“磨兜坚室”朱文印
10	二十七	顾元庆山水册	纸本	十页，每页高九寸八分，长六寸。对题八页，高长同	“章绶衔印”白文印，“子伯”朱文印，“苕上章仔伯流览所及”朱文印，“紫伯秘玩”朱文印，“紫伯”朱文印，“子檗寓赏”印，“章氏子伯过目”朱文印，“香草”朱文印
11	二十九	李长蘅雪景轴	纸本	高二尺四寸四分，广八寸七分	“苕上章紫伯长物”朱文印
12	三十	张壶山山水册	纸本	八页，每页高七寸七分，长五寸六分。对题四页，高、长同。引首二页，高九寸四分，共长二尺六寸四分	引首页，“章绶衔章”白文印 第一页水墨，“章绶衔印”白文印 第二页水墨，“章紫伯鉴藏”朱文印 第三页浅绛，“紫伯”朱文印 第四页水墨，“章绶衔印”白文印，“苕上章仔伯流览所得”朱文印 第五页水墨，“紫伯秘玩”朱文印 第六页浅绛，“章紫伯鉴藏”朱文印 第七页浅绛，“章绶衔印”白文印 第八页浅绛，“紫伯”朱文印

续表

序号	卷次	藏品名称	质地	规格	收藏章
13	三十一	文南云枯木竹石图	纸本	高二尺八分，广一尺二寸一分	“章紫伯鉴藏”朱文印
14	三十四	释□释黄九烟诗札卷	纸本	高六寸五分，长四尺一寸五分	“章氏紫伯过目”朱文印
15	三十四	李僧筏月泛图轴	纸本	高二尺二寸三分，广一尺四寸三分	“读汉书楼”朱文印
16	三十五	李醉鸥山水册	纸本	六页，每页高八寸一分，长四寸五分 对题六页，高长同	第一页水墨，“紫伯秘玩”朱文印 第二页水墨，“章绶衔印”白文印 第四页水墨，“紫伯秘玩”朱文印 第五页水墨，“章氏紫伯过目”朱文印 第六页水墨，“紫伯秘玩”朱文印
17	三十九	吴墨井以白石翁诗意写山馆听泉图轴	纸本设色	高四尺四寸四分，广一尺七寸六分	“章紫伯所藏”朱文印，“上海徐紫珊考藏书画金石书籍印”朱文印，“章绶衔印”白文印，“紫伯”朱文印
18	三十九	王石谷仿黄鹤山人山水轴	纸本设色	高四尺三寸二分，广一尺五寸七分	“古郭子之苗裔”朱文印，“章绶衔章”白文印，“辛复老屋”朱文印，“章紫伯所藏”白文印
19	续卷八	包山隐德题咏卷	纸本	引首纸，高八寸七分，长三尺八五寸 接纸，高同上，长七尺六分 又接纸，高同上，长二尺二寸 后又接纸五，高同上	引首纸：“章氏紫伯过目”朱文印 接纸：“章绶衔印”白文印，“紫伯”朱文印，“讷庵秘玩”朱文印 又接纸：“苕上章子伯流览所及”朱文印 卷末钤印二：“章氏紫伯过目”朱文印，“讷庵秘玩”朱文印

《穰梨馆过眼录》中还收录有章绶衔题跋二则：其一是题《蒋羽灵书前后赤壁赋册》：

蒋羽灵先生中年妙迹已不可得，而流传人间者多狂草，虽属晚年辛率臆之作，然一片化机，往往有不可思议处。看似迅笔，实则纯用中锋。三百年来，吾湖精八法者，无不推重先生。此册曩为三瑞兰芬侄所藏，今以畀余，为缀数语。时咸丰十年庚申立冬前五日，警信稍远，淫雨为灾，河水已啮圻，轶入屋内矣。九井十三潭村人章绶衔识。

臧晋叔为羽老乡先辈，工书法，循矩矱，绰有晋唐风味，然未能轶过羽老。雪蓑跋不无溢美于渭阳，遂于羽老有歉然不足之意，其实臧不掩蒋，三百年来久有定评，雪翁语未为当也。瓜纻外史绶衔又识于辛复老屋。

蒋明凤，字羽灵，号苏湾，长兴人。万历戊午举人，为晋江教谕，知汝源县，值傜僮作乱，屡剿未平，明凤单骑往谕之，悉解甲听命。升苏州府同知，署太仓州，剔奸厘弊，治称循良。母艰归，不复出。林下四十年，以善书得名。少学“二王”楷书，晚年草书出入旭、素而加以秀挺，得者珍之。[1]

题跋中的“兰芬”，是章氏三瑞堂十二世孙章锡瑞（1815—1869）之号，庠生。其二是题《许灵长书千字文卷》：

许光祚，字灵长，仁和人，知太平县。得笔法于汤尧文（名焕），隆庆间汤书极为世所推重。楷学虞，行学赵，草写怀素，悉臻神品。灵长与汤友谊往还，濡染既久，不仅具体而微。今观所书《千文》字整肃，于秀媚中绰有永兴风范，宜其薄怀素而不居矣。识者当鉴藏之。丙午涂月，瓜溪外史记。[2]

---

〔1〕[清]陆心源纂辑，陈小林点校：《穰梨馆过眼录》，上海书画出版社，2018年，第499—500页。

〔2〕[清]陆心源纂辑，陈小林点校：《穰梨馆过眼录》，上海书画出版社，2018年，第539页。

《穰梨馆过眼录》著录章绶衔旧藏上所钤鉴藏章有“紫伯”“子伯”“仔百”“子櫱”“庸笙”“辛复老屋”“子櫱寓赏”“磨兜坚室所藏书画记”“瓜纑外史”“翼诜堂”“读骚如斋”“章绶衔章”“章绶衔印”“归安章绶衔字紫伯印”“绶衔之印”“紫伯过眼”“章氏子伯过目”“章氏子柏过目”“章氏紫伯过目”“翼诜堂章氏所得之书”“苕上章仔伯流览所得”“苕上章仔伯流览所及”“苕上章子百浏览所及”“笛江”“章紫伯所藏”“章紫伯鉴藏”“章氏真赏”“苕上章紫伯长物”“荻溪章紫伯珍藏善本”“荻溪章紫伯珍赏”“紫伯秘玩”“古鄣子之苗裔”“读汉书楼”“讷庵秘玩”“九井十三潭村人”“但读离骚可无烦”“翼选堂章氏所得之书”等，可补其号、斋号之阙。（图二、图三）

归安章绶衔字紫伯印

章氏子柏过目

章氏紫伯鉴赏

章绶衔印

章绶衔印

章绶衔印

章紫伯所藏

子櫱寓赏

紫伯

紫伯

紫伯秘玩

图二　章绶衔常用印（一）

荻溪章紫伯珍赏

读汉书楼

翼诜堂章氏所得之书

古郣子之苗裔

瓜纩外史

磨兜坚室所藏书画记

苕上章仔百流览所及

苕上章紫伯长物

图三　章绶衔常用印（二）

四、结语

从上可知，章绶衔是一位生活优渥、诗书画印皆有修养的书画鉴藏家，同时也是一位热心社会事业的乡绅名流。他与僧六舟、俞樾、陆心源、吴昌硕等人均有交往，并相互影响。诚如梁秀华所言，章绶衔本应在清中晚期的画坛和收藏界有一席之地，但一是由于流传的作品太少，二是其藏品散佚时间太早，所以没有引起后人应有的关注。

地域文化对艺术家的影响

——以吴昌硕为例

游文畅

吴昌硕出生于浙江省孝丰县鄣吴村（今属安吉），并在这里度过了他的童年和少年时期。作为先生故里的鄣吴，又有什么独特的机缘巧合伴随着先生的成长和成就，使得先生一步一步走向辉煌、饮誉世界呢？本文不揣浅陋，试图从人文环境和历史因素等方面进行探究。

一、厚重古朴文化的熏陶

鄣吴位于安吉县西北部，处浙、皖两省边界，扼古杭宁捷径，地处要冲。境内群山环绕，西高东低，金鸡水自西南往东北绕村而过，形成群峰夹峙、一水中流的地理格局。因而，自古以来，鄣吴村就有“村在深山中”[1]的说法。

安吉地处天目之阴，古为防风国西陲，《禹贡》载为“扬州之域”。[2]太伯奔吴，安吉则属古吴之地，今去鄣吴村东北不远，尚有“晏子城”及“晏子乡”之古地名，均属吴国地域名称，习见于历代典籍，此则安吉区划沿革之始也。吴亡属越，越灭归楚，至秦始皇“并诸国，罢封建为郡县，及定荆并越，

〔1〕[清]陈斌著，陈景超标点：《亡友吴蘅皋传》，《白云集》（上），自印本，2023年，第263页。

〔2〕[宋]谈钥著，湖州地方志编纂委员会办公室整理：《嘉泰吴兴志》卷一，浙江古籍出版社，2018年，第1页。

置会稽郡。又以其地置县曰乌程，隶会稽；曰故鄣，隶鄣郡。”[1]厥后因革升降，历代有所不同，然鄣郡郡治和故鄣县治均在今安吉县境内（今属安吉县递铺街道古城村），故安吉县前身即故鄣县。

东汉灵帝中平二年（185），分故鄣县南置安吉县。《续汉书•郡国志》注引《吴兴记》云：“（丹阳郡故鄣）中平年分县南置安吉县。光和末，张角乱，此乡守险助国，汉嘉之，故立县。”清乾隆《安吉州志》（《刘志》）注“安吉名始此”。县名出自《诗经》“安且吉兮”。

图一　阖村公禁碑

北宋时期，鄣吴村属两浙西路安吉县广顺乡，称黄荆村。[2]当北宋末年，金人南侵，北宋灭亡。有吴姓十九公吴瑾者随宋室南渡，游荆襄，陟五岭，历八闽，辗转到达泉塘（今杭州）。吴瑾不欲居都会，又转而乘舟泛苕水（西苕溪），曲折探其源，最终抵达鱼池乡归仁里，即今天的鄣吴村。[3]吴瑾乐其风土，遂迁居鄣吴为家，这就是鄣吴吴姓的始迁祖。

到明代中叶，鄣吴村人口众多，街巷纵横，屋舍俨然，且基本以吴姓为主。明代诗人吴稼竳有“碧云林壑杳重重，楼阁参差气郁葱。山势远从天目到，溪流直与具区通。千家小聚如城市，一姓成村尚古风”“余家虽深山，比屋苦烦促”[4]等诗句，真实反映了鄣吴村的房屋拥挤、人口众多，以及古风尚存的当地淳朴乡风。（图一）

〔1〕[宋]谈钥著，湖州地方志编纂委员会办公室整理：《嘉泰吴兴志》卷一，浙江古籍出版社，2018年，第1页。

〔2〕[民国]诸修业、诸树馨等重修：（孝丰）《诸氏宗谱》卷一《孝丰诸氏源流记》，民国十八年（1929）刊本。

〔3〕[清]吴昌硕主纂：《吴氏宗谱》卷一《吴氏列祖传》，光绪二十四年（1898）刊本。

〔4〕[明]吴稼竳著：《玄盖副草》卷二，民国五年（1916）影印本。

鄣吴村的吴氏，在迁居鄣吴之前，是淮安望族。北宋末，吴瑾迁居鄣吴村后，吴家在鄣吴繁衍生息、世守耕读、生齿日繁，成为当地大姓，故当地以吴家村称之。自隋唐开始，故鄣县分拆消亡，县治所在地故鄣城（今属安吉县递铺街道古城村）亦属长兴县，故明初习称安吉地为“鄣南”。鄣吴村属明初的安吉县，吴姓又为大族，故“称为鄣南吴家村，简称鄣吴村”。[1]

吴氏自北宋末直至清朝末年，在鄣吴村历二十余世，“族繁而不争，风淳而不陋”[2]，并以“仁孝”行世，又敦睦乡邻，广施教化，乡风民俗为之一变。吴昌硕上溯第十四世祖吴童四，“宅心光明，遇事倜傥。甫成童，父兄皆卒于外，遂奋发自励，早夜匪懈输纳旧粮之事。和善辞色，得母之欢。其待幼弟，抚恤教育。俟子侄长大，然后析居。公之子四，弟之子一，或者谓其五分之。公毅然弗肯，竟以一半与其侄。至于户役，则令己子与侄五分均当。乡里以‘孝弟’称”[3]。

吴昌硕第十三世祖吴玒八，字公祥，号“爱竹”，于孝丰未分建时，为州学生。他“器宇魁伟，仁厚有雅量”。有一次他骑马经过自家的板栗园，不料刚好有人在他家板栗园里偷板栗，他马上掉头就往回走，装作没看见。他的仆人不解地问他缘故，他说：“那人正在树上，假如看见我经过这里，一定会惊吓坠地，岂不是有生命危险！”他还代人受过，替人输赋税钱粮，乡里人均视他为“长者”。[4]

吴昌硕的第十二世叔祖吴松，号“南山翁”。他更是在当地做了很多好事，并且还捐助孝丰县建起学宫，帮助安吉州重建北川桥，“好施与，倜傥多大略”，当地士人立碑颂其德。吴昌硕的第八世祖吴月将，“任东阳训导，捐资新学宫，人谓与南山公徙建孝丰县学后先媲美焉”。吴的七世祖吴宏谋，“笃行孝友，好施与，长兴泗安道路倾堕欹仄，行旅苦之。公出金修治，使平坦，容舆马，人咸称便。费不赀，无吝色”。降及吴昌硕的祖父吴渊、父亲吴

〔1〕安吉县地名委员会：《浙江省安吉县地名志》，自印本，1984年，第52页。

〔2〕[明]吴维岳著：《天目山斋岁编》卷五《怀田园居十首》（序），吉林省图书馆藏明嘉靖刻增修本。

〔3〕[清]吴昌硕主纂：《吴氏宗谱》卷一《吴氏列祖传》，光绪二十四年（1898）刊本。

〔4〕[清]吴昌硕主纂：《吴氏宗谱》卷一《吴氏列祖传》，光绪二十四年（1898）刊本。

〔5〕[清]吴昌硕主纂：《吴氏宗谱》卷一《吴氏列祖传》，光绪二十四年（1898）刊本。

辛甲，皆性情洒脱、仁厚友爱、嫉恶如仇，在当地均具有较高威望。[5]

所以，长期以来，鄣吴以“仁德、孝悌、忠厚、诚恳、施与”为主要内容的淳朴民风，形成了一套独特的礼仪和文化。这对生于斯、长于斯的吴昌硕都产生过巨大影响，影响了他的一生。吴昌硕先生正因学艺先立德，一生都用他高尚的品德感召朋友及后辈，才使得众人皆乐于与其同道。

二、乐学重教氛围的影响

吴瑾迁居鄣吴村后，吴家在鄣吴世守耕读，潜心向学，人才辈出。明初，有吴灵八、吴灵九兄弟出仕为官。至明中叶，鄣吴连续考中四名进士，孝丰县报请朝廷后，在鄣吴立“甲第联芳”坊[1]，这成为孝丰县科举史上的一大奇迹。同时，吴姓又以文学显于时，当时的名流俊彦亦常到鄣吴交游，鄣吴村也因之声名大噪。

明初，鄣吴村的重教氛围十分浓厚，开设在玉华山的玉华山馆已经远近闻名。玉华山馆是吴氏开设的私塾，根据杭垓吴村榔树《潘氏宗谱》关于其始迁祖潘谟（虎生）从徽州迁徙到安吉的记载，明朝初年，鄣吴村即有吴老夫子者，致仕以还，设教于玉华山庵，使得远在徽州古歙（今安徽歙县）的潘谟慕名前来求学。[2]当时安吉、孝丰尚未分县，所以宗谱称其为“安吉西乡之鄣吴村”。明朝弘治元年（1488）始分安吉县南之九乡设孝丰县，可见潘谟前来鄣吴村求学在此之前。潘谟“负笈从游十有余载，一堂共笔砚者不知凡几……”由此可见，当年前来求学的学生人数众多，玉华山馆规模也颇为可观。

到了明朝弘治和嘉靖年间，鄣吴吴姓又增设义塾，凡乡邻或吴姓族人中的贫困者，皆可免费进入义塾读书。鄣吴“双进士”吴麟、吴龙的父亲吴松，字寿卿，号南山，史称南山翁。他好施与、喜读书，崇尚忠孝、廉节、奇伟事，凡读到前人的这些事迹，“则欣慕，笔而诵之”[3]。他不仅在家乡开设义塾，

---

〔1〕[清]刘濬主修：《孝丰县志》卷三《建置志·坊巷》，光绪三年（1877）刊本。

〔2〕[清]潘祖培、潘茂宝、潘必年等主纂：（榔树）《潘氏宗谱》卷一《榔树始祖虎生公传》，光绪十九年（1893）刊本。

〔3〕[清]吴昌硕主纂：《吴氏宗谱》卷一《吴氏列祖传》，光绪二十四年（1898）刊本。

还设立义医，从根本上解决了贫困乡民和族人的读书困难问题。从此，鄣吴村人尚学之风日盛。吴松的儿子吴麟（字允祥，号苕溪）、吴龙（字允际，号石岐），于嘉靖五年（1526）同举进士，首开孝丰建县近四十年来的科举记录，孝丰县特向朝廷请示，为其兄弟二人在县城东街设立“双进士坊”[1]，荣耀备至，一时传为佳话。吴松的长孙吴维岳及孙吴维京也先后考中进士。这就是鄣吴村明代四进士，鄣吴村也因之在后街建有“甲第联芳”坊，至今尚存有两件残缺的石雕构件。

四进士之一的吴麟也是一名教育家。由于从小受到家乡尚学重教的影响，虽然长期在外为官，但他每到一处都十分重视当地的教育。他巡按广东的时候，与岭南陈白沙（陈献章，是明朝中期著名的思想家、哲学家、教育家、书法家）倡学于岭南。他们在周敦颐倡学的基础上，以山边二废寺建造书院，曰“悟性”者改建为濂溪书院，曰“崇报”者改建为白沙书院。至今濂溪书院旧址仍为广州市文物保护单位。吴麟每临一地，必到当地的教育场所视察，每逢科考时，这些地方出来的学生都是最优秀的。[2]吴麟辞官归来后，他其他杂事都很少过问，惟重视族人及子女的教育，以教育儿孙为乐。

吴麟的儿子吴维岳也十分重视家乡的教育。吴维岳为嘉靖十六年(1537)举人，嘉靖十七年(1538)联捷成进士。吴维岳官拜佥都御史，终于南兵部尚书，史称“御史中丞”。吴维岳“文雄于时”，不仅自己为当时的著名诗人，主持“坛坫”近十年[3]，而且十分爱好书画、古籍等，搜罗、珍藏相当丰富，对鄣吴吴氏后裔影响十分深远[4]。嘉靖三十三年（1554），吴维岳亲自筹建的带清堂完工，他高兴地写下《带清堂新成》一诗记其事：“结构何能学肯堂，只依乔木荫清芳。庭分溪水碧环砌，户列云峰翠满床。座客应无孔氏富，架书

〔1〕[清]刘濬主修:《孝丰县志》卷三《建置志·坊巷》，光绪三年(1877)刊本。

〔2〕[明]闻渊撰:《明故中宪大夫山东提刑按察司副使苕源吴君并配封安人方氏合葬墓志铭》，浙江省博物馆:《东方博物》，2014年第2期，第35—50页。

〔3〕[明]张居正撰:《中宪大夫都察院右佥都御史霁环吴公墓志铭》，[清]刘濬主修:《安吉县志》卷第十四《艺文(上)》，光绪三年(1877)刊本。

〔4〕[清]施应心撰:《停红夜话》序，[民国]施南初、施瑛等主修:《孝丰西圩施氏宗谱》卷十六，民国二十年(1931)重修本。

徒有郧侯藏。村中樵牧还多事，来往行歌侑举觞。”[1]带清堂依山面溪，是一处幽静的读书场所，吴维岳亦多次写到此建筑，在这里可以会客，当然也可以传道、授业、解惑、课徒。当时，鄣吴可供文人交流及学子求学、读书的场所还有玉华山、隆安寺、万竹楼、存好楼等。我们今天从吴维岳的诗句中知道吴维岳幼时读书即在隆安寺，如其《游隆安寺》：“深林隐梵宫，万壑响晨钟。乱泉穿白石，独鹤舞青松。施饭阶眠鹿，谈经洞出龙。童时读书处，复此浣尘容。”《居万竹楼三首》其二和《偶题万竹楼七韵》中，也有“偶到儿曹吟诵处，欲凭灯火为传经”“剪锄谙菊性，吟诵课儿功。最是泉当槛，茶烟清小童”等诗句。因此我们可以断定，万竹楼也是其课读之处。另外，鄣吴村还有清池书屋，吴维岳也有《题清池书屋》一诗：“檐引山霞润，池翻树影虚。鸟停枰外石，花度枕前书。只与清谈便，宁知俗计疏。南村新酒熟，还许就芙渠。”我们由诗题亦能判断出此处也是一个学习、读书的场所。就在吴维岳去世前一年，他还构筑存好楼，将自己视同生命的图书典籍存放其中。他有《存好楼偶成》诗二首：“小营书阁敞秋天，一旦青山出座前。剩有谢公云共月，不劳双屐远寅缘。”“乾坤双眼副清秋，松竹图书共一楼。场圃况追幽土乐，江湖堪缓岳阳忧。”并有《存好楼十月三日群从携酒过话先致清平乐词二阕纪三绝句》，可见此地为吴维岳与鄣吴文人子弟诗酒自娱之所。[2]这仅仅是一个人口没有超出5000人山村的读书、学习的场所，当时教育之兴盛，文风之昌隆由此可见一斑。

清朝时期，鄣吴的教育依然兴盛。清朝鄣吴的两位进士吴洪与吴五凤都十分重视教育，他们打破了教育的界限，使女孩子也受到了一定的教育，这在当时安吉、孝丰两县是绝无仅有的。如清初吴洪的女儿就是一名兼通文墨的诗人，她嫁给安吉县定福乡黄墓村（今递铺街道古从桥村与万亩村范围内）庠生徐鞶锡为妻，“二十六岁而寡。家徒四壁，苦抚遗孤，欧荻柳丸，洵无愧焉。守节四十余年，遗有诗稿，具述嫠居苦。《志略》采一二载入《艺文》。”[3]

---

〔1〕[明]吴维岳著：《天目山斋岁编》卷十六，吉林省图书馆藏明嘉靖刻增修本。

〔2〕[明]吴维岳著：《天目山斋岁编》卷二十六，吉林省图书馆藏明嘉靖刻增修本。

〔3〕[清]汪荣、刘敏兰主修：《安吉县志》卷第十三《烈女》（庠生徐鞶锡妻吴氏）云：“定福乡黄墓村人（进士吴洪之女，秉性端庄，兼通文墨）。”

吴氏诗稿已佚，同治《安吉县志》仅录诗一首《村居上元夜》：“玉宇澄澄皓魄圆，银花火树太轰阗。一龛灯礼三生佛，厌听儿童唱采莲。”[1]

吴五凤十分重视家庭教育，是一名家庭启蒙教育家。吴五凤，字稚威，号竹巢，乾隆五十二年（1787）进士，历任广东隆安县、广西淳化县知县，咸有惠政。告归山中，闭户著述，不问户外事，人罕见其面。家多藏书，只有名士如德清陈斌、仁和宋咸熙常过访。[2]吴五凤对子女的家庭教育，今人也望尘莫及。他的儿子吴应起（字环溪）才一周岁，他就在襁褓之中教他读《释草》《释木》《士冠》《士昏》等篇。[3]吴应起少有神童之目，嘉庆十三年（1808）戊辰科举人。《公举事实》记载：“吴应起，字环溪，西乡鄣吴村人，嘉庆戊辰科举人。淹博能文，京师称为两脚书橱。”宋咸熙《耐冷谭》云：“吴竹巢进士子应起，少有神童之目，四五岁时余偕陈白云（德清人）过访竹巢先生，知其已能诗，白云以庭前棕榈树试之，即矢口曰：‘棕榈树，如狒狒（音肺）。发之长，垂于地。’嘉定李鄦斋方伯（名赓芸，孝丰县令）《稻香吟馆稿》中有《吴神童诗》云：‘神童两岁余，阿翁抱就案。尔雅读终篇，还能弄柔翰。’盖两岁已能读《尔雅》，古人之识之无不足多矣。”[4]可见，吴五凤当年就培养出一名神童，他知识渊博的程度，使得京师的人都称他为“两脚书橱”，有问必答，是一座能行走的图书馆，或是一部活字典。

有意思的是，吴五凤在襁褓中教育吴应起的同时，还顺带教出一名才华横溢的女诗人吴玉华。吴玉华刚扶床走路的时候，就会背诵“西北有高楼”“孔雀东南飞”“鸡鸣高树颠”“鱼戏莲叶间”等诗句。等到吴五凤在襁褓之中教吴应起读《释草》《释木》《士冠》《士昏》等篇时，吴玉华亦从旁问故，讲求礼意，考辨雅疏。再加上先世峻伯中丞（吴维岳）所遗法书、名画极多，吴五凤又喜搜罗别集、稗官，善征文献，[5]所以，吴玉华遍览群书、广识博记，

---

〔1〕[清]汪荣、刘敏兰主修：《安吉县志》卷第十六《艺文（下）》，同治十二年（1873）刻本。

〔2〕[清]吴昌硕主纂：《吴氏宗谱》卷一《吴氏列祖传》，光绪二十四年（1898）刊本。

〔3〕[清]施应心撰：《停红夜话》序，[民国]施南初、施瑛等主修：《孝丰西圩施氏宗谱》卷十六，民国二十年（1931）重修本。

〔4〕[清]汪荣、刘敏兰主修：《安吉县志》卷第十二《人物·文学》，同治十二年（1873）刻本。

〔5〕[清]施应心撰：《停红夜话》序，[民国]施南初、施瑛等主修：《孝丰西圩施氏宗谱》卷十六，民国二十年（1931）重修本。

她的学识恐怕也是一般人所难企及的。

吴昌硕祖父吴渊，原名应保，字和甫，号目山，于嘉庆三年（1798）考中举人。他官海盐教谕，至则仿胡安定经义、治事、程序课诸生，被其教化成材的不乏其人。将及十年告归后，又主古桃书院（清朝后期安吉县立教育机构），任山长多年。[1]吴渊生性洒脱，超然物外，可称为教育家。他与严夫人的言传身教，对吴昌硕影响极其深远，吴昌硕至晚年每言及辄涕下。[2]

吴昌硕的父亲吴辛甲亦是一名脱俗的文人，他雅好书画、诗词、篆刻，是吴昌硕篆刻和诗文的启蒙老师。他虽然取得举人功名，但志在山水，安贫乐道，一生没有做官，与文人雅士交往密切。吴辛甲之万夫人（即吴昌硕生母），为孝丰县中筦村（今属灵峰街道大竹园村）人，出身诗礼之家。万家良好的教育和文化氛围，不仅使得万夫人知书达理，对吴昌硕童年产生深刻影响，而且使得吴昌硕父子俩常于万家流连忘返。[3]吴昌硕同他舅家的表兄万东园春涵也成为莫逆之交。[4]

正是在鄣吴村浓厚的教育氛围，以及吴昌硕父、祖辈的影响下，他从小就潜心向学、勤于思考。他在晚年还回忆起儿时的学习生活，并刻有“小名乡阿姐”印章一枚，边款为：“老缶小名乡阿姐，幼时族中父老尝呼之以嬉，今不可闻矣！追忆刻此。乙卯冬，年七十有二。”[5]可见他从小性格恬静，常闭门不出、潜心读书。1881年，他曾刻“南园耕读人家”印章[6]，这也是对鄣吴村吴氏世守耕读的写照。吴昌硕先生还有很多诗句回忆他少年时期在鄣吴村的读书生活，如：“莽苍蹑林麓，迷离认草庵。唯余古松树，掩映下溪南。别

〔1〕[清]吴昌硕主纂：《吴氏宗谱》卷一《吴氏列祖传》，光绪二十四年（1898）刊本。

〔2〕[清]吴昌硕主纂：《吴氏宗谱》卷一《吴氏列祖传》，光绪二十四年（1898）刊本。

〔3〕[清]吴辛甲：《题万东园图（并序）》，[清]吴昌硕主纂：《吴氏宗谱》卷一《半日村遗稿》，光绪二十四年（1898）刊本。

〔4〕[清]吴昌硕著：《缶庐诗》卷一《寄万东园表弟春涵》云：“遥忆山中时，结契共清素。晨钟子乍兴，看竹每同步。”光绪十九年（1893）刻本。

〔5〕邹涛主编，沈乐平分卷主编：《吴昌硕全集·篆刻卷》（普及版4），上海书画出版社，2022年，第1513页。

〔6〕邹涛主编，沈乐平分卷主编：《吴昌硕全集·篆刻卷》（普及版4），上海书画出版社，2022年，第1411页。

墅何时筑，浮生此足耽。菟裘吾旧隐，秋井试泉甘。”“高阁动晨眺，揪然闻鸽铃。长风披落叶，秋色椒荒垌。树带邮亭古，山浮别县青。数行题墨处，清泪忆趋庭。”以及“缶庐读书处，好鸟时幽探。病臂临池活，游心绕树贪。酒香云泼瓮，花重雨盛篮。天意留情种，人堪学老聃”“别墅下溪南，绕屋种松树。秋空巢鹤归，明月照山路。下有读书堂，是我旧吟处”等[1]，不仅是他儿时读书生涯的写照，也是鄣吴村浓厚教育氛围的真实反映。

三、包容开放精神的浸润

安吉地处天目之北、太湖之南，“山从天目成群出，水傍太湖分港流”[2]。天目山古称浮玉山，绵延200余千米，其往北余脉分东西两支，一直抵达太湖南岸。其间山涧纵横，溪流密布，在主峰龙王山北坡汇聚成西苕溪，古称苕水，也即《山海经》所谓“苕水出于其阴，北流至于具区”[3]。具区就是太湖的古称，西苕溪是安吉的母亲河，这条河流维系着安吉与太湖流域及长江中下游的密切交往。

吴昌硕的故里鄣吴村虽地处深山，但因其地处浙、皖两省交界，又有西苕溪支流金鸡水（今称鄣吴溪）可以与下游梅溪、湖州等地相连，故虽地处偏僻，却并不与世隔绝。明代鄣吴村进士吴维岳曾这样描写道：“余世家鄣南皈仁里，山深而不僻，土沃而不闲，族繁而不争，风淳而不陋，雅号胜区。”[4]

在鄣吴东面的长兴县泗安镇，还有一句民谚云：“拉不完的广德，装不满的泗安。”意思是自古以来，泗安就是浙北与皖南交界处的重要码头。明季鄣吴吴家在泗安就有很多田地、产业。所以，鄣吴村虽处深山，但人们并未闭关自守，而是注重对外交往，博采众长。

---

〔1〕[清]吴昌硕：《缶庐诗》卷一《鄣吴村杂诗二首》《缶庐》《自题小像二首像独坐松石间王复生笔也》，光绪十九年（1893）刻本。

〔2〕[元]戴表元著：《剡源集》卷三十《湖州》，上海商务印书馆，1937年。

〔3〕[汉]刘歆著：《山海经·南山经》，内蒙古人民出版社，2008年，第10页。

〔4〕[明]吴维岳著：《天目山斋岁编》卷五，吉林省图书馆藏明嘉靖刻增修本。

明中叶，“双进士”吴麟、吴龙即走出家门，远赴姚江从顾秋山求学，并且同科高中进士。[1]吴龙任福建右参政时，还从当地带回罕见的旱稻种子，因为鄣吴村多旱地，耕种引水颇为不便，所以旱稻受到普遍欢迎，湖州的庄户也纷纷前来引种。[2]吴麟、吴龙兄弟退隐山林后，仍积极参加湖州岘山诗社活动，今天我们能够得到的吴麟、吴龙兄弟的诗歌，都是他们参加岘山诗社社课时留下来的。吴龙不仅积极参加诗社活动，与湖州诗友也常有诗文来往。他还将岘山诗社起癸卯（1533）、迄乙卯（1557），凡二十有四会的诸所唱酬、社课、规约等刻成《岘山雅社集》，使得明中叶湖州诗坛这一雅会盛况得以流传，使得诸多参与的诗人佳作得以保存下来。[3]除与域外文人及官员的经常性互动外，鄣吴吴氏还在湖州归安县前溪建有凤林别院（凤林别馆），其建此馆的目的就是方便与湖州的士大夫交流、往来。吴维岳性好山水和吟咏，他尝登泰山、衡山，赋有《岳游诗》。他陪孝丰县令张子培明府畅游天目山，写下很多诗篇，他还经常到苕城，与湖州菱湖诗人孙文揆诗作酬唱频繁，留下许多宝贵的诗作。[4]（图三）

自明初开始，鄣吴村在外为官的人时有出现，他们皆刚正不阿、为民请命，在政坛更是激浊扬清、嫉恶如仇。吴维岳的交往中，除以文会友外，在朝政上也形成一股清流。他曾校士南宫，所举十人，皆当时海内名俊：江陵张居正为宰相，济南殷士儋为少保，婺源汪道昆为御史中丞，余姚胡正蒙为太常卿、国子祭酒，嘉兴陆光祖为太常少

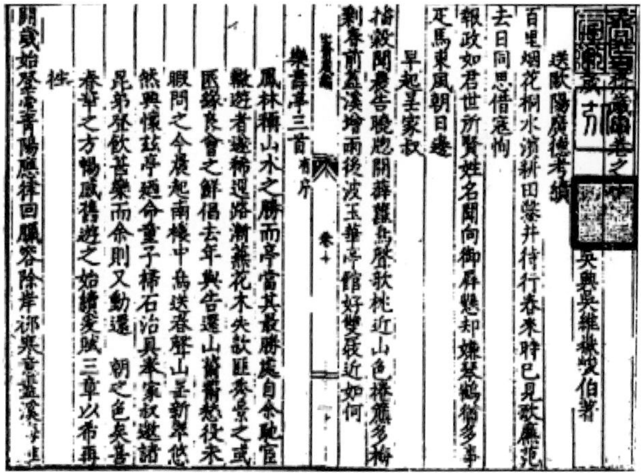

图三　吴维岳《天目山斋岁编》书影

〔1〕[清]罗为赓主修：《孝丰县志》卷六《人物志·宦业》“吴龙”，康熙十二年（1673）刻本。

〔2〕[明]徐献忠著：《吴兴掌故集》卷十三，成文出版社有限公司据嘉靖三十九年（1560）刊本影印。

〔3〕[明]徐献忠著：《长谷集》卷五《岘山雅社集序》，《四库全书存目丛书》，齐鲁书社，1997年。

〔4〕[清]孙志熊纂：《菱湖镇志》卷四十三《诗纪》，清光绪十九年（1893）刻本。

卿，其余五人皆至藩臬、郡守。[1]

除鄣吴吴氏纷纷走出山门外，外地的诗人也经常慕名来到鄣吴，他们优游山水、流连忘返。外地诗人到鄣吴留下的诗篇数不胜数，仅明季留下的诗作就十分可观，略举如下：《端午集吴郎中峻伯宅得山字》（山东谢榛，“后七子”之一），《过苕源吴宪使山居》（归安施峻），《寒夜过吴峻伯读其山中诸篇分得天字》（江苏宗臣，“后七子”之一），《别吴翁范翁棐翁晋兄弟三首》（广东欧大任，“广五子”之一），《赠孝丰吴无咎上舍二首》（湖北李维桢），《过访翁晋翁升翁吉有作》（安徽梅守箕），《即事赠吴翁晋三首》（归安沈圣岐），等等。吴维岳、吴稼澄父子，也有很多与这些诗人在鄣吴的步韵、唱和之作。

清朝，鄣吴吴氏在安吉县城桃城也有固定的住所“读书楼”，这就更加方便了与外界的交流。也正因此，吴昌硕在太平天国运动结束之后，与父亲吴辛甲移居县城，开辟芜园，潜心学艺。又两次赴杭求学，并顺着苕水，走出安吉，广交天下朋友，眼界大开，终成一代宗师。

四、结语

除上述影响吴昌硕的几点因素外，故里清幽的山水、美丽的风光，也对他童年产生很大影响，养成他内敛、文秀的个性，赋予他更加丰富的内心世界。这正是他后来取之不尽、用之不竭的创作灵感和艺术源泉。另外，吴昌硕青少年时期即遭遇兵燹，在外颠沛流离达五年之久，家园也在这次兵燹中完全被毁，这对他一生产生巨大影响。逃难中，他翻山越岭，备尝辛苦，亦使他的意志更加顽强、更加坚韧。他22岁随父亲移居安吉城（今属安吉县递铺街道安城村）之后，故里成为他终生难以割舍的地方，常常出现在他后期的艺术作品之中。

---

〔1〕[清]汪荣、刘敏兰主修：《安吉县志》卷第十四《艺文（上）》载明张居正《中宪大夫都察院右佥都御史霁环吴公墓志铭》，同治十二年（1873）刻本。

无锡博物院藏吴昌硕书画述略

陈　琕　王照宇

无锡博物院（原无锡市博物馆）自二十世纪五六十年代开始，通过私人捐赠和政府拨交等方式陆续入藏了清末“海派”书画家吴昌硕（1844—1927）的数件书画作品。就创作时间来看，书法从中年的四五十岁，一直持续到晚年，几乎可以涵盖吴氏一生的艺术风格。绘画亦有几幅，相对没有书法的纪年那么明确，却也依旧可以反映吴昌硕的绘画成就。吴昌硕作品受到市场青睐，吴氏赝作亦充斥市场，行文在整理上述作品的基础上亦给予初步的判断。

吴昌硕《石鼓文》横幅（图一），纸本，纵21厘米，横166.5厘米，原为无锡藏家薛满生（1909—1985）旧藏，1982年入藏无锡市博物馆。薛满生，名处，字满生，号文卿，其斋号曰“约斋”。1982年，无锡市文化局将薛氏收藏的一百三十余幅古代书画一并移交给无锡市博物馆收藏，奠定了该馆古书画收藏的重要基础。《石鼓文》为先秦时期刻石文字，因其内容最早被认为是记录秦王出猎的场面，故又名“猎碣”。其字体上承西周金文，下启秦代小篆，以藏锋起止，竖方结体，方中寓圆，方圆相济，在书法史上起着承前启后的重要作用。康有为《广艺舟双楫》中称：“《石鼓文》则金钿委地，芝草团云，不烦整截，自有奇彩，体稍方扁，统观虫籀，气体相近。”[1]吴昌硕自青年时涉足《石鼓文》，后将《石鼓文》作为主要临摹对象，其所书《石鼓文》笔力雄强，圆融贯通间金石气息铿锵作响。本幅《石鼓文》据落款作于甲午二月，即公元1894年，吴昌硕时年五十一岁，其内容为《汧殹》，又名《汧》《汧沔》《汧渔》等，按石鼓《秦颂》时间顺序排列，本篇为第二篇，其存字

〔1〕上海书画出版社、华东师范大学古籍整理研究室选编点校：《历代书法论文选》，上海书画出版社，1979年，第785页。

图一　吴昌硕《石鼓文》横幅

在十鼓之中最为完美。其文如下："汧殹沔沔，烝烝皮淖渊。鲇鲤处之，君子渔之。沥又小鱼，其游散散。帛鱼皪皪，其罶氐鲜。黄帛其鳊，又鱄又鲌。其澔孔庶，脔之毚毚。"吴昌硕并非全录，结尾款署："渔川宗兄属篆，即乞正讹。甲午二月，昌硕吴俊。"下钤"仓硕"白文方印。文中"渔川"即是指吴永（1865—1936），字渔川，一字盘公，盘庵，室名观复斋，为曾国藩孙婿。浙江归安（今属湖州）人，早年从师郭绍先、郭嵩焘，曾官直隶怀来知县，辛亥革命后曾任山东提法使、国务院秘书，工书，学董其昌。此外尚有一幅吴氏《石鼓文》立轴（图二），纸本，纵148厘米，横81厘米，1988年由无锡市清理清退"文革"查抄文物图书领导小组办公室移交给无锡市博物馆。内容亦为《汧殹》，款署："吾家侃叔明经云，临《石鼓》，如临大敌，兵戈相接，如闻其声，握管时不敢放轻松一步，一放则气象遒矣。禹钦仁兄先生以为然不？戊申秋杪，吴俊卿。"下钤"俊卿"朱文长方印、"昌硕"白文方印、"虞山戴行之审定"朱文长方印。禹钦，疑王禹卿，待考。戊申年，即1908年，吴昌硕时年六十五岁。这两幅书法相距十余年，皆属于其中年作品。[1]

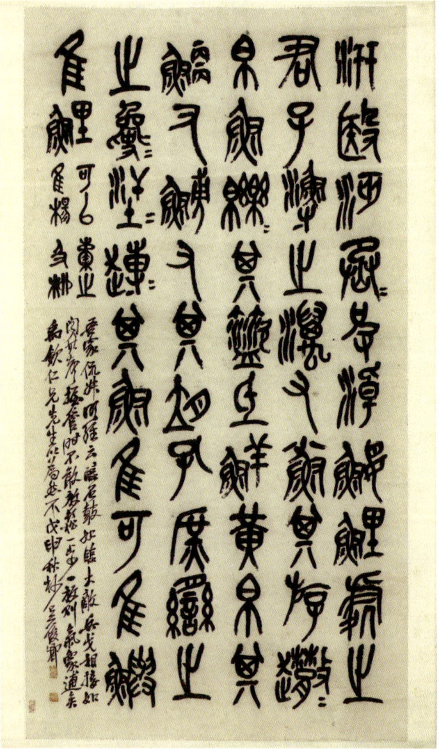

图二　吴昌硕《石鼓文》轴

〔1〕上海博物馆编：《中国书画家印鉴款识》，文物出版社，1987年，第416—426页。

吴氏写意画作《玉兰图》轴（图三），纸本水墨，纵135厘米，横34厘米。原为钱敏旧藏，1993年入藏无锡市博物馆。钱敏，无锡人，1977年任重庆市委第一书记，1978年调任第四机械工业部党组书记、部长。1993年，钱氏捐献一百余件书画给无锡市博物馆，该绘画即为其中一件。吴氏《玉兰图》轴绘于光绪戊申，即公元1908年，吴昌硕时年六十五岁。吴昌硕擅以书篆之法作山石花卉，颇有法度，极具气魄。他一生所作玉兰图众多。本作自下而上一枝直出，至中部再一分为二，两枝相依，墨色枝干挺拔遒劲，又以圈花法作玉兰花瓣，形似鲜桃，饱满可爱。明代王象晋《群芳谱》中载："玉兰花九瓣，色白微碧，香味似兰。"自古至今，玉兰因其素雅高洁、出尘脱俗而成为诗歌、绘画中的常见主题。此画面左上有作者自题，其文如下："晨钟未报楼阁曙，墙头扶出玉兰树。南邻老翁侵晓起，对花赋诗帽脱去。江梅落尽初月明，复讶玉人凋琢成。妻孥传观笑拍手，今日堂前光土缶。"款署："磊闇先生属，对花写照，幸正之。光绪戊申春仲，吴俊卿。"下钤"仓硕"白文方印，左下钤"钱敏"朱文方印，右下钤"秋苇珍藏"朱

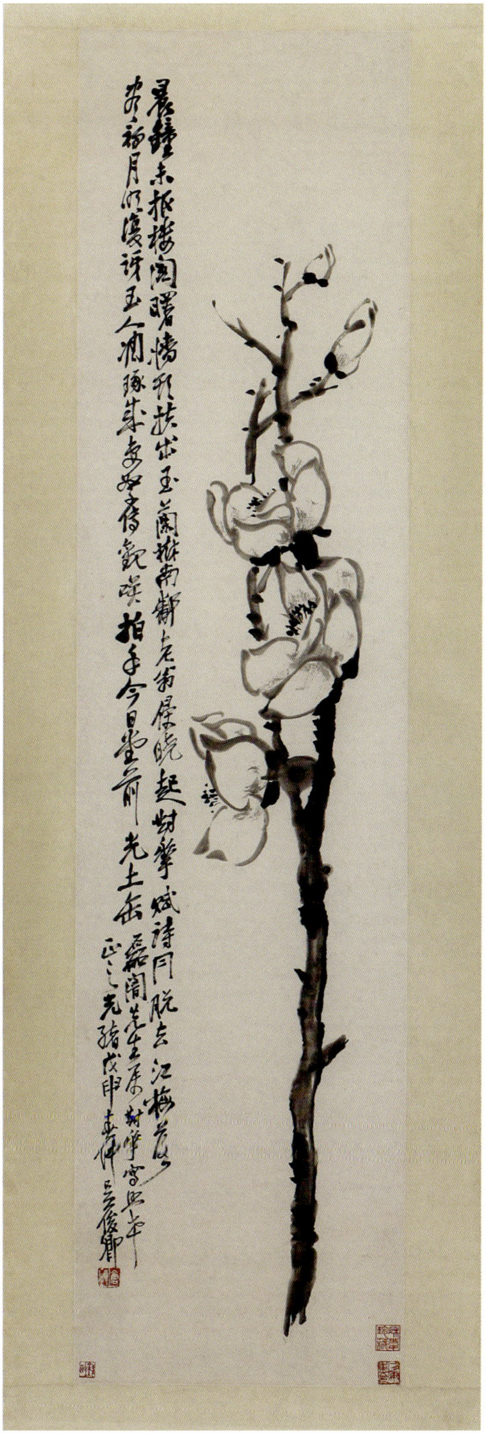

图三　吴昌硕《玉兰图》轴（疑代笔）

文方印、“一月安东令”朱文方印。张祖翼（1849—1917），字逖先，号磊盦、濠庐。安徽桐城人。晚年寓居无锡，又号梁溪坐观老人。工书擅印，并富金石收藏。此件疑代笔。

《红梅图》轴（图四），纸本设色，纵151.2厘米，横40厘米，1964年由无锡市文物商店购入。该画作绘于庚子初冬，即1900年，吴氏时年五十七岁。画面主体为红梅两枝相对而出，作者以篆籀笔意作枝干，沧桑有力，错综交织，有冲向云霄之意，其间梅花怒放，疏密布置，呈现出蓬勃的生命姿态。画面左上题：“绪初仁兄书家属，偶然间以颜色。庚子初冬，吴俊卿。”下钤“仓硕”朱文方印，右下角钤“安吉吴俊章”白文方印。梅花是吴昌硕绘画生涯中最爱画的题材之一，画梅作品数量极多，其笔下梅花姿态纷繁各异，性格不一。他自谓“梅花性命诗精神”，又自称“苦铁道人梅知己”，并有诗云：“十年不到香雪海，梅花忆我我忆梅。何时买棹冒雪去，便向花前倾一杯。”吴昌硕作梅，更似写梅，不论嫩枝老干，还是梅花点点，线条浑圆苍劲，气息厚重深沉，风格中有铮铮之气。绪初，待考。

吴昌硕的篆书“寿”字（图五），市场上多见，且多为应酬之作。此作品为纸本，纵125.5厘米，横64.5厘米。1960年无锡市博物馆购自无锡市古旧书店。吴昌

图四　吴昌硕《红梅图》轴

硕书法以篆书、行草为主，其中篆书成就最高。是作立轴右方大书一“寿”字，结字狭长，老辣凝练，有古朴之妙趣，是吴昌硕为翰飞先生七十大寿，所作据落款可，知书于己未秋，即1919年，吴氏时年七十六岁。画心有长段文字，其文如下：“寿逢浩劫眉应绉，寿比南山面太谀。醉匀死轩吾至友，道存不可离须臾。不吟秋兴不闻笳，踱足蹒跚寿亦夸。一事胜君聊寄语，美人临笑是生涯。翰飞先生七十大寿，篆毕媵以二绝句，即蕲两正。己未秋九月，吴昌硕时年七十有六。”下钤“俊卿之印”朱文方印，另钤“仓硕”白文方印、“梁溪醉月庐藏”朱文方印；右下钤“石人子室”朱文方印。此件书法圆转流利，疑王一亭代笔。

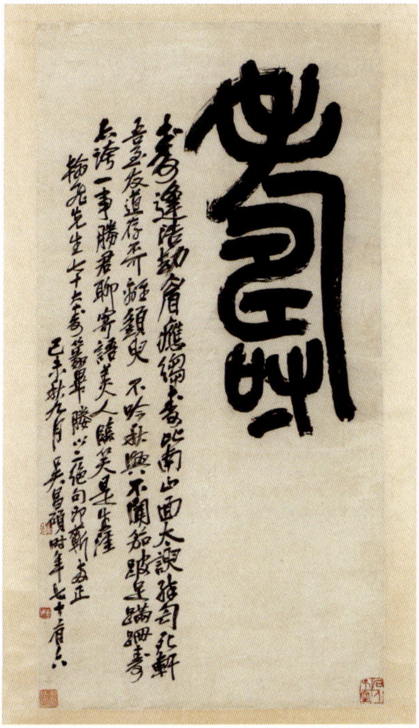

图五 吴昌硕篆书《寿》（疑代笔）

另一幅吴昌硕的《荷花图》轴（图六），纸本设色，纵148.5厘米，横81厘米，与篆书寿字一样购自无锡市古旧书店。本作品绘于癸卯年，即1903年，吴昌硕时年六十岁，吴氏以“醉墨团团”的笔法绘荷花摇曳、茂盛之姿，浓墨磅礴作荷叶苍郁，略施花青绘荷花遗世独立，花叶用色一深一浅，相为呼应，墨气淋漓，有清凉意。吴昌硕尝自号“破荷亭长”，其印章中亦多见“破荷”“破荷亭”“破荷亭长”，画荷曾学八大与石涛，作品中有题为“拟石涛”之荷。吴昌硕画荷兼用篆隶，也可见狂草风貌，色酣墨饱，古拙可爱，经营位置，层次明朗，有生机勃发之感。左上吴氏款署：“鹏飞

图六 吴昌硕《荷花图》轴

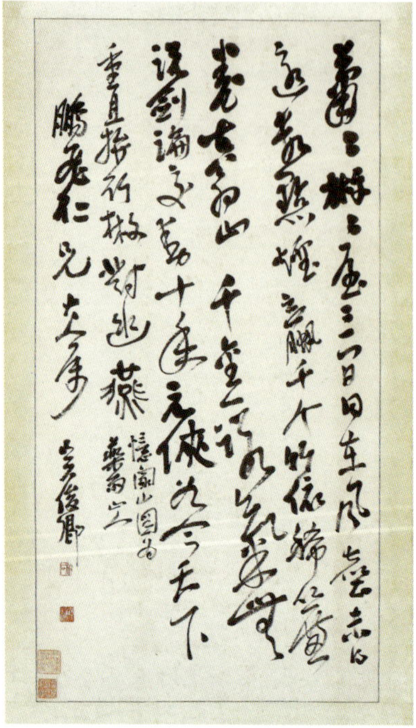

图七　吴昌硕行书七律诗轴

图八　吴昌硕《月梅图》轴

仁兄属。破荷写荷，时癸卯。”下钤“吴俊卿”白文长方印，右下钤“石人子室”朱文方印等，另有鉴藏印两方。

吴昌硕行书七律诗轴（图七），1963年无锡华应良捐赠，该作品为纸本，纵93厘米，横48.5厘米。全文：“萧萧散散屋三间，日在风尘未得还。数点烟嬴千个竹，依稀帘卷古翁山。千金一诺气无□，说剑论交动十年。元侠如今天下重，且拚行散对幽燕。”款署：“忆家山图为药雨山人。鹏飞仁兄大人属，吴俊卿。”下钤“仓石”朱文方印、“破荷”白文方印；左下钤“梁溪醉月庐藏”朱文方印、“凤飞邹弨鉴赏”白文方印。吴昌硕早年行书受黄庭坚影响较大，后学怀素、王铎草书，逐渐形成行草相杂的个人风格。吴昌硕的这帧行书糅合篆、隶、楷、草诸体的结体布局与用笔，形式多变，灵动不羁，颇具气势。

吴昌硕的《月梅图》轴（图八），纸本设色，纵92.8厘米，横48.2厘米，此图也为华应良捐赠。全图作墨笔梅花，前后数枝，遥遥相对，形成空间上的纵深感，墨色润泽，勾勒灵动，凸显枝干的疏朗与花朵的雅丽，表现出月下梅花的高洁清冷，呼应题款中的旧时月色。款署：“旧时月色。鹏飞仁兄属写，吴俊卿。”下钤“吴俊卿”白文长方印、“凤飞邹弨鉴赏”白文方印、“安吉吴俊章”白文方印等。

吴氏《梅花山茶图》轴（图九），纸本

设色，纵168厘米，横93厘米。原为画家诸健秋旧藏，1965年入藏博物馆。该图绘梅花、山茶，茶花鲜艳绚丽，梅花清雅高洁，交错布置，共同营造出冬日气息。宋代曾季貍有诗：“惟有山茶殊耐久，独能深月占春风。”体现出茶花的坚韧勇敢。此二者均是冬日题材绘画作品的常见主题。画心题识：“偏宜山家物色宜，不须歌板却须诗。若教带影和香赏，难得无风有月时。石上苔生寒已较，篱边雀闹暖来迟。帘前日影朝来早，开尽南枝到北枝。拟奚蒙泉笔法，安吉吴昌硕画于沪上。”下钤“俊卿之印”朱文方印、“仓硕”白文方印。此件存疑。

图九　吴昌硕《梅花山茶图》轴（存疑）

吴昌硕篆书七言联（图十），纸本，纵134.5厘米，横32.5厘米。1981年无锡朱锦坤捐献。本作写于戊午年，即1918年，吴昌硕时年七十五岁。本作为吴昌硕较晚时期作品，其篆书风格日臻成熟生辣，所书对联内容意境古朴，与其书法两两呼应，深得古意。吴昌硕于《石鼓文》用功最勤，其存世的联多为《石鼓文》集联。释文：“树角夕阳归猎马，花阴微雨写来禽。”上款：“公冶先生属集猎碣字，幸正之，时戊午冬仲。”下钤“鹤寿”朱文方印。下款：“七十五叟吴昌硕。”钤“俊卿之印”朱文方印、“仓硕”白文方印。

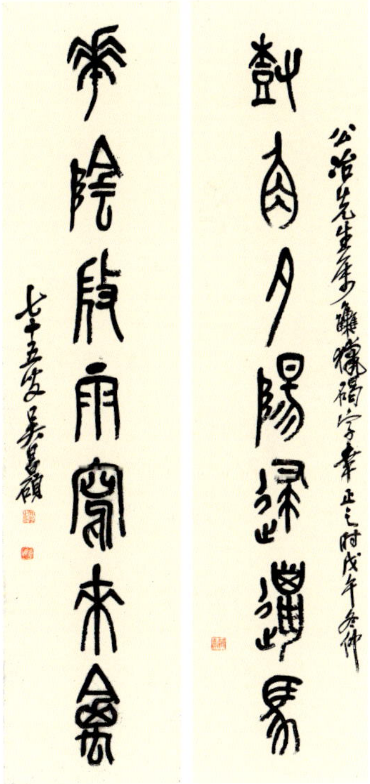

图十　吴昌硕篆书七言联

由吴昌硕作的《清供图》（图十一）、陈豪书写的行书成扇，径17.7厘米，横50.5厘米，也是朱锦坤旧藏。成扇正面为陈豪行书：“《鹿脯帖》真迹，与宋拓本不唯字形大小不伦，乃其文亦小异，宋拓政自不足据也。《十七帖》清晏岁丰，又所使有丰一乡，故自名处。予极不解，丰

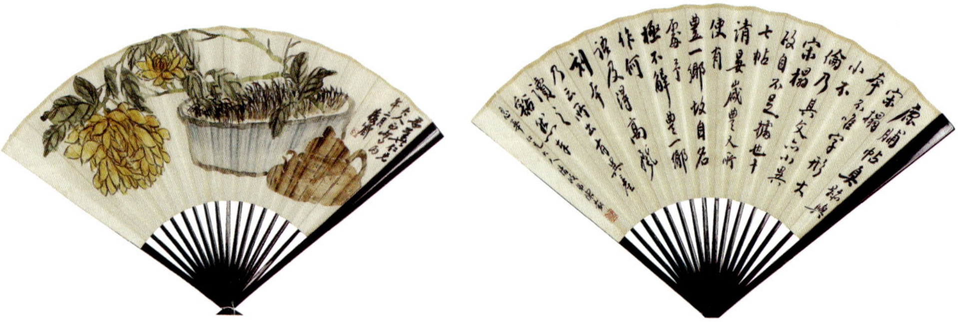

图十一　吴昌硕《清供图》

图十二　吴昌硕篆书五言联

一乡作何语，及得高丽刻本，乃云所出有异产，读之豁然。奉忍华仁兄大人清政，弟陈豪。”下钤“蓝叟”朱文方印。此是节录董其昌《画禅室随笔》。《鹿脯帖》，著录首见于宋米芾《书史》，刻本存《忠义堂帖》，为颜真卿与李光进书。陈豪（1839—1910），浙江仁和（今属杭州）人，字蓝洲，号迈庵、墨翁，晚号止庵。同治九年（1870）优贡，以知县发湖北。光绪三年（1877），署房县。后历署应城、蕲水、汉川、随州。勤于听讼，有善政。工诗善画，能作山水花卉，有《冬暄草堂诗集》。另一面为吴昌硕作的《清供图》，绘茶壶、黄菊、菖蒲，古拙可爱，恬淡清雅。款署：“忍华仁兄大人正写。丙午二月，俊卿。”下钤“吴中”朱文方印。丙午，即1906年。忍华，待考。

吴昌硕篆书五言联（图十二），纸本，纵114厘米，横20厘米，1991

年入藏无锡市博物馆。释文："好花朝雨湿，高树夕阳多。"款署："集猎碣字。丁巳秋杪，时客沪上之禅甓轩。"钤"缶翁"白文方印。丁巳，即1917年，吴氏时年七十四岁。吴昌硕曾有"以砖颜虚室，人诗两劲瘦"的诗句，其中所谓的"以砖颜虚室"，指"禅甓轩"，"砖"即"元康三年"砖。其"禅甓轩"印款云："得晋砖，双行，文曰'元康三年六月廿七日孝子中郎陈钟纪作宜子孙位至高迁累世万年相禅'，因以名吾轩。甲申春，仓石记。"下钤"俊卿之印"朱文方印、"仓硕"白文方印。

无锡博物院收藏的吴昌硕作品总数达到了十二幅，纪年上从最早的1894年，到最晚的1919年，即吴昌硕五十一岁到七十六岁，时间跨度达25年之久。它们可以作为研究吴昌硕书画演变的重要材料，虽然有一些作品的真伪尚值得推敲。

附表：

无锡博物院藏吴昌硕书画一览表

作品名称	质地尺寸	创作时间	来源	备注
《石鼓文》横幅	纸本，21.0cm×166.5cm	甲午年（1894）	1982年文化局移交	
《红梅图》轴	纸本设色，151.2cm×40.0cm	庚子年（1900）	1964年无锡市文物商店让售	
《荷花图》轴	纸本设色，148.5cm×81.0cm	癸卯年（1903）	1960年无锡古旧书店赠	
《清供图、陈豪行书成扇》	纸本设色，17.7cm×50.5cm	丙午年（1906）	1981年朱锦坤让售	
《石鼓文》轴	纸本，148.0cm×81.0cm	戊申年（1908）	1988年二清移交	
《玉兰图》轴	纸本水墨，135.0cm×34.0cm	戊申年（1908）	1993年钱敏、徐念初捐献	疑代笔
篆书五言联	纸本，114.0cm×20.0cm	丁巳年（1917）	1991年无锡市公安局移交	
篆书七言联	纸本，134.5cm×32.5cm	戊午年（1918）	1981年朱锦坤让售	
篆书《寿》	纸本，125.5cm×64.5cm	己未年（1919）	1960年无锡古旧书店捐赠	疑代笔
行书七律诗轴	纸本，93.0cm×48.5cm	创作时间不详	1963年华兴良赠	
《月梅图》轴	纸本设色，92.8cm×48.2cm		1963年华兴良赠	
《梅花山茶图》轴	纸本设色，168.0cm×93.0cm		1965年诸健秋赠	存疑

吴昌硕手校《缶庐诗》两种

谭　然

关于吴昌硕诗集版本，丁羲元先生有《论吴昌硕的诗》一文论述在前，文中收录诗集九种，均为线装手抄或木板刷印本（不包括铅字排印本）。其中最为常见的是《缶庐诗》和《缶庐集》木刻两种。依照刻印前后和卷数不同，细分为：1.《缶庐诗》四卷本，光绪癸巳（1893）初版；2.《缶庐诗》四卷再版本，光绪辛丑（1901）增补（丁文云：第三卷增3首，第四卷增118首，共449首）；3.《缶庐诗》八卷本，民国九年（1920）刘承幹续刻卷五至卷八而成；4.《缶庐集》四卷本，民国十二年（1923）吴昌硕自选本，有郑孝胥题签，朱祖谋题扉页，王一亭画像；5.《缶庐集》五卷本，民国十七年（1928）增刻一卷成此。

这些版本变化大多因其积年所作，多有删削，并增补新作而成。木刻本书籍常常会有随刻随印，随印随校，之后汇集版片又重印的现象，导致版本信息混乱不一。近年先后见到数部《缶庐诗》，其中有吴昌硕手校字迹者二部，简述一二，或对其版本研究略有补充。

一、《缶庐诗》卷五至卷七

此书存一册，当系民国九年（1920）刘承幹续刻之零种，唯缺卷八。内中天头有墨笔校改五处。审其笔迹，当为缶翁亲笔。（图一）

卷五之《庚戌秋六十七岁俞大赠棱伽画佛》，“六贼低首不敢戏”改作“六贼俯首不敢戏”。

卷七之《刘翰怡约消寒第九集》，“蛟鳄当其衡”改作“蛟鳄当其冲”。

卷七之《端阳节物》，“平生思无那”改作“平生思无邪”。

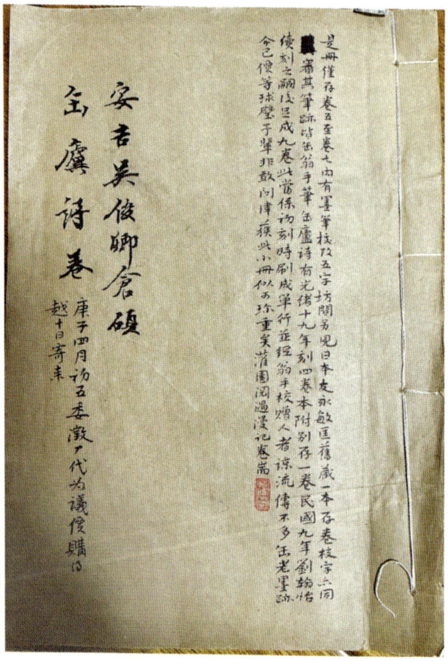

图一 《缶庐诗》卷五至卷七（吴昌硕校本）

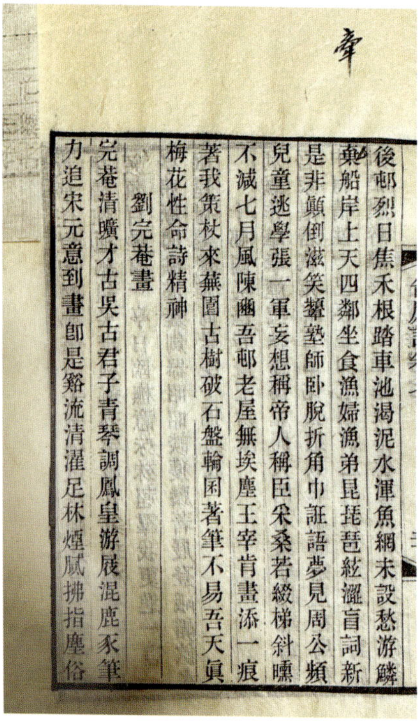

图二 吴昌硕手校“牵”字

卷七之《王一亭临吴小仙画卷》，“乐在鱼家忘所苦”改作“乐在渔家忘所苦”。

卷七之《十村图吴湛若画王翁藏》，“弃船岸上天四邻”改作“牵船岸上天四邻”。（图二）

据其改正之字可以看出，除第一例可能是作者推敲炼字，于刻成后改订外，其余四字字形相似，大概率是刻工刻错，由作者自校改正。

另又见一零册，亦只存卷五至卷七。钤有“虚明轩”“瑕丰”“友永敏匡”“瑕丰秘笈”四印，内中墨笔校字一同此本。可知这三卷先期刻成，单独刷印装订，并非续刻之残册，乃随刻随刷之初印本。且缶老手校持以赠人不止一册。藏者友永霞峰，名伝次郎，字敏匡，为20世纪初日本实业家，战前长期留居上海经商，经营古董，与吴昌硕、李瑞清、吴隐、郑孝胥等友善。民国二年(1913)恰逢《兰亭序》书成的第二十六个癸丑，所以中日两国均有纪念活动。河井仙郎于西泠印社兰亭纪念会社员合影题记中，录有与会日本社员名单：长尾雨山、高濑惺轩、小栗秋堂、纪成柯庭、岸田雨臣、友永霞峰。其收藏中国明清书画多为名迹，如祝枝山、陈继儒等作品曾散见于拍卖市场。书中所钤印章如“瑕丰秘笈”朱文长方印，谛观风格，当系缶翁作品。

二、《缶庐诗》九卷本

此书共订三册，第一册为卷一至卷四，第二册为卷五至卷八，此即习见之刘承幹续刻而足成八卷本。又卷九单订一册，题签皆作“缶庐诗，附别存，藐翁署”（下钤“藐”字朱文方印），前两册直接刷印于封面，后一册粘贴白纸刷印签条。前贤论述，均未言及《缶庐诗》有卷九之说，此乃为诸家著述所未见者。常见《缶庐诗》所附别存一卷，内容为题画诗、獵碣集联、砚铭三种，此书失收，当系散佚。与此第九卷无干。（图三）

卷一前牌记仍用光绪癸巳（1893）初版时杨岘所题“缶庐诗，光绪癸巳春二月开雕，夏五月雕竣，七十五岁杨岘题”。卷四末尾有“苏城郡庙前谢文翰刻印”双行款。

卷首序文列次如下：光绪己丑（1889）施浴升《缶庐诗存序》，光绪己丑谭献《缶庐诗叙》，民国乙卯（1915）郑孝胥《缶庐诗序》，己未（1919）孙德谦《缶庐诗序》，庚申（1920）刘承幹《缶庐诗序》，第九卷前有沈曾植

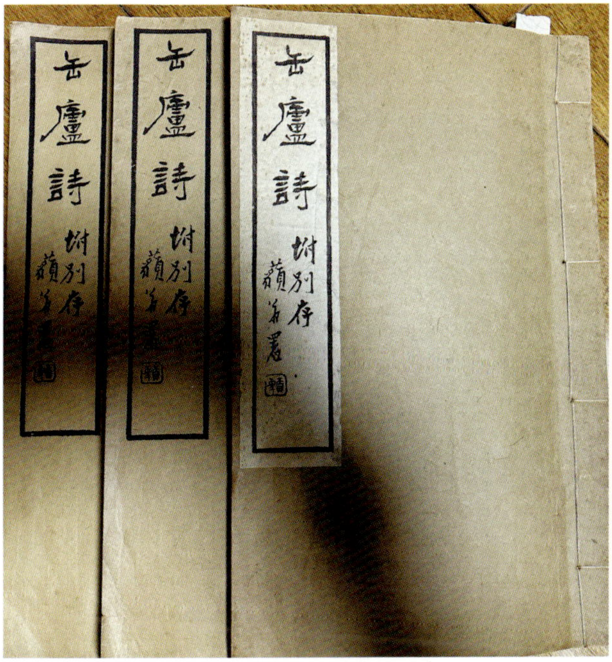

图三 《缶庐诗》九卷本

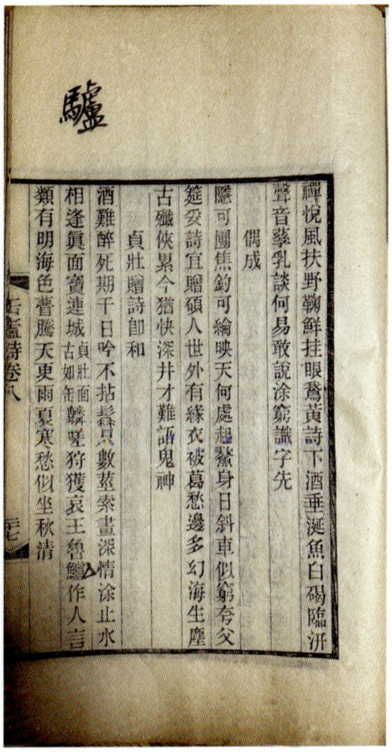

图四 吴昌硕手校“驴”字

《缶庐诗序》。

丁文曾言此六序“在《缶庐诗》八卷本一九二〇年出版时也均未刻入，这一迹象，殊不解其意，吴昌硕有请名家和友好作序的习惯，也许他等待时机，拟出版其诗的全集，但也终未见成”。此六序后见于《缶庐集》四卷本。现在所见《缶庐诗》九卷本，六序赫赫在目，显然当年续刻不止八卷，曾有意成一全集。这也是目前所见选本《缶庐集》出版之前，收录缶翁诗作和序言最为齐全的一种。

核之前本，卷五至卷九所见之讹字均已挖改。卷八有校改两处，一《贞壮赠诗即和》，“鲈作人言类有明”改作“驴作人言类有明”（图四），一《天池画覃溪题一亭并临之索赋》“叶如剑气舞”改作“叶如剑器舞”；卷九又有校改二处，一《蔬香馆图为钟大》，“七箸生氤氲”改作“匕箸生氤氲”，系朱笔；一《贞壮示近作依韵》，“冯渠犄角我何干”改作“冯渠犄鹿我何干”，系墨笔。这两处在之后的《缶庐集》刻本中也都一一改正了。

华东师范大学出版社出版整理的整理本《吴昌硕诗集》称“昌硕诗集，有《缶庐诗》八卷，《缶庐别存》一卷……别有《缶庐集》五卷，则系选本，其中卷二三十一题、卷四三十四题、卷五全卷一百四十三题均不见于《缶庐诗》”。此第九卷收诗七十九题，为庚申（1920）、辛酉（1921）两年间所作。对照《缶庐集》目录来看，正包含有所谓的不见于《缶庐诗》的卷四三十四题。整理本将其归纳于补遗中，想是未见此第九卷也。

无论是《缶庐诗》还是《缶庐集》，刊刻刷印距今百余年，公藏不在少数，民间流通亦时常可见，不算稀有善本。但缶翁手校之本却不多见，尤其第九卷本向未闻有著录者，想是刻成不久，老人即有选刻《缶庐集》之计划，故刷印不多，流传亦鲜。当时诗集印成手校，非亲近之人当不获此。惜所见两种均无题跋钤印，其流传递藏情况不得而知。

新见吴昌硕史料二种

穆芝生

一、新见《芜园图》笺释

《芜园图》一卷，现藏上海图书馆（索书号：GJ2302671），册页装。引首："芜园图。仓石仁兄法家属，庸叟岘题。"钤"臣显之印"（白文）、"既寿"（朱文）印。（图一）

接下来是杨岘题诗：

故郭城内已荆榛，都是红羊劫后尘。却剩芜园数弓地，天教留与咏诗人。

意园吾亦图曾绘，结构都从虚拟来。它日买山资可借，两园许否对门开。

予喜园居，苦无资，不能置园，属友绘《意园图》，凭空结构，意于园而园，故曰意园也。昌石先生正题，庸斋杨岘拜草。（图二）

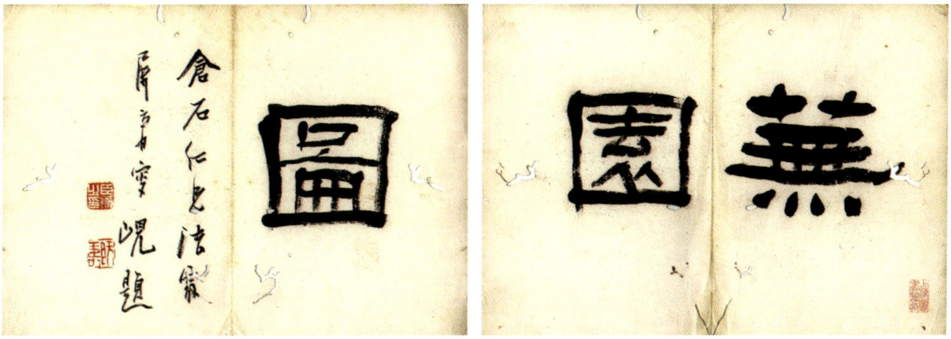

图一　杨岘题《芜园图》引首

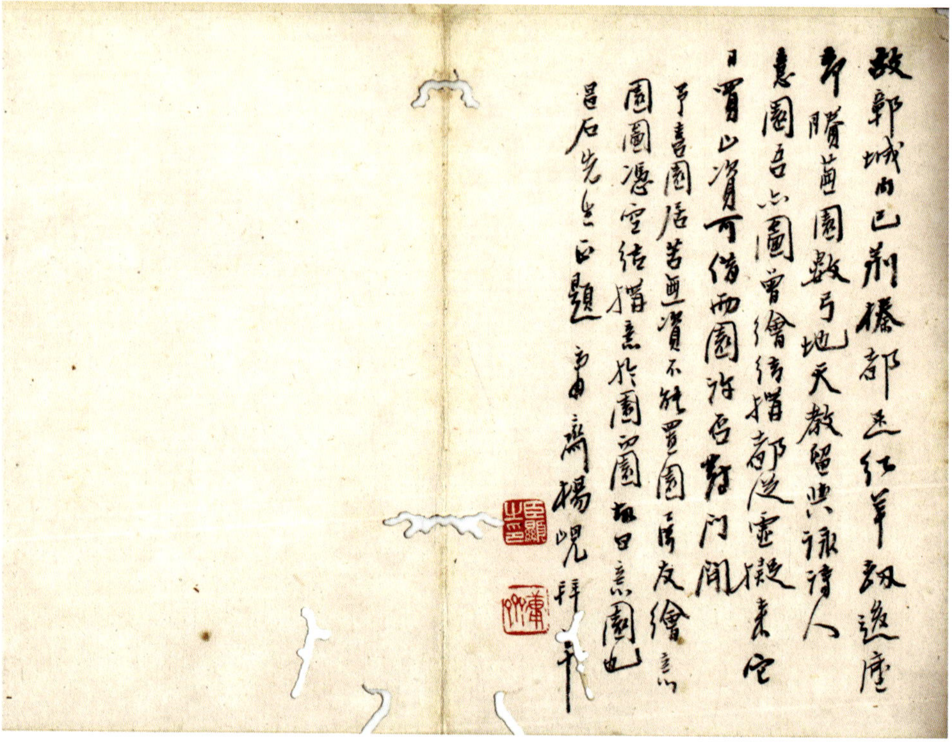

图二　杨岘题《芜园图》诗

钤“臣显之印”（白文）、“庸斋”（朱文）二印。再依次是顾沄、吴滔所绘《芜园图》。顾沄款云：

秋雨过庭，烦襟尽涤。隔窗新碧，油然可观。适苍石兄以所居芜园属图，漫为拟意，不必定指形似也。若波弟顾沄。（图三）

钤“顾沄之印”（白文）印。顾沄（1835—1896），字若波，江苏吴县（今属苏州）人。工山水，清丽疏古，气韵秀出。沈秉成任苏松太道时，礼聘入署。吴滔款云：

苍石仁兄大人属画《芜园风雨图》，时戊寅七月，吴滔挥汗。（图四）

图三　顾沄绘《芜园图》

图四　吴滔绘《芜园图》

钤“吴滔之印”（白文）印。戊寅，即光绪四年（1878）。关于此图，吴昌硕在致金心兰的信中曾提及：“冷香主人鉴：奉去秋农道兄手来折扇一，外附仿帖、印花，祈封固饬寄。箑上竟涂拙作数首，应知己之命，不觉自忘其丑也。秋农处《芜园图》，如未落墨，可否于烟云之中略见城头，则城外可着远山一片，气局较大也。弟欲装成手卷，故以稍长为贵，请致一函商之，此请道安。弟俊卿顿首，九月廿日。”[1]所谓“城外可着远山一片”，却可与顾沄所绘《芜园图》相互印证，远山正是桃花山，隔着苕溪与芜园相对。吴滔（1840—1895），字伯滔，号铁夫，又号疏林，浙江石门（今属嘉兴）人。工山水、花卉，著有《来鹭草堂集》。由此可见，《芜园图》至迟始于光绪四年（1878），其时吴昌硕于湖州等地谋事。其后依次是施浴升（1848—1890）、毕兆淇（生卒年不详）等人题跋。

施浴升题《芜园记》：

> 吴子苍石，今之惇朴士也，其为人不好表襮，而中情自一。居安吉城之东北偏，茅屋数椽，聊蔽风雨。屋后有旷地数亩，辟以为园，名之曰芜园。光绪四年秋，友人施浴升来主其家，盘桓于园者数日。见夫花竹草莱，乱杂并植，足迹之余皆茅菅。书室而外，所谓台榭陂池，为园所必有者，或阙，或仅有而不加饰。而吴子啸傲其中，若

〔1〕此札为吴香洲旧藏，蒙其赐示复印件，特致谢忱。

菟裘焉。乃喟然叹曰："芜之时义大矣哉！田畴以芜而存，草木以芜而生，天地以芜而万物成，人以芜而永保令名。不思夫大同之世乎！不独亲其亲，不独子其子，老有所终，幼有所长。熙熙焉，皞皞焉，于时人各遂其生，不知善之可趋，不知恶之可惧，禀天地之气，林林然，总总然，亦必庶草之繁芜，自华自实已尔。迨真性既漓，浇风斯扇，于是有圣人出，为之防制，为之整齐，欲使反其本而适足济其伪。吾见夫修礼貌、慎仪节、言道义、美文章者，类皆贤圣其外，而蹻跖其中者也夫。至圣贤其外，跖蹻其中，其心之芜实甚，乃视之固整然可观。孰若率性而行，任天而动，不致饰于外，不内疚于中，贸乎若愚，渊乎若虚。无荣无辱，无毁无誉，与大化相周旋，以天地为蘧庐，夫然后可保吾真，而游情于太初。吴子为人，盖芜其身，而全其心者也。故不以嘉名锡是园，而氏以芜。抑又闻之，芜有丰义，草芜而丰其种，人芜而丰其德。能丰而后可大，故又有大义。大者，芜之积也。不芜则不能丰，不丰则不得大，自然之理也。噫！世之辇山石、沟涧壑，穷极人力，以为游观者，自谓吾园一成，为子孙百世之业，乃不旋踵，而华屋山邱忽焉易主，徒使人感慨深之。何若是园留不尽之天，为淑身之地。以彼视此，孰得孰失，必有人辨之者。虽然，吴子亦慷忾士也，天下有事，方当出而展其才，非终老是园者。然则园之芜也，固将有不得不芜者在。"兹因吴子之属而记之，亦以见吾儒之寄托，固有大异于恒情也！

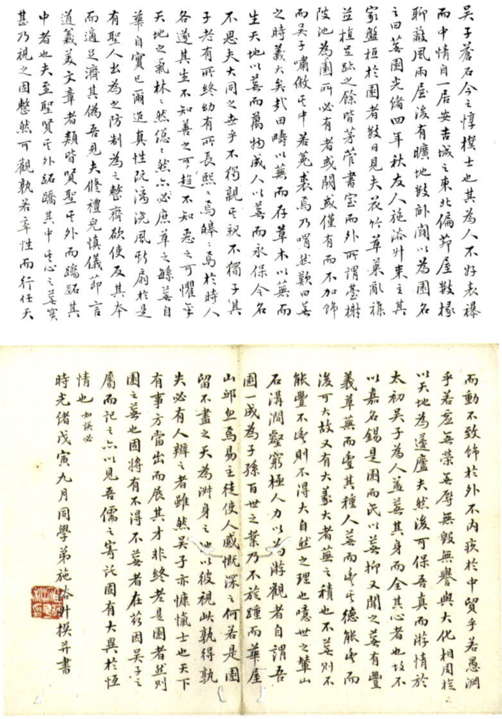
吳子蒼石今之惇樸士也其為人不好表襮而中情自一居安吉城之東北偏茀屋數椽聊蔽風雨屋後有曠地數畝闢以為園名之曰蕪園光緒四年秋友人施浴升來主其家盤桓於園者數日見夫花竹草萊亂植並植豆豉之餘皆茅茨書室而外所謂臺榭陂池為園所必有者或闕或僅有而不加飾而吳子嘯傲乎中若菟裘焉乃喟然歎曰蕪之時義大矣哉田疇以蕪而存草木以蕪而生天地以蕪而萬物成人以蕪而永保令名不思夫大同之世乎不獨親其親不獨子其子老有所終幼有所長熙熙焉皞皞焉於時人各遂其生不知善之可趨不知惡之可懼稟天地之氣林林然總總然亦必庶草之繁蕪自華自實已爾迨真性既漓澆風斯扇於是有聖人出為之防制為之整齊欲使反其本而適足濟其偽吾見夫修禮皃慎儀節言道義美文章者類皆賢聖乎外而蹻跖其中者也夫至聖賢乎外跖蹻其中乎心之蕪實甚乃視之固整然可觀孰若率性而行任天而動不致飾於外不內疚於中貿乎若愚淵乎若虛無榮無辱無毀無譽與大化相周旋以天地為蘧廬夫然後可保吾真而游情於太初吳子為人蓋蕪其身而全其心者也故不以嘉名錫是園而氏以蕪抑又聞之蕪有豐義草蕪而豐其種人蕪而豐乎德能豐而後可大故又有大義大者蕪之積也不蕪則不能豐不豐則不得大自然之理也噫世之輦山石溝澗壑窮極人力以為游觀者自謂吾園一成為子孫百世之業乃不旋踵而華屋山邱忽焉易主徒使人感慨深之何若是園留不盡之天為淑身之地以彼視此孰得孰失必有人辨之者雖然吳子亦慷慨士也天下有事方當出而展其才非終老是園者然則園之蕪也固將有不得不蕪者在茲因吳子之屬而記之亦以見吾儒之寄託固有大異於恆情也 如拱必
時光緒戊寅九月同學弟施浴升拱并書

图五　施浴升题《芜园图》

（如误必）时光绪戊寅九月，同学弟施浴升撰并书。（图五）

钤“臣施浴升私印”（白文）印。施浴升，字旭臣，又字子明，浙江安吉人。同治十二年（1873）举人。此记在其文集《金钟山房文集》[1]中亦收录，文字略有删改，如“其为人不好表襮而中情自一”，入集后改为“其为人不事修饰而中情纯一”；“茅屋数椽，聊蔽风雨”，入集后删去；“屋后有旷地数亩”，改为“有旷地数亩”；“数日”，改为“旬日”；“书室而外”，改为“书室之外”；“总总然”，改为“芸芸然”。陈应华所见《芜园图》中亦收录有此文，款作：“时戊寅九月一日也，紫明施浴升撰并书。”[2]

又毕兆淇题四绝句云：

非关游兴倦江湖，为恐田园日就芜。图取一般荒率意，算来只合倩倪迂。

筑得幽栖深复深，闭门绝少俗尘侵。出墙种得千竿竹，只许诗僧酒伴寻。

金石图书左右陈，炉香茗碗供吟身。近来添得闲功课，新种梅花手自亲。（介春为君题《锄月种梅图》）

我亦年来厌俗嚣，烟波百里

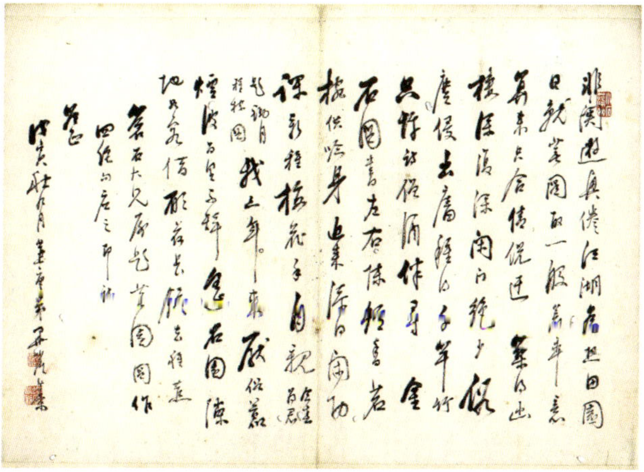

图六　毕兆淇题《芜园图》

---

〔1〕[清]施浴升著：《金钟山房文集》，光绪十七年（1891）刻本。

〔2〕匡得鳌编著：《安吉吴昌硕》，中国文化出版社，2007年，第31—42页。

不辞遥。名园隙地如容借，愿荷长镵去种蕉。

仓石大兄属题《芜园图》，作四绝句应之，即请吟正。戊寅秋九月，蕉庵弟毕兆淇。（图六）

引首钤“小石蒲斋”（白文），后钤“淇”（朱文）、“蜗庐长翁”（白文）二印。毕兆琪，字蕉庵，浙江归安（今属湖州）人。咸丰十年（1860）优贡生。工诗擅书。著有《蕉庵随笔》。陈应华所见《芜园图》中未见毕氏所题。

又钱国珍（1813—1881）题云：

余未至安吉，即耳苍石名，知为谨朴绩学士也。久之，苍石偶一至余室，口不谈公事，惟袖所为诗文及金石印谱相质证，其为谨朴好学也益信。问所居，慨然曰：“世居孝丰鄣吴村，屋宇为匪毁不存，所存惟薄田数十亩，又芜秽不治。今于鄣邑东街构屋数椽，奉母以居。屋后隙地杂种花树，拳石匪奇，勺泉匪甘，修篁数十竿，与豆架、瓜棚相映带。春风暑雨，草木方滋，生意虽盎然，而芜杂特甚，遂名曰芜园。”嘻！其陋也，余闻而有感焉。昔孔子至卫，卫多君子，而居处之善者独取公子荆。盖其为居也，始有曰苟合，少有曰苟完，富有曰苟美，若无一不存苟简之意，而知止、知足之义，即于是寓焉。以视彼美轮美奂，如翚斯飞，如鸟斯革，而骄淫矜夸，将由恶终者，固大相径庭矣。况兵燹以后，田畴沟洫荒芜不治者，且不知凡几。而苍石能守先人之旧庐，树北堂之萱草，读书养亲，则于园之芜也，习而安之，且久而乐之，歌啸于其中，偃息于其中，殆亦闻卫公子之风欤？苍石勉乎哉！夫道若大路然，为间不用，则茅塞之矣。顾茅塞其径，犹之可也，若茅塞其心，则不可。苍石殆急于治心修身，以蕲进于道者，于园之芜也何有？余家广陵，旧名芜城，今则其芜益甚。绿杨城郭，宛虹桥南，有环堵之室在焉。近亦以芜焉置之，徒以浮沈薄宦，廿有余年，居无定所，每读陶渊明辞云：“田园将芜胡不归？”窃不禁兴归欤之志。而苍石治有用之学，方将待用于世。吾于

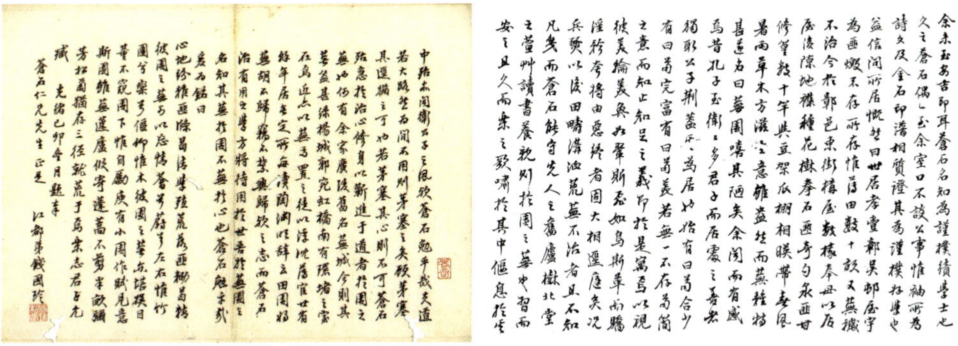

图七　钱国珍题《芜园图》

芜园之名，知其芜于园不芜于心也。苍石勉乎哉！爰为铭曰：心地纷杂，匪涤曷清？学殖荒落，匪锄曷精？彼园之芜，可以忘情。荟兮蔚兮，左右惟竹。团兮栾兮，偃仰惟木。彼园之芜，亦勘娱目。董不窥园，下帷自励。庾有小园，作赋见意。斯园虽芜，蘧庐攸寄。蓬蒿不剪，半亩弥芳。松菊犹存，三径就荒。于焉乐志，君子允臧。光绪己卯冬月，题奉苍石仁兄先生正是。江都弟钱国珍。（图七）

钤“老奇”（朱文）、“国珍私印”（白文）二印。己卯，即光绪五年（1879）。钱国珍，字子奇，号壶翁，江苏江都（今属扬州）人。曾任安吉知县（任职时间：1875—1881）。该记不但明确了芜园的具体位置在安吉县城内东街，而且还可补钱氏文集之阙。陈应华所见《芜园图》中未见钱氏所题。

又吴昌硕自题诗云：

大钧无遗泽，万物遂其私。荣瘁间不同，亦复得安之。芜园何所芜，人与芜园期。即此足容托，荒陋安足辞。遥遥望白云，慨然发长思。

寂莫山城隅，地偏荆榛长。赤手把长镵，种竹开茅堂。念昔归仁里，高曾兹允臧。沧桑人世殊，三径久已荒。卜居桃城中，未殊居故乡。故乡虽未远，易地心忧伤。邱垄望不见，四山云茫茫。

生我母云亡，抚我母尤瘁。三复哀哀诗，益痛灵椿逝。手泽鲜故书，杯棬无旧制。敢谓子克家，析薪惧重寄。茅屋八九间，庶无尘鞅累。愿为陇亩民，潜修足自遂。

家食苦不给，买舟湖海游。读书未十年，窃愧升斗求。妻孥守荒芜，谷鸟鸣啾啾。人生天地间，局促宁自由？

秋风日以凉，秋草凄以绿。亦复爱吾庐，携图寄遥瞩。煮字未疗饥，一身徒仆仆。吁嗟梅与鞠，终年长濩落。

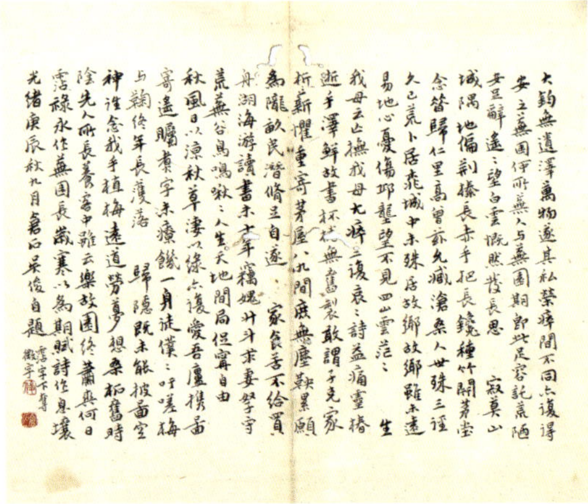

图八　吴昌硕自题《芜园图》

归隐既未能，披图空神往。念我手植梅，远道劳梦想。桑柘旧时阴，先人所长养。客中虽云乐，故园终萧爽。何日沾禄，永作芜园长。岁寒以为期，赋诗作息壤。

光绪庚辰秋九月，仓石吴俊自题。（“沾”字下夺“微”字）（图八）

后钤“俊”（朱文）、“仓石”（白文）二印。第六首的“远道劳梦想”，入集后改为“及今应一丈”，并后增“几年未料理，出门徒惘惘”；“何日沾微禄”，改为“何日抛微禄”。原稿共有六首，入《缶庐集》[1]后删去第五首。陈应华所见《芜园图》中亦收录此文，款作：“光绪庚辰秋八月，昌硕吴俊。”庚辰，即光绪六年（1880）。

又朱镜清（生卒年不详）题云：

吴君苍石，禀性以矩，得气之清。擘笺弦诗，研纸篆字。近游江左，薄宦吴下，假馆于余外舅之抱罍室。适仆亦逢秋曹改外，需次苏台。虚堂接席，谭笑时同。小阁攲枕，啸咏无间。听鼓之暇，杂之以

〔1〕[清]吴昌硕著：《缶庐诗》卷一，光绪十九年（1893）刻本。

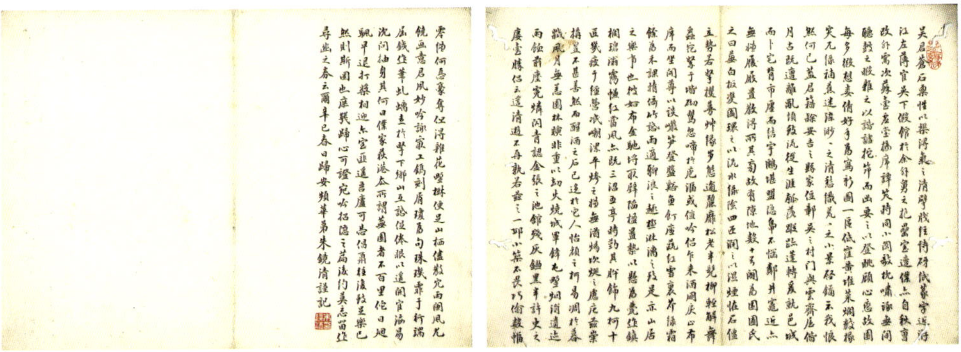

图九　朱镜清题《芜园图》

谐谑；拖笻而出，要之以登眺。故心恋故园，每多假想，娄倩好手，为写新图。一区低洼，黄堆菜烂；数椽突兀，绿补蕉迷。染渺渺之清愁，织荒荒之小景。启镉示我，怅然何已。盖君籍隶安吉之县，家佢鄣吴之村。门与云齐，屋偕月古。既遭离乱，顿致流徙。生涯瓠落，踪迹蓬转。爰就邑城而卜宅，背市廛而结宇。鸥堪盟隐，鸭不恼邻。井灶近亦无嫌，履屐置教得所。其旁故有隙地数十弓，辟为园圃，氏之曰芜。白板双阖，环之以流水；绿阴四匝，润之以湿烟。怪石僵立，势若拏攫。曼草缘步，态逾丽糜。松老半髡，柳轻解舞。虫宛綮于阶砌，莺忽啼于庖湢。或值吟侣乍来，酒朋戾止。布席而坐，开尊以谈。岩笋登盘，溪鱼饤座。蔬红雪里，芥绿霜余。为禾课晴，倚竹话雨。适聊浪之趣，极淋漓之致，是亦山居之乐事也。彼如布金驰埒，取璧陷楹。置槷以悬，为甍作镇。栏碧滃雾，幙红当风。亦既三沼五亭，时勤共肸饰；九柯卜匠，几疲于经营。泯崭漯平燥之嫌，无湆炀坎熧之虑。庀兹崇构，岂不甚善。然而醒酒之石，已移于它人；怡顽之柯，易凋于暮岁。风月无恙，园林瞑非。重以劫火烧城，军锋屯野。烟销遗迹，雨蚀前廛。冤磷闪青，认金张之池馆；残灰锄黑，半许史之楼台。胜侣云遥，清游不再，孰若兹之。一邱小筑，不畏巧偷；数幅零缣，何忧豪夺。但得杂花野树，便足山栖；尽散穴雨阑风，尤饶画意。君夙妙吟咏，最工镌刻。屑琼为句，珠玑霏于行端；屈铁作笔，虬螭走于腕下。乡山互话，促倦眼以遥开；宦海易沉，问抽身其何日？仆家荻港，去所谓芜园者不百里。佗日回帆早退，打桨相迎。尔室匪遥，吾庐可凭。倡酬往复，致足乐已。然则斯图也，庶几归心可证，宛吟招隐之篇；后约莫忘，留作寻幽之券云尔。辛巳春日，归安频华弟朱镜清谨记。（图九）

钤“墨缘”（朱文）、“朱镜清印”（白文）二印。辛巳，即光绪七年（1881）。朱镜清，字子华，浙江归安（今属湖州）人。吴云女婿。陈应华所见《芜园图》中亦收录此文，款作：“镜清与吾郡苍石先生相识垂十余年，辛巳春间，出所作《芜园图》见示，为成斯记。今于甲申仲夏，既装潢成卷，属为重录一过，盖又三易寒、四易暑矣！归安频华弟朱镜清并识。”甲申，即光绪十年（1884）。由此可见上海图书馆藏本在前，陈应华所见本在后。

又亢树滋题云：

吴君苍石以簿尉需次吾郡，间尝过从，为余述寇乱时事。君世居孝丰鄣吴村，聚族而家者众，至四千余。村故当孔道，粤寇出没无已时，罹祸最酷。寇平，族姓死徙殆尽，生还者二十五人而已。村为之墟，而流氓之争垦其中者，无虑万数，往往互相械斗，白昼肆攫，官府不能禁。君之先德于是舍其故居，而移家安吉城内。君继于屋旁负土累石，杂植花药竹木，为娱母之所，名曰芜园，乞余为之记。余谓天之爱民甚矣，顾粤寇之乱蔓延十余省，无罪而死者，靡有纪极。即以君族计之，存者百无一二。推之天下，其得幸全于丧乱之余者，几希矣。岂天之于人有时而不爱欤？抑人之自绝于天，而天亦不能行其爱欤？然而君于是时流离琐尾，惴惴惧不克保，卒能脱身兵燹，以

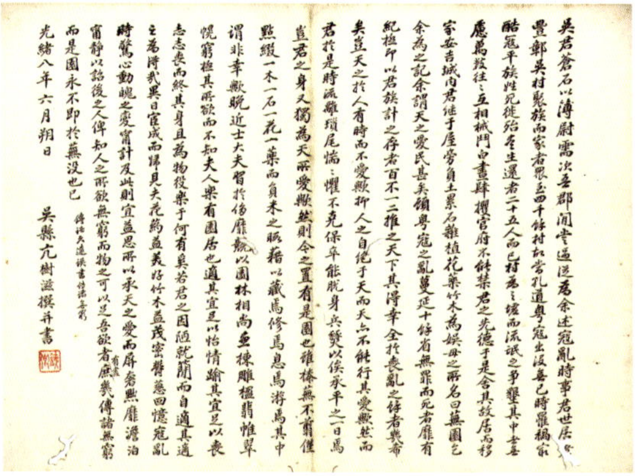

图十　亢树滋题《芜园图》

俟承平之一日焉。岂君之身又独为天所爱欤？然则今之有是园也，虽榛芜不翦，仅点缀一木一石，一花一药，而负米之暇，藉以藏焉、修焉、息焉、游焉其中，谓非幸欤？晚近士大夫习于侈靡，竞以园林相尚，画栋雕楹，翡帷翠幌，穷极其所欲。而不知夫人乐有园居也，适其宜，足以怡情；逾其宜，足以丧志。志丧而终其身且为物役，乐于何有？奚若君之因陋就简而自适，其适之为得哉！异日宦成而归，见夫花药益美好，竹木益茂密郁葱，回忆寇乱时惊心动魄之变，宁计及此？则宜益思所以承天之爱，而屏奢黜靡，澹泊宁静以诏后之人，俾知人之所欲无穷，而物之可以足吾欲者有尽，庶几传诸无穷，而是园永不即于芜没也已！（传诸久远误书传诸无穷）光绪八年六月朔日，吴县亢树滋撰并书。（图十）

钤“铁卿”（朱文）印。亢树滋（1817—1889），字倜卿，号铁卿、赘翁。江苏吴县（今属苏州）人。著有《随安庐诗文集》等。从“村为之墟，而流氓之争垦其中者，无虑万数，往往互相械斗，白昼肆攫，官府不能禁。君之先德于是舍其故居，而移家安吉城内”等语，可知吴昌硕父子迁居安吉县城的原因。陈应华所见《芜园图》中未见亢氏所题。吴昌硕《元盖寓庐诗草》中也有亢树滋题词：“大著宗法唐人，五律尤为擅胜，王、孟清音，郊、岛苦思，兼而有之。至纪难十首，骎骎乎入杜陵之室矣。十读三复，不胜钦佩。壬午夏五，吴县亢树滋识。”[1]壬午，即光绪八年（1882），与《芜园图》题跋时间应该相去不远。

又潘钟瑞（1822—1890）题云：

已辟榛芜不是芜，小园偏借作名呼。料应绕砌堆红叶，曾否当窗长碧梧。门亚竹篱蝉报客，帘敲花片燕将雏。展图拟续兰成赋，未识苍凉似此无。

从来质朴本天真，况阅华严劫后尘。韦布衣冠存气度，冰霜岁月

[1] 东京国立博物馆、台东区立书道博物馆编：《吴昌硕とその时代》，平成三十年（2018），第36页。

励精神。一官藉手聊酬志，半亩安身为奉亲。开拓杜陵方寸地，欢颜自有草堂春。

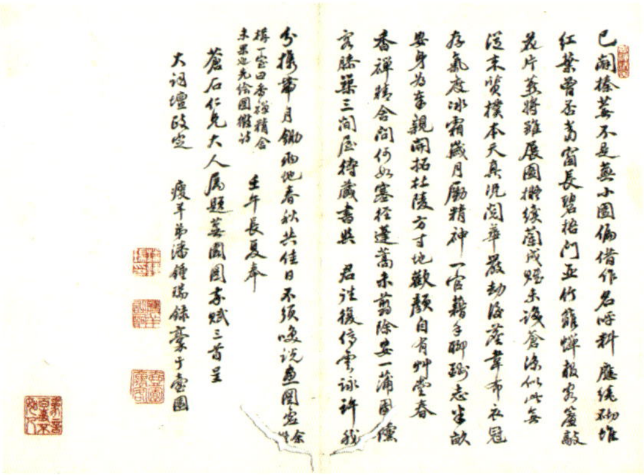

图十一　潘钟瑞题《芜园图》

香禅精舍问何如，塞径蓬蒿未翦除。安一蒲团僦容膝，筑三间屋待藏书。与君往复停云咏，许我分携带月锄。两地春秋共佳日，不须笑说画图虚。（余拟构一室，曰香禅精舍，未果也，先绘图征诗）

壬午长夏，奉苍石仁兄大人属题《芜园图》，率赋三首，呈大词坛政定。瘦羊弟潘钟瑞录稿于壶园。（图十一）

钤“香禅精舍”（白文）、“潘钟瑞印”（白文）、“瘦羊诗词”（朱文）、“壶园寓客”（朱文）四印。壬午，即光绪八年（1882）。潘钟瑞，字麟生，号瘦羊，江苏长洲（今属苏州）人。喜金石，擅诗词。著有《香禅精舍集》。陈应华所见《芜园图》中亦有潘氏所题，款属：“癸未嘉平月，瘦羊弟潘钟瑞。”但内容不同，当是另作。癸未，即光绪九年（1883）。

又秦缃业（1813—1883）题诗：

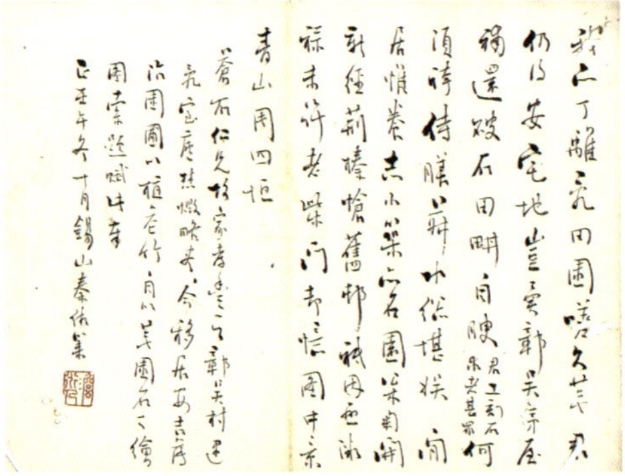

图十二　秦缃业题《芜园图》

我亦丁离乱，田园嗟久芜。君仍得安宅，地岂异郭吴。茅屋补还破，石田耕自腴（君工刻石，求者甚众）。何须夸侍膳，菽水总堪娱。

闲居惟养志，小筑亦名园。松菊开新径，荆榛怆旧村。只因恋微禄，未许老柴门。却忆图中景，青山周四垣。

苍石仁兄故家孝丰之鄣吴村，遇乱室庐焚毁略尽，今移居安吉，薄治园圃以植花竹，自以芜园名之，绘图索题，赋此奉正。壬午冬十月，锡山秦缃业。（图十二）

钤“澹道人”（朱文）印。秦缃业，字应华，号澹如。江苏无锡人。善书画，著有《虹桥老屋遗稿》。陈应华所见《芜园图》中未见秦氏所题。

又凌霞（生卒年不详）题词：

瓮牖绳枢位置凭，山居草草得安然。蓬蒿不翦余三径，丘壑无多别一天。但有石床容蹇士，未须金谷羡时（贫）贤。茅堂十笏堪千古，久客归来意已仙。

癸未九月下旬，复为苍石仁兄先生题《芜园图》，即博一笑，弟凌霞书于锡山舟次。（图十三）

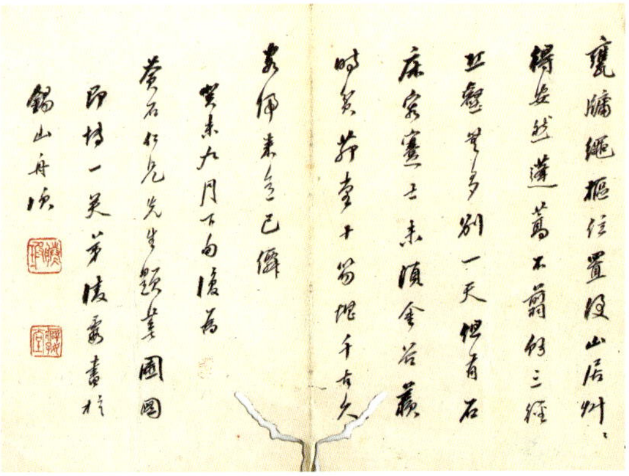

图十三　凌霞题《芜园图》

钤“凌瑕”（朱文）、“癖好堂”（白文）二印。癸未，即光绪九年（1883）。凌霞，一名瑕，字子与，号尘遗、病鹤等。浙江归安(今属湖州)人。“苕上七子”之一。陈应华所见《芜园图》中亦有凌氏所题，款云：“仓硕老兄命题，丁亥冬，凌霞。”但内容不同，当是另作。丁亥，即光绪十三年（1887）。

又张文田（1853—1902）题词：

掩重门、凄凉庭院，萧萧暮雨初歇。灯前一幅生绡展，依约水重云叠。凝伫切。似故园、风光惹我愁如织。背灯痴绝。便载酒寻诗，

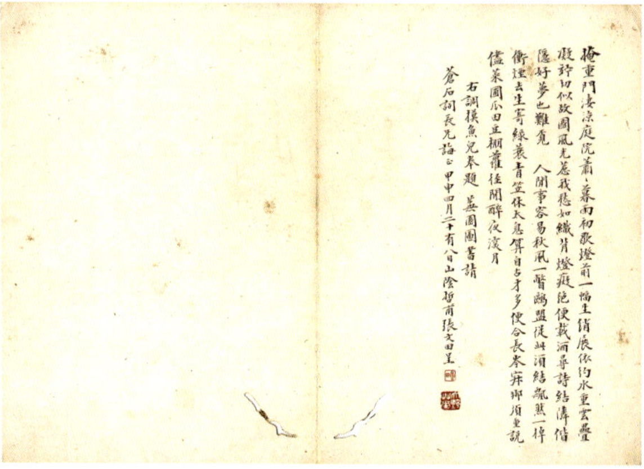

图十四　张文田题《芜园图》

结邻偕隐，好梦也难觅。　人间事，容易秋风一瞥。鸥盟从此须结。飘然一棹冲烟去，生寄绿蓑青笠。休太息。算自古、才多便合长岑寂。那须重说。尽菜圃瓜田，豆棚萝径，闲醉夜深月。

右调《摸鱼儿》，奉题《芜园图》，书请苍石词长兄诲正。甲申四月二十有八日，山阴哲甫张文田呈。（图十四）

钤“文田”（朱文）、“大野草堂”（白文）二印。张文田，字哲甫，浙江山阴（今属绍兴）人。著有《大野草堂诗》《螟巢词》《白痴词余》等。陈应华所见《芜园图》中亦收录有此文，款作：“甲申夏五月，苍石先生以《芜园图》属题，为成《摸鱼儿》一阕。山阴哲甫弟张文田并识。”

又金树本题诗：

陶令归去来，田园虑将芜。及兹幸未芜，归计宁踌躇。君今名芜园，昔固兵燹区。昨闻幡然归，蓬蒿辟蜗庐。上以奉阿母，下以安妻孥。随肩玉雪儿，课读怜双雏。有竹千百竿，有梅十数株。虽乏轮奂美，容膝信有余。遗书纵残缺，能读洵可娱。花如金谷女，石如古丈

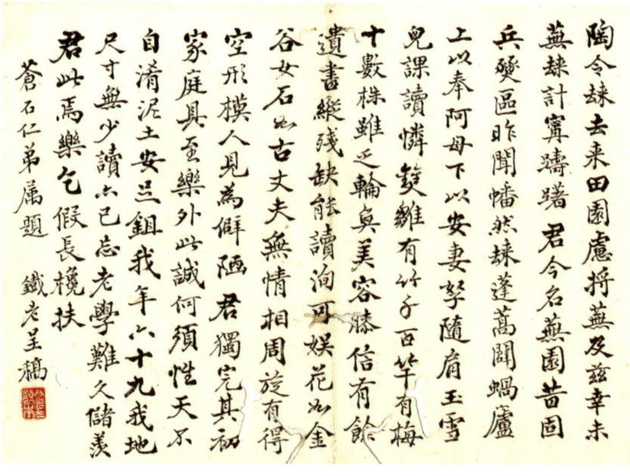

图十五　金树本题《芜园图》

夫。无情相周旋，有得空形模。人见为僻陋，君独完其初。家庭具至乐，外此诚何须。性天不自滫，泥土安足锄。我年六十九，我地尺寸无。少读亦已忘，老学难久储。羡君此焉乐，乞假长欃扶。苍石仁弟属题，铁老呈稿。（图十五）

钤“金树本印”（白文）印。金树本，字铁老，浙江钱塘（今属杭州）人。善书工诗，著有《怀越堂诗钞》。陈应华所见《芜园图》中亦收录有此文，款作：“庚辰正月廿五日，苍石重游吴下，携此图属序，遂有是句，而叙亦不止此矣。是秋佩甫自黄歇浦来，聚首弥月，又为写此，复书前诗。于后异日者，傥能携佩甫访苍石于芜园，为平原十日之饮，其乐处何如哉？梅竹有知，会当共坚斯约。重九后十日，铁老赘言。”

又吴钟奇（1845—1890）题诗：

园林小筑绘成图，宅近青山本姓吴（吴山、青山俱在长兴县南，并为远祖讳均隐居之地）。留得云峰遗迹在（访云峰亦在长兴县南，为远祖读书处，今佛川寺其遗址也），千秋旧业莫荒芜。郭吴村与下塘村，派别支分始自元（奇十五世祖讳亮一，始自郭吴村迁居乌程北乡之高桥村，阅八传后，自高桥村析居下塘村）。五百年来同浩劫，丹青忍作画图论。花香茶热旧茅庐（先祖六怀府君有园曰“花香茶热之庐”），手植稀存兵燹余（乱后园虽无恙，然花木已十损八九）。独幸辋川图画在，弁峰犹为护门闾（余家故居西面弁山，乱后堂室无存，门闾尚在）。山房石气扑人青，曾见吾宗旧典型（族伯如川先生，苍石之尊君也。忆咸丰戊午岁为修宗谱来

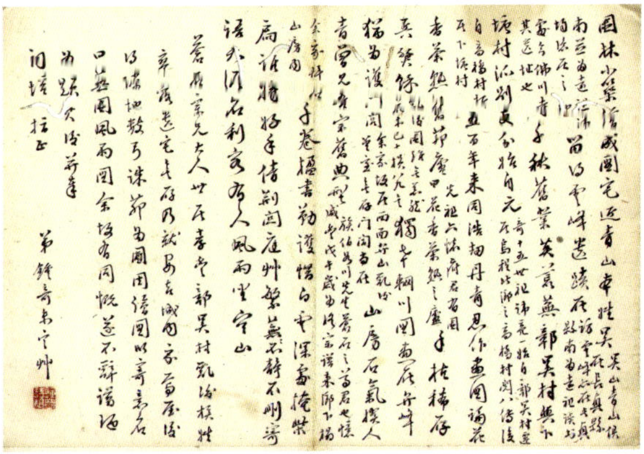

图十六　吴钟奇题《芜园图》

乡，下榻余家拜石山房内）。千卷楹书勤护惜，白云深处掩柴扃。谁将好手倩荆关，庭草繁芜静不删。寄语天涯名利客，有人风雨坐空山。

苍石宗兄大人世居孝丰鄣吴村，乱后族姓寥落，遗宅无存，乃就安吉城内家焉。屋后得隙地数弓，诛茅为圃，因绘图以寄意，名曰《芜园风雨图》。余故有同慨，遂不辞谫陋，为题其后，并奉词坛指正。弟钟奇未定草。（图十六）

钤“钟奇诗稿”（白文）印。吴钟奇，字子常，一字芝仙。浙江乌程（今属湖州）人。同治九年（1870）举人。著有《寸耕轩诗钞》《湖州诗录三编》。陈应华所见《芜园图》中未见吴氏所题。

又崔适（1852—1924）题诗：

小隐隐林泉，大隐隐轩盖。身为轩盖招，心与林泉会。高兴动卧游，多艺凭善绘。故园夫如何，柴关封荃艾。绿竹风萧萧，白石云霭霭。芙芰为君裳，薜荔为君带。琴张素月高，杯泻明星大。陶冶幽居情，吟声越疏籁。家食岂不甘，超身尘网外。婉彼季女饥，谢此南山荟。聊以升斗情，随俗课殿最。良士受一命，泽物亦能沛。魏绛方和戎，况逢时运泰。吴门犹故乡，秋风自鲈脍。

奉题芜园拙句，即呈苍石仁兄大人粲政，愚弟崔适。（图十七）

图十七　崔适题《芜园图》

崔适（1852—1924），字怀瑾，一字觯甫，浙江吴兴（今属湖州）人。著有《史记探源》《春秋复始》《论语足征记》《觯庐经说》《四禘通释》《五经释要》等。系俞樾（1821—1907）弟子，曾任北京大学教授。陈应华所见《芜园图》中亦收录有此文，款作：“苍石仁兄大人属题，崔适。”

又沈丙墀（生卒年不详）题诗：

延陵新辟芜园地，虎头为作芜园图（顾沄）。昔住古之归仁里，先畴播种在郭吴。忽遇乱离兵火烈，逃亡殆尽断樵苏。君也野猪窟里卧，跳身幸免忘朝铺。苍然乔木俨然在，枝柯斫落风景殊。收合余烬旧家子，宝藏先集藐诸孤。卜筑桃州种桃树，得似武陵桃源无。室有三间两间陋，田无十亩五亩腴。不来俗客阻诗兴，不愁小吏催官租。仰承累叶事耕读，不耕则读抱区区。读书何必科第贵，授经不妨子孙愚。封人有母供菽水，未尝君羹饫天厨。博得一官乞禄养，褐来江左厕吹竽。雁能排字布长阵，鸭自呼名衔短芦。出示此图属题句，挑灯揩眼复嗟吁。嗟我田园无寸尺，嗟我学殖久荒芜。君有芜园学自懋，我当榆景集于枯。频遭吴下阿蒙骂，四时霜雪堆眉须。图中题者多作手，分明字字如贯珠。七十老翁强解事，敢污佛顶一揶揄。

苍石仁兄大人雅属，辛叟沈丙墀。（图十八）

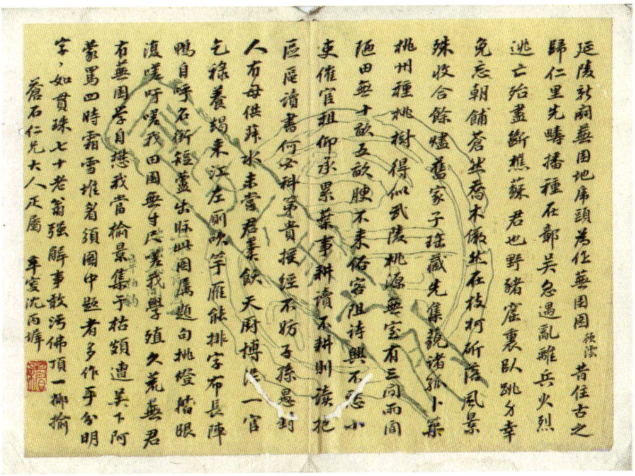

图十八　沈丙墀题《芜园图》

钤“辛楣”（朱文）印。沈丙墀，字辛楣，浙江归安（今属湖州）人。附贡生。官太常寺博士。是沈秉成（1823—1895）的叔曾祖，沈家本（1840—1913）的叔祖，沈瑞琳（1872—1948）的业师。陈应华所见《芜园图》中未见沈氏所题。吴昌硕《元盖寓庐诗草》中也有沈丙墀题词：“剪纸招魂古有之，一杯空穴最堪悲。桐棺乱后杳难觅，忍读吴郎感梦诗（余结发妻钱氏，乱前浮厝庚村，乱后觅骸骨不得，与君家聘室同）。乙酉人日，捧读元盖庐大稿，枨触余怀，以代题词。辛叟沈丙墀。”[1]乙酉，即光绪十一年（1885），与《芜园图》题跋时间应该相去不远。

由此可知，上海图书馆所藏《芜园图》是陈应华所见《芜园图》的前本。吴昌硕在光绪四年（1878）左右就请顾沄、吴滔画了《芜园图》册页，并请人题跋。光绪六年（1880）又请杨伯润（1837—1911）等人画《芜园图》，并裱成长卷，请人题跋。先前题过的如施浴升、朱镜清又抄录一过，潘钟瑞、凌霞等人则重新题跋，至于钱国珍等人，很有可能是各种原因，并未再题。

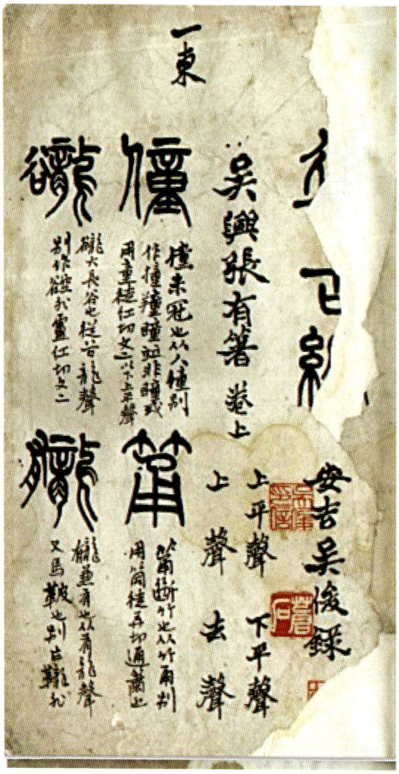

图十九　吴昌硕手抄本《复古编》（上）扉页

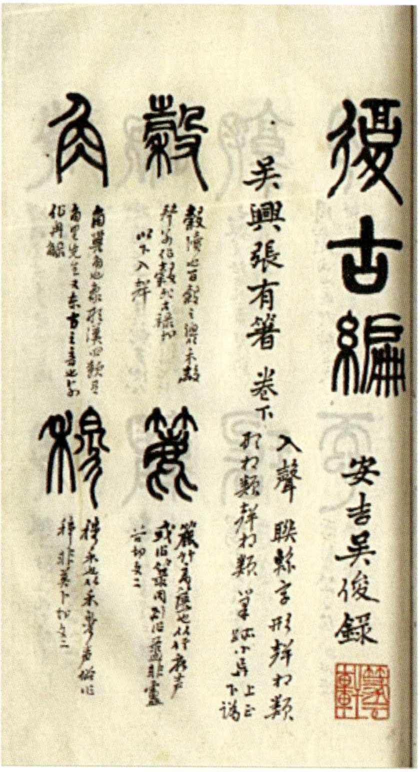

图二十　吴昌硕手抄本《复古编》（下）扉页

〔1〕东京国立博物馆、台东区立书道博物馆编：《吴昌硕とその时代》，平成三十年（2018），第34页。

二、新见吴昌硕手抄《复古编》

甲辰正月，友人以吴昌硕手抄《复古编》二卷图版示我，并云现藏上海图书馆（索书号：GJ2306993）。今年正逢吴昌硕诞辰180周年，海内外皆有纪念活动，新见此书，甚是可喜，亦为可贺。《复古编》上下两卷，无封面。上卷扉页题：“复古编。安吉吴俊录。吴兴张有著，卷上。”钤印“篆云轩”（残）、“吴俊印信”、“苍石”。（图十九）下卷扉页题：“复古编。安吉吴俊录。吴兴张有著，卷下”。钤印“篆云轩”。（图二十）

《复古编》为宋人著述，刻本众多，《四库全书总目提要》有载。张有，字谦中，浙江吴兴（今属湖州）人。道士。张先（990—1078）孙。此书是以《说文解字》为基础编纂而成的，一部以辨俗体之讹的工具书。吴昌硕从头至尾逐字抄录，并装订成册，一方面可见其早年求学时所下功夫之深，另一方面也可以推测因受经济条件限制，其在无力购买原刻本的情况下动手抄写，可谓一举两得。从吴昌硕篆书的字体与邓石如（1743—1805）相近，可知这是其早年所抄。吴昌硕的篆书，是从邓石如入手，后来又师法杨沂孙（1813—1881）的，中年以后才专师《石鼓文》，并终生不辍。

吴俊印信

苍石

吴江凌氏种蕉馆珍藏吉金贞石印

篆云轩

吴将军裔

图二十一　新见吴昌硕印蜕五枚

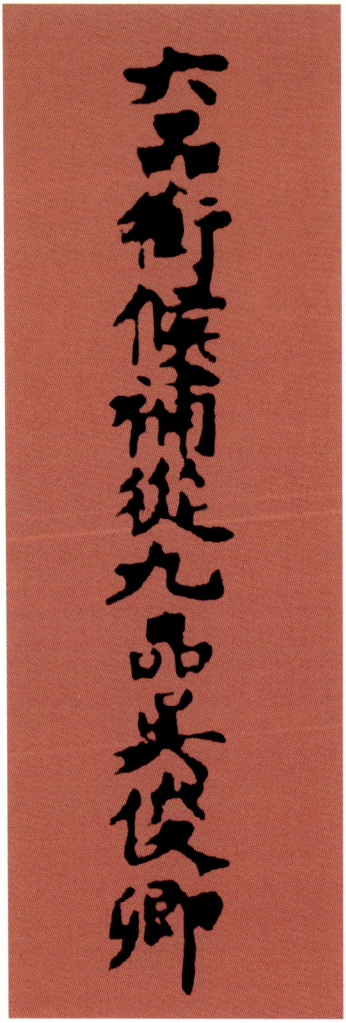

图二十二 “六品衔候补从九品吴俊卿”红纸

扉页上所钤“吴俊印信”“苍石”“篆云轩”三印和书中所粘“吴将军裔”“吴江凌氏种蕉馆珍藏吉金贞石印”，不见吴氏印谱，均为首见，可补《吴昌硕全集》之阙。（图二十一）

吴昌硕，早年名俊、俊卿，号苍石、仓石等，中年以后改号昌硕，并以号行。其号“苍石”，先从草字头，后去之。如其同治十二年（1873）所刻“吴俊长寿”“苍父”[1]，均可互证。故“吴俊印信”“苍石”所刻时间，与之相去不远，皆为早年之作。

篆云轩是吴昌硕芜园时期的斋号，除此之外还有朴巢、南轩、金钟玉磬山房、苍石斋、齐云馆、红木瓜馆等。如《朴巢印存》《苍石斋篆印》《齐云馆印谱》《红木瓜馆诗草》《篆云轩印谱》等，皆是其早年篆刻集、诗文集。吴昌硕《篆云楼印谱》的成书时间是同治十一（1872）、十二年（1873）间，即在杭州诂经精舍求学期间。该印谱现藏浙江省博物馆，可惜印蜕已佚，仅存俞樾的序，以及杨伯润（1873）、汤经常（1873）、吴淦（1873）、金树本、杨昌珠、金寿伯（1874）、尤寿等人的题跋。因此可知，“篆云轩”印的使用时间应该也与之相近。

“吴将军裔”一印，是典型的急就章风格，稍显生硬，因此也是其早年之作。有可能是临摹之作，也有可能是摹拟之作。据说鄣吴吴氏始迁祖吴瑾的兄弟均是岳飞手下的将军。

“吴江凌氏种蕉馆珍藏吉金贞石印”，篆刻时间不详，其风格近于邓石

〔1〕浙江省博物馆编：《昌古硕今：纪念吴昌硕诞辰一百七十周年特展图录》，浙江人民美术出版社，2014年，第156页。

如、吴让之（1799—1870），与吴昌硕光绪元年（1875）所刻“太邱长五十四世孙”[2]印相近，应该是差不多时间所作。至于受主凌氏，待考。

书中另有红纸一页，上书“六品衔候补从九品吴俊卿”（图二十二）吴昌硕曾经两次捐纳，跻身于候补文官的行列：第一次是光绪五年（1879）左右，捐“丁戊大荒”例，为县丞，从九品；第二次是光绪十九年（1893），捐“新海防”例，为试用江苏知县，五品。六品衔，当介于其间。至光绪二十九年（1903），吴昌硕以海运津局差，被袁树勋保举为四品衔，这是后话，这里不作展开。

---

〔1〕[清]汪荣、刘敏兰主修：《安吉县志》卷十二，同治十三年（1874）刻本。

〔2〕上海书画出版社编：《吴昌硕印谱》，上海书画出版社，1998年，第209页。

臧寿恭、杨岘和吴昌硕
——臧寿恭弟子及再传弟子渊源

周凤平

梳理文献，清季的湖州，见长兴臧寿恭与乌程严可均、归安杨岘、德清徐球交游，安吉吴昌硕师从归安杨岘，文脉传承之道，与臧寿恭弟子及再传弟子颇多渊源。

一、“文人相轻”谐翁婿

伦常朝纲，春秋大义。正所谓春秋有笔法，微言有大义。清季的江南，有这样一位长兴人，姓臧名寿恭（字眉卿）（1788—1846），精晓《春秋》古义，懂天文、算术、地理，著述七易其稿，与辑佚大家乌程严可均（铁桥）（1762—1843）相颉颃，杨岘（1819—1896）、杨岘弟子吴昌硕（1844—1927）等一大批近代的书画大家、文史学者，直接或间接受益其学。

早在多年前，尚在中学任教之时，笔者编制试卷，无意之中用到《文人相轻》短文，所言即长兴臧寿恭（眉卿）与乌程严可均文人相轻之事。录之，初不在意两者之关系，后才知臧寿恭乃清代辑佚大师严可均（铁桥）之婿。严可均，精于文献、金石，藏书颇丰，编纂有《全上古三代秦汉三国六朝文》等；臧寿恭则精于经史、书法，曾著述《春秋左氏古义》六卷（图一）等，两人才学可谓旗鼓相当。

“文人相轻”的故事发生在翁婿身上，似乎不可思议。当然，也正因为有这层关系，故事流传起来，颇有更多“嚼头”。这典故原出三国曹丕《典论•论文》“文人相轻，自古而然”一句。至真正成为流行的文人故事，则渊源于由清末鄞县陈康祺编著，并由杨岘所序的《郎潜纪闻二笔》之中。原文载：“长兴臧寿恭眉卿、乌程严可均铁桥两先生者，同籍湖州，同时号通经博学，顾极不相能。杨太守岘，臧先生高席弟子，亦尝从严先生游。一日，太守自长兴归，舟泊城外，邻舟有命酒独酌者，视之严也。诘何自，以实对，诧曰：‘是村夫子，堪若师乎？’他日，太守叩臧先生：‘严某如何人？’曰：‘粗能讽《三字经》。’《三字经》者，学童初入塾试讽者也。文人相轻，不意经生亦然。”

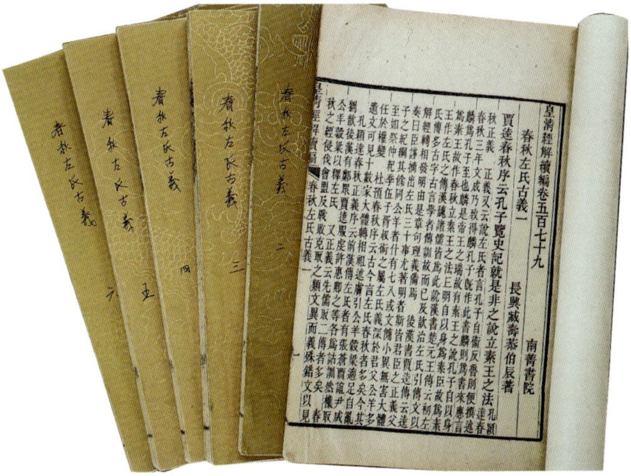

图一　臧寿恭著《春秋左氏古义》六卷

杨岘既拜长兴臧寿恭为师，也向乌程严可均学习，经常听到这对翁婿的调侃、相轻，倒确实是“乐融融”的，颇多茶余饭后的谈资，也就逐渐蔓延开来。从严可均赏识臧寿恭，并欣然嫁女的举动看，翁婿自是“惺惺相惜”的。

“事能知足心常泰，人到无求品自高”，长兴臧寿恭、乌程严可均可谓将此境界过成了幽默生活。

同治《长兴县志》人物志记载臧寿恭，所记不虚，也确证了严可均与其的关系：“嘉庆十二年丁卯举人，原名燿，字眉卿，性耿介，好读书，经史百家皆能宗贯，尤精小学，旁通天文、勾股，久客京师。时乌程严可均精于考据之学，平生少许可，而独契寿恭，以女妻之。”又《清代学人列传》记载臧寿恭云：“嘉庆中举于乡，屡试礼部不售，归闭户著述。居恒喜抄书，日五六千字，整端无讹夺。”一日书写工整的五六千字且没有错误，仅从此一细节，可窥其学人之风采。

二、“白帝托孤”传弟子

长兴臧寿恭弟子杨岘，杨岘弟子吴昌硕，两代人在面临生死大事时，病危

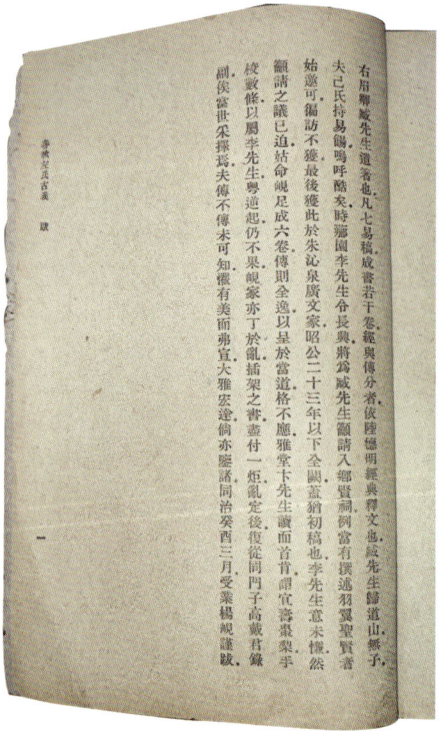
右眉卿臧先生遺著也凡七易稿成書若干卷經與傳分者依陸德明經典釋文也歿先生歸道山無子
夫己氏持易錫嗚呼酷矣時薌園李先生令長興將爲臧先生籲請入鄉賢祠例當有撰述羽翼聖賢者
始遂可徧訪不獲最後獲此於朱沁泉廣文家昭公二十三年以下全闕蓋猶初稿也李先生意未慊然
籲請之議已迫姑命峴足成六卷傳則全逸以呈於當道格不應雅堂卞先生讀而首肯謂宜壽棗梨手
校數條以屬李先生粵逆起仍不果峴家亦丁於亂插架之書盡付一炬亂定後復從同門子高戴君錄
副俟當世采擇焉夫傳不傳未可知懷有美而弗宣大雅宏達倘亦鑒諸同治癸酉三月受業楊峴謹跋
春秋左氏古義　跋　一

图二　臧寿恭著《春秋左氏古义》杨岘跋

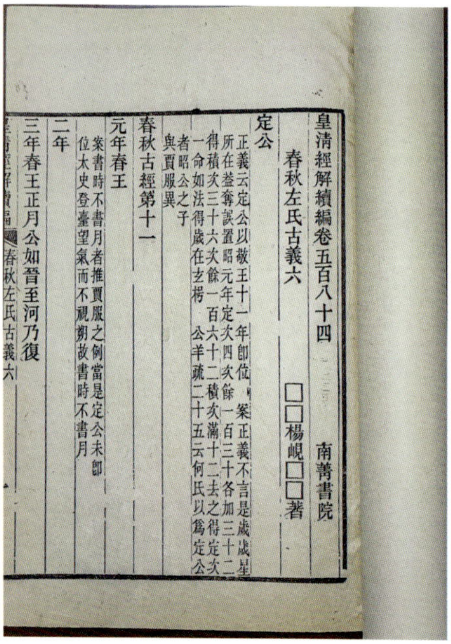
皇清經解續編卷五百八十四　南菁書院
春秋左氏古義六　□□楊峴□□著
定公
正義云定公以敬王十一年卽位案正義不言是歲歲星所在蓋奪誤置昭元年定次四次餘一百三十各加三十二得積次三十六次餘一百六十二積次滿十二去之得定次一命如法得歲在玄枵　公羊疏二十五云何氏以爲定公者昭公之子與賈服異
春秋古經第十一
元年春王
案書時不書月者推賈服之例當是定公未卽位太史登臺望氣而不覩朔故書時不書月
二年
三年春王正月公如晉至河乃復
皇清經解續編　春秋左氏古義六

图三　杨岘著《春秋左氏古义》

而召唤弟子至跟前，口授亲传为学、为书、为人之道，泣血挚切，可谓“白帝托孤”式的信任与嘱托。此非刘备托儿以重负，而传“万世之绝学”，其心之切，其情之切，其景可泣！此番病危嘱托，臧寿恭传于杨岘，杨岘嘱咐弟子吴昌硕时，亦如一辙。（图二）

臧寿恭与杨岘、吴昌硕的直接及间接关系，其学其人其道，得以贯之也。长兴臧寿恭与安吉吴昌硕，虽只有短短两年的交集，不可言直传，但由其师真传其道，自是可道的，从其道学而言，亦可言之，臧寿恭当为吴昌硕之师祖。

在杨岘二十六岁的时候（道光二十四年，即1844年，正是吴昌硕出生之年），“（杨岘）通书长兴臧眉卿先生（寿恭）问算学，至是沈醒斋（凤飞）介余亲受业。先生曰：‘礼七岁教子数学，然则算亦庸甚，今人以为绝学，谬矣。’时先生治《春秋左氏古义》，命依刘歆三统术，为《左氏中朔表》。”杨岘在自辑年谱“二十四年甲辰”的该条目之下，注明“醒斋亦长兴人，工骈散体文”。很明显，杨岘在同学好友长兴人沈凤飞的介绍下，拜长兴臧寿恭为师，学算术并经学。

《清代学人列传》所记臧寿恭与弟子杨岘的最后诀别，竟是为学之道！该文记：“臧眉卿作《春秋古义》时，痛长历之不衷于法，命弟子杨岘依刘歆三统术作《中朔表》十二篇，稿甫竟而先生殁，尝召杨岘曰：'置散钱满屋，无下手处，授以索，则贯矣。四部书千万卷，犹散钱也，沈研一经，而群书为之用，始犹索欤？'"古人读书极重经学，乃谓读书切中肯綮。想必，臧寿恭的治学方法，对杨岘影响颇深。（图三）

今人谈晚清书家、画家，多言吴昌硕、杨岘，对臧寿恭提及甚少。然从杨岘年谱所记其师臧寿恭的文字而言，杨岘是极敬佩其师臧寿恭的，自然臧寿恭自有其过人之处。同治《长兴县志》人物志中的臧寿恭，得原本《北堂书钞》（现存最早的类书，唐虞世南所编），手自校录，传写古本，书十数种，端楷细书，有沈麟士（吴兴沈麟士，南朝齐教育家）风。杨岘年谱又记，道光二十五年（1845），福建福安人李芗园（枝青）知长兴县事，他曾是杨岘乡试房师，杨岘又多了一位请教之人。为学端正的杨岘，在后来回忆时说"眉卿师闵余读书勤"。道光二十六年（1846），杨岘在年谱中记道："是年，《左氏中朔表》告蒇，而臧先生归道山。"

可以说，乡邑臧寿恭是继顾应祥之后，在数学上颇有造诣之人，难能可贵的是，其能将算学、经学、书学融为一体，是晚清难得的经学家。其人其学及对弟子的器爱，让杨岘终生难忘。

吴昌硕在《藐叟年谱续》中记："丙申七月，先生病笃，犹唤俊卿至榻前，诏以为学、择交之道，至今言犹在耳，思之腹痛！吾师乎！吾师乎！今不可得见矣！"其情之真，其情之痛，如泣如诉，可见吴昌硕对其师杨岘之爱。

吴昌硕所记年谱跋尾云："（杨岘）先生平生行事有年谱行述在兹，不复赘。但记俊卿之受教于先生者，书于集尾云。癸丑八月，受业吴俊卿谨跋。"这是在其师归道山十余年之后，其情回忆之切，恍如昨昔，其师徒情谊，非同一般。

三、"滂喜刊书"留知音

臧寿恭归道山之后，惜无子嗣，著作散佚，存世极少。知其音者，尚有几人乎？与臧寿恭同时期活动的除了杨岘之外，还有五三楼主朱步沆、词人朱紫贵、骈体诗人沈凤飞以及周镜、孙家谟等长兴朋友。

光绪《长兴县志》记其交游："暇则与德清徐球、同邑朱步沆访遗碑寻古迹，超然尘表。著有《春秋朔闰表》《天步证验》等书。疾作，预知卒之期，令持柬留别亲友。没而无嗣，遗著散佚，咸丰九年邑人吴庆埏等呈请崇祀乡贤祠，遇太平天国战事而告终。”

朱沁泉者何人？光绪《长兴县志•人物志》介绍朱步沆乃长兴朱星桥（循例授光禄寺署正，候补主事，工诗善绘）之子，邑诸生，好学不倦，性清介，不妄交游，僦居武林，与戴文节熙友善，瀹茗谈诗，超然尘表。杨岘所记长兴知县李枝青想看其师臧寿恭的《春秋左氏古义》第七易稿，却迟迟看不到，最后由朱沁泉在其书楼中找出初稿，得以窥其大略［2015中国嘉德秋拍古籍善本专场，《程史》十五卷，明成化十一年(1474)江溯刻本，是书目录后有朱笔“同治甲戌秋八月嘉禾陈其荣以钱观察毛子晋两刻本校读一过”，卷十五末有墨笔“道光廿三年癸卯夏五月长兴朱步沆以旧抄本校补阙字”。知此本道光、同治间先后经朱步沆、陈其荣两家补字校勘，成亲王永瑆、徐步瀛、钱存训旧藏，足见朱步沆之才学］。可见，臧寿恭所交之友朱沁泉，工填词、喜藏书，其藏书可与杭州汪氏振绮堂相媲美。

周镜，字子和，号蓉汀，增贡生，学问淹贯，隐于医，博通六壬、勾股地理诸书，与臧寿恭游学益精，两人商榷疑义，夜常达旦，著有《厥阴经发明》《奇经琐言》《测地志要》《浯溪日知录》。孙嘉谟，字西山，师事寿恭，亦精算学，著有《勾股启蒙》。其余之人，不一一赘述。

今仅见臧寿恭《春秋左氏古义》，由咸丰探花、光绪尚书潘祖荫刊入《滂喜斋丛书》，后见版本多从此出。潘祖荫在序中言：“孝廉（臧寿恭）著此书时，盖皆未及见，而精于算术。据三统以考正岁星超辰朔闰之次，又备掇《汉志》所引刘歆之说，以《左氏》之学兴于歆。其言皆足裨古义，则皆非诸家所及者也。其体例简质，亦得古注家之法。后之考《左氏》经者，当有取于斯焉！”

如此重要之经学释读著作，却在臧寿恭逝世之后，因无子，书稿被持以“易饧”（换糖），惨不忍睹。幸赖弟子杨岘从朱沁泉处觅得初稿（初稿至卷五），补成六卷，赖以传世。

稿成，方有潘祖荫之滂喜斋刊书，书留后世。今国家图书馆藏《左氏古义》六卷（清臧寿恭撰，清劳氏丹铅精舍抄本），已成《左传》注疏的重要版本之一。

金石相契

——吴昌硕和他的桐乡朋友

徐　勇

“海上画派”的领袖人物吴昌硕朋友众多，围绕他形成了一个庞大的朋友圈。他的朋友中也有桐乡人，这些朋友有沈伯云、李嘉福、吴滔、胡钁、吴徵等。

沈伯云，名云，又名庆云，字伯云，又字书卿，别号松隐子，桐乡崇福人，同治四年（1865）乙丑补庚申科秀才。沈伯云通《说文》，精鉴别，富收藏。曾藏朱彝尊、翁方纲、刘墉、梁同书、王文治等名家真迹，以及秦汉以来古印百枚，尝谓：“余生平无他嗜好，唯喜金石书画。”他的好古之态、书法之妙为吴昌硕、沈淇泉等人激赏。光绪十年（1884），沈伯云和吴昌硕在苏州定交，沈伯云曾手书云：“余于庚辰秋，在家淇泉处见石印数方，壬午夏在陆存斋家见楷书吴退楼墓志，知其艺之工，不知其品之介、人之雅焉。甲申定交于吴门，畅论金石，相见恨晚。嗣遇同客时，无不朝夕过从，一时不见，不乐也。”吴昌硕也常到语溪拜访沈伯云、吴滔。吴昌硕曾为沈伯云刻“松隐盦”朱文印，吴滔画佛于侧，吴昌硕亦一并刻之，胡钁在印侧又刻观款，沈伯云自撰文叙述“松隐盦”缘起。1887年，吴昌硕赠送沈伯云《削觚庐印存》，而其中的序就是沈伯云撰写的。1895年赠送沈伯云《菊石图》，还为他刻有“沈伯云”和“沈伯云所得金石”朱文印。吴昌硕《缶庐集》中有《题松隐盦》《松隐盦读书图》等诗，足证两人深厚的交谊。

李嘉福（1839—1894），字麓苹，号笙鱼，又号北溪、石佛庵主、语溪老民等，浙江崇德（今属桐乡）人，流寓苏州吴县，擅山水画、金石篆刻，是晚清著名的山水画家。又精鉴赏，富收藏，筑“阿宝阁”，藏品多项氏“天籁

图一　吴昌硕为李嘉福画《三芋图》

阁”旧物。画家吴待秋是他的女婿。吴昌硕在《石交录》中写道：“若以宋、元为法者，有石门李笙鱼（嘉福）。其画工致缜密，不厌繁重，阅之如睹北宋院本。”[1]作为好友，两人互有酬唱，互赠作品，甲戌年（1874），吴昌硕曾为李嘉福刊刻一方朱文印“嘉福”。在1884年吴昌硕为李嘉福所作的一幅《三芋图》中，吴昌硕题诗云：“北溪好吃煨甘储，床头日日翻地炉。泼墨写芋还倩吾，蹲鸱风味颇道好。雪夜寒窗共一饱，神仙误认安期枣。北溪先生属画，即求大法家正之。甲申花朝后十日，苍石吴俊并题。”（图一）李嘉福曾有一信致吴昌硕，谈到艺术创作和卖画度岁的情况：

仓石我兄大人执事：顷奉教言，并蒙寄下法绘屏幅并扇面，拜领，感感。弟近日又作度岁之计，日夜赶涂，然徒增丑态耳。情属可怜，人亦未必见谅。承询浅色藏经纸，弟手边已无，容再访觅，如有再报命。弟所有上年为裱家要去过，现在仅有此耳。奉恳代求凌公书画，如晤面乞致意，得有访帖，便寄下一纸为盼。弟忽又献丑步韵三首，乞斧削：“本色莲花蓬岛移，蒲塘秋艳系人思。白阳笔法青藤意，苍石先生兴到时。”“石尤风起驻邮亭，江浙农嗟秋后晴。我岂无情忘申浦，君今何忍去吴城。赏心乐事交相厚，得意图看眼倍明。漫道干戈始休息，黄河水道又纷更。”“吟诗兼作画，潇洒出风尘。写意岂无法，天然自有真。阿侬休退久，君入宦游人。金石学谁匹，恐名惊四邻。”醉后俚言，不足一笑。肃请台安。

[1] 吴昌硕著，吴东迈编：《吴昌硕谈艺录》，浙江人民美术出版社，2017年，第250页。

弟福顿首，十二月十六日。（图二）

吴滔（1840—1895），字伯涛，号铁夫、疏林、稣林，斋名“来鹭草堂”“萧萧庵”，浙江石门崇福镇（今属桐乡）人。吴滔出自名门，是清代著名藏书家、诗人吴之振的七世孙。吴滔多才多艺，擅长山水画，兼作花卉，能诗词，善书法，还喜欢刻竹。他不仅自己画艺高超，且祖孙三代薪火相传，均成大器，是中国画坛有名的丹青世家。1873年，三十岁的吴昌硕在杭州诂经精舍从俞樾学习辞章和训诂，其间结识了正在杭州的吴滔，两人一见如故。吴昌硕和吴滔情谊深厚，可谓一生知己，并且延续了三世交情。吴滔的“来鹭草堂”是吴昌硕经常驻足之地，两人常在一起坐而论道，有时彻夜切磋书道画艺，抵足而眠。兴之所至，挥毫合作，引为快事。吴昌硕在《石交集》中是这样评价吴滔的：“吴伯滔（滔），一号铁夫，石门人。其画以深厚胜，古意盎然。先辈典型，得君不坠，非时人所可抗衡也。”[1]两人交流频繁，吴昌硕曾在《吴伯滔赠山水障索写梅花》一诗中说：“堂上松树生十围，滔老不画还数谁。”中国嘉德2021春拍有一件吴昌硕作于1887年的行书自作诗手卷，就是赠送给吴滔的：“伯滔先生属书近作，录此报命，即求吟坛教我。丁亥四月，仓硕弟俊。”吴滔也应吴昌硕请求，为其画家乡安吉故居《芜园图》，跋云：“苦铁先生《芜园图》，丁亥三月吴滔画于来鹭草堂。”吴昌硕在画旁绫绢上题写了两首绝句：“庾信园荒花可悉，幼安榻破绳牢牵。牛羊下来日将夕，鸡鸣

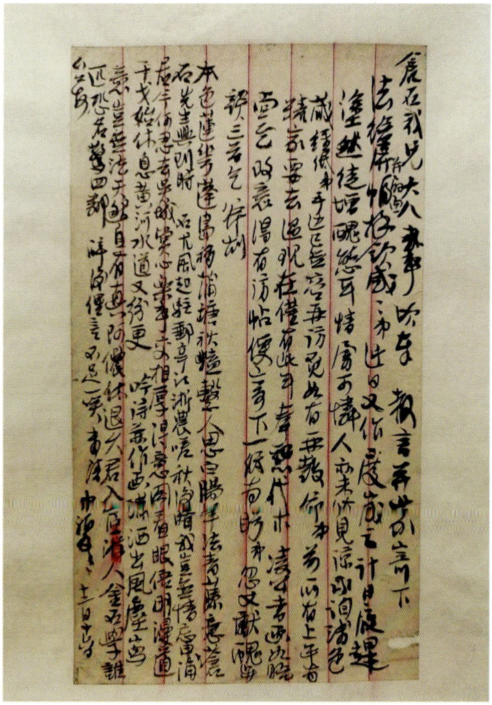

图二　李嘉福致吴昌硕信札

〔1〕吴昌硕著，吴东迈编：《吴昌硕谈艺录》，浙江人民美术出版社，2017年，第249页。

不已桑树颠。”“古人不见来者谁，老屋日日樘衺晖。看山白石落复落，出门行径微乎微。石门吴伯滔老友画《芜园图》见寄，伯滔未尝一至芜园，而图中之景约略能似，盖予之园破屋数间外，老树丛竹，山石荦确而已，伯滔于芜字上着想，故能仿佛，岂寻常画师所及哉？因题二绝句，缶道人记。”1895年，当五十六岁的吴滔去世时，吴昌硕为失去挚友伤心不已。

胡镬（1840—1910），一名孟安，字匊邻，号老鞠、废鞠、晚翠亭长、竹外外史等，善书画篆刻，工诗词，和吴熙载、赵之谦、吴昌硕并称“晚清篆刻四大家”。胡镬是一位多才多艺、诸艺皆能的艺术家，其碑刻、竹刻、木刻、砚刻等皆称一时之绝。吴昌硕为沈伯云刊刻的“松隐盦”印侧，有胡镬的观款：“吴君仓石，余金石友也，为伯云道兄刻石佛，并治‘松隐盦’印。”他在印侧录旧诗以补空，时在光绪十二年（1886）。吴昌硕在《石交录》中对胡镬评价很高：“匊邻名镬，貌癯而神隽。通篆籀，善镌印，刻竹尤工。其摹小秦玺逼肖，双钩古人书入石，能与原本不爽毫发。余于菰城遇之，欣然定交。匊邻喜余印，谓能独开生面者。”[1]

吴待秋（1878—1949），字待秋，名徵，以字行，别号抱铜居士、疏林仲子、春晖外史、鹭丝湾人、栝苍亭长，晚署老铜。他是吴滔次子，山水初传家学，花卉师吴昌硕，又学李复堂，后窥元明诸家，书法则学王铎、倪元璐，亦能治印。和吴昌硕、王一亭为世交，吴滔和吴昌硕往来密切，吴待秋投在缶翁门下学习书法篆刻以及大写意花卉，吴昌硕曾为其题篆书斋名“抱铜庐”，为其珍藏的“汉三斗铜”拓片题跋。吴昌硕待老友之子视如己出，吴待秋前后两任妻子早逝，子女也早夭，家庭生活极为不幸，再次续弦后，生了儿子吴养木，吴昌硕特意将他请到家中，把养木抱在怀里玩耍，给他一支画笔玩，还在餐中上了一碗瓜豆汤。他告诉吴待秋：“你两次续弦，深感此子应想尽办法，使之长大。我自知凡童婴经我抱过者，无不长大，授以画笔而紧握之，望能继承衣钵，瓜豆汤以示‘种瓜得瓜，种豆得豆’之意，文（徵明）家书画历明清两代之久，你我共勉之！”吴待秋领会了吴昌硕的良苦用心，其子吴养木果然延续书香，自成一派，并得享高寿。

---

〔1〕吴昌硕著，吴东迈编：《吴昌硕谈艺录》，浙江人民美术出版社，2017年，第242页。

后记

2024年4月，由西泠印社主办的“纪念吴昌硕诞辰180周年”学术报告会在杭州临平举行，据说短时间内就征集到论文一百余篇，由此可见吴昌硕的魅力依然存在，关注他的人也不乏少数。

《吴昌硕研究》依然秉承以史料为基础，坚持严谨实证的行文风格和治学态度。本辑征稿过程得到了海内外吴昌硕研究专家、学者的热心关注和大力支持，首先要感谢段成贵、夏冬波、孙杰、彭作飚、孙羽浩、刘小桐、骆风、姚金芝、潘继斌、张武装、章兴荣、游文畅、陈珵、王照宇、谭然、周凤平、徐勇等师友，他们以求真务实的学术态度，将吴昌硕研究落实到具体细微处，因此具有特别的意义。其次要向支持本项工作的安吉县文学艺术界联合会、安吉县鄣吴镇人民政府、安吉县林业局、安吉县溪龙乡人民政府、安吉县天荒坪镇人民政府表示敬意，感谢他们对昌硕文化事业的支持和热情。张武装老师还帮忙仔细审核了全书，指出很多疏误处，尤为感谢。最后还要向关心和支持本项工作的各级领导、研究会会员，以及参与编辑、排版、校对的工作人员，致以深深的谢意，感谢大家的辛苦付出，感谢大家对安吉县吴昌硕研究会工作的支持。

值此三甲辰之际，谨以此纪念昌硕先生。

岁次甲辰谷雨，乡后学梅松于小红木瓜馆